suhrkamp taschenbuch 1143

Michael Schwarze wurde im Februar 1945 in Ravensburg geboren und wuchs in Frankfurt am Main auf. Hier und in Mainz studierte er Germanistik und Politische Wissenschaften, er hörte bei Adorno und Marcuse. Er war Redakteur der Studentenzeitung »Diskus« und promovierte 1973 mit einer Arbeit über »Proletarische Partei und bürgerliches Erbe«. Im selben Jahr trat er in die Feuilletonredaktion der »Frankfurter Allgemeinen« ein; er leitete zunächst das Fernseh-, später das Filmressort. Eine Monographie über Luis Buñuel erschien 1981. Schwarze war im Begriff, als Korrespondent der F.A.Z. nach New York zu gehen, als er, noch nicht einmal vierzig Jahre alt, im April 1984 starb.

Für Michael Schwarze gilt das Wort George Bernard Shaws, man sei erst dann ein Zeitungsmann von Rang, wenn das Publikum beginne, einen Beitrag nicht des Themas, sondern des Verfassernamens wegen zu lesen. Schwarze verfügte über jene seltene journalistische Leidenschaft, die dazu befähigt, die Gegenstände exakt zu fassen und sinnlich zu vermitteln und doch immer über sie hinaus zu schreiben. Es schwingt in seinen Texten ein melancholischer Grundton, ein verhaltenes Pathos mit, und stets bestimmt eine vibrierende Hast die Wortmelodie. Schwarzes Lust, zu berichten, zu glossieren, zu kommentieren, wurde von den unterschiedlichsten Anlässen geweckt. Den Wettkampf von Catchern fand er nicht weniger beschreibenswert als die Sühnekapelle von Paris, das Leichenbegräbnis Sartres reizte seine Darstellungskraft ebenso wie ein bunter Nostalgieabend mit Lou van Burg. In manchem ist er Siegfried Kracauer vergleichbar, mit dem er auch die Liebe fürs Kino teilte. Seine Filmkritiken zielen, selbst bei einem Bond-Film oder einem Spätwestern, aufs Typologische. Die Beiträge zum Fernsehen bilden zusammen eine Medientheorie in nuce, wie sie besser in umfänglichen Werken nicht zu haben ist. Doch auch wo sie lehrreich sind, wirken Schwarzes Artikel niemals belehrend, und immer sind sie eins: unterhaltsam. »Er schrieb pointiert, mit lebhafter, assoziierender Phantasie, und doch ohne je den leitenden Gedanken zu verlieren. Das machte, daß man sich seiner Argumentation gern überließ.« (Joachim Fest)

Michael Schwarze
Weihnachten ohne Fernsehen

Kulturpolitische Essays, Glossen, Porträts

Herausgegeben von Volker Hage
Mit einem Nachruf
von Joachim Fest

Suhrkamp

Umschlagfoto: Barbara Klemm

suhrkamp taschenbuch 1143
Erste Auflage 1984

Satz: IBV Lichtsatz KG, Berlin
Druck: Nomos Verlagsgesellschaft, Baden-Baden
Printed in Germany
Umschlag nach Entwürfen von
Willy Fleckhaus und Rolf Staudt

1 2 3 4 5 6 – 89 88 87 86 85 84

Inhalt

Vorbemerkung

»Weihnachten ohne Fernsehen« war der Artikel überschrieben, der eine Welle von Empörung und Wut, Lob und Zustimmung nach sich zog. Michael Schwarze hatte den Lesern der »Frankfurter Allgemeinen« in einem – als Satire nicht auf den ersten Blick erkennbaren – Artikel kurz vor dem Weihnachtsfest den angeblichen Beschluß der Fernsehanstalten mitgeteilt, »sowohl am Heiligen Abend als auch am ersten und zweiten Feiertag auf die Ausstrahlung eines Programms zu verzichten«. In der Redaktion standen am Tag der Veröffentlichung, dem 23. Dezember 1977, die Telefone nicht mehr still. Ebenso bei den Sendeanstalten. Der Artikel hatte zwei Empfindlichkeiten berührt. Vom Inhalt her die Furcht vieler Menschen, die Freizeit ohne das geliebte Gerät verbringen zu müssen (und gar eine so schwierige Zeit wie Weihnachten), und durch die Form den Anspruch der Zeitungsleser auf Verläßlichkeit der Information. Hunderte von Briefen, die in den Tagen und Wochen danach eintrafen, zeigten ein ausgewogenes Maß an Abwehr und Zuspruch. »Sie haben Ihre Leser in Aufregung und Ärger versetzt«, beschwerte man sich, und das sei, »gelinde gesagt, eine große Unverschämtheit«. Eine Leserin äußerte Verständnis für den Fall, daß »die protestierenden Leser für das ärgerliche Genarrtwerden Schadenersatz forderten«. Ein Leser dankte »sehr herzlich auch im Namen meiner Familie« und teilte mit, »wie gut, richtig und hilfreich dieser Artikel war«. Einer schrieb: »Oh, wie schade, daß es nur ein Märchen war.« Der Artikel, ein verkappter Jubiläumsbeitrag (ein Vierteljahrhundert zuvor, Weihnachten 1952, war in der Bundesrepublik mit der Ausstrahlung eines täglichen Programms begonnen worden), war mehr als eine Provokation. Er faßt Einblicke und Einsichten spielerisch und pointiert zusammen. Der Aufruhr bewies: ein Treffer.

Schwarzes Beiträge zum Fernsehen, die den Anfang dieser Sammlung bilden, enthalten eine Medientheorie in nuce, wie sie besser in umfänglichen Werken nicht zu haben ist. Was ist Fernsehen? »Sein Reiz liegt darin, daß es im Ritual Geborgenheit offeriert. Wer die Funktion des Fernsehens nur darin sieht, Information, Unterhaltung und Belehrung zu vermitteln, greift entschieden zu kurz. Vielmehr wird es Ersatz für zwischenmenschliche Beziehungen, Ausgleich für die Entbehrungen des Alltags. Die Angst vor einem eigenen Leben weiß sich besänftigt von einem Medium, das den Menschen eine Identität borgt. Der Verlust an eigener Erfahrung scheint ausgeglichen durch den scheinbar unbegrenzten Blick aus dem Fenster, der sich freilich oft genug als ein Blick in ein Schaufenster erweist.« Geborgenheit im Ritual und Wiederkehr des Immergleichen heißen Stichworte, die in Schwarzes Artikeln häufig vorkommen. »Fernsehsendungen sind sozusagen Untermieter, die schon halb zur Familie gehören.« Der medienkritische Ansatz verführt freilich nicht zu blindem Eifer: »Das Fernsehen genügt auch legitimen Bedürfnissen. Es hilft über eine Leere und Isolation hinweg, die ohne das Fernsehen nur spürbarer wäre.« Die Zukunft sah Schwarze in düsteren Farben, 1979 schrieb er in einem Leitartikel unter dem Titel »Voll verkabelt in die Einsamkeit«: »Wer heute schon von einem schädlichen Informationsüberfluß spricht, ahnt nicht, was ins Haus steht. Videotext, Bildschirmtext, Satelliten-Direktfernsehen, Kabelfernsehen, ein ungebetenes Sortiment, das die Menschen weit mehr als bisher an ihren Apparat binden soll.«

Michael Schwarze, im Februar 1945 geboren, im April 1984 gestorben, war Journalist aus Leidenschaft. Er verfügte über jene seltene Fähigkeit, die Gegenstände exakt zu erfassen und sinnlich zu vermitteln und doch immer über sie hinaus zu schreiben. Seine theoretischen Kenntnisse rissen ihn nie dazu hin, mit Begriffen zu protzen. Er schrieb aus der Anschauung heraus, klar, unprätentiös, erzählend. Sein Name wie auch das bescheidene Kürzel, jene Endsilbe »ze«, bürgten für Lesevergnügen. Er hatte eine Stimme, herauszuhören aus dem Ensemble der Zeitungsseite: Es schwingt darin ein melancholischer Grundton, ein verhaltenes Pathos mit, und stets bestimmt eine vibrierende Hast die Wortmelodie. »Witz«, definierte er in einem Nachruf auf Marty Feldman, »ist eben auch eine Waffe im Kampf gegen Benachteiligungen, gegen Haß, am Ende wohl auch eine Möglichkeit, das Leiden zu sublimieren und an dieser Welt nicht zugrunde zu gehen.« Witz in des Wortes alter Bedeutung zeichnet alle Arbeiten Schwarzes aus; und sie bieten etwas, das ihr Autor sein Leben lang gesucht und oft schmerzlich vermißt hat: Unterhaltung. Fernsehen, Film und Fußball – diesen Sujets hat Schwarze sich mit viel Eifer gewidmet. Das Fernseh- und später das Filmressort der F.A.Z. hat er jahrelang geleitet, für den Sportteil hat er kontinuierlich geschrieben: So kamen bei ihm Neigung und Pflicht im Beruf zur Deckung. Befriedigt hat ihn das nicht. Er war stets voller Unruhe und Ungeduld.

War er ein Linker, ein Konservativer? Er ist schwer zu rubrizieren für Menschen mit Schubladendenken. Geprägt hat ihn die »Frankfurter Schule«. Zu seinen Lehrern zählen Adorno, Herbert Marcuse, aber auch Carlo Schmid. Er verlor nie seine Sehnsucht nach Bürgerlichkeit. Er suchte die Geborgenheit in tradierten Umgangsformen und vermochte zugleich das Fundament zu durchschauen, auf das manche Fassade sich gründet. Die deutsche Vergangenheit, jene Zeit, in die er gerade noch hineingeboren wurde, hat ihn nicht losgelassen; immer wieder kam er in seinen Artikeln darauf zurück. Eine Fernsehkritik begann er so: »Als wir, zwölf Unterprimaner, vor fünfzehn Jahren den Frankfurter Auschwitz-Prozeß besucht hatten, war die Verwirrung groß. Hinter uns hatten wir eine Geschichtslektion, in der viel von Dämonie, vom Einbruch des Bösen, von der Barbarei die Rede gewesen war, und vor uns sahen wir Angeklagte, die der ungeheuerlichsten Verbrechen beschuldigt wurden und in deren Gesichtern wir dennoch vergeblich nach den Spuren des Abnormen, des Perversen, des Sadistischen suchten.« Seine Analyse der Fernsehserie »Holocaust« und deren Folgen zählt zu den besten Kommentaren, die es zu diesem Thema gibt. »Die eruptive Reaktion«, schreibt er, »wäre undenkbar gewesen ohne ihr Gegenstück, die Verdrängung. Das Vergessen erwies sich als vollkommen untaugliche Konsequenz aus diesem trübsten Kapitel deutscher Geschichte.« Zugleich war Schwarze ein streitbarer Verfechter der historischen Bebauung des Frankfurter Römerbergs, und er begrüßte den Wiederaufbau der Alten Oper. Ein Widerspruch?

Seine Lust, zu berichten, zu glossieren, zu kommentieren, wurde von den unterschiedlichsten Anlässen geweckt. Er war ein Flaneur (der freilich ungern zu Fuß ging). Einen Wettkampf von Catchern fand er nicht weniger beschreibenswert als die Sühnekapelle von Paris, das Begräbnis Sartres reizte seine Darstellungskraft ebenso wie ein bunter Nostalgieabend mit Lou van Burg. Sein Interesse galt vor allem den Metropolen, ihrer Architektur, ihrer Lebensqualität. An Frankfurt, der Stadt, in der er aufgewachsen war, hing er mit bisweilen verzweifelter Liebe. In manchem ist Michael Schwarze Siegfried Kracauer vergleichbar, mit dem er auch die Liebe fürs Kino teilte. Seine Filmkritiken zielen, selbst bei einem Bond-Film oder einem Spätwestern, aufs Typologische; sie sind über den Anlaß hinaus lesenswert. »Genauer als andere künstlerische Ausdrucksformen kann der Film die äußere Realität dokumentieren. Dies hat viele Regisseure ermuntert, den Film für eine realistische Theorie der Kunst zu reklamieren oder ihn, was noch ärger ist, zur Illustration von Begriffen zu nutzen. Viel spricht dafür, daß die Möglichkeiten des Films viel eher im Vermögen zu einer Art Wachtraum liegen.« Nicht zufällig hat er Luis Buñuel ein ausführliches Porträt gewidmet (und eine Monographie über diesen Regisseur geschrieben).

Es hat nicht nur seine alphabetische Richtigkeit, daß die Reihe von Schwarzes Porträts mit Günther Anders und Buñuel anhebt. Das Werk von Anders hat ihm wichtige Anregungen gegeben, zu denen er sich in vielen Artikeln bekannt hat, auch zu einer Zeit, als dieser Autor fast vergessen war. In einem Artikel über den ersten Band der »Antiquiertheit des Menschen« schrieb Schwarze 1978 pointiert: »Unglücksboten wurden in unaufgeklärten Zeiten geköpft, heute werden sie nicht gelesen.« Für seine eigenen Überlegungen zum Fernsehen war besonders ein Aufsatz von Anders aus dem Jahr 1956 wichtig, »Die Welt als Phantom und Matrize«. »Es gehört zu den Ungereimtheiten unseres Kulturbetriebs«, schrieb Schwarze, »daß Günther Anders' Essay so sehr an der Peripherie der theoretischen Diskussion geblieben ist.« Zu den von ihm Porträtierten zählen Regisseure, Schauspieler, Fotografen – und Komiker (die »Tristesse des Clowns« war mehr als nur ein Reizwort für ihn). Seine Porträts sind diskret, es wird darin Abstand gehalten, bei persönlichen Begegnungen bleibt die Interviewsituation im Hintergrund und mit ihr der Porträtist. Schwarze hat sich nur selten ins Spiel gebracht; er brauchte es nicht, denn in seinen Zeitungsbeiträgen ist er präsent, spürbarer als mancher Journalist, der von sich redet.

Nachrufe beschließen den Band. Das ist nicht nur symbolisch zu verstehen. In ihnen beweist Michael Schwarze, und das muß man nicht rückblickend in sie hineinlesen, eine fast bestürzende Meisterschaft. Die Mehrzahl dieser Artikel ist unter großem Zeitdruck entstanden, bisweilen standen nur ein, zwei Stunden zur Verfügung. Er saß in der Ecke seines Zimmers, wehrte unwirsch jeden Eindringling ab und schrieb wie ein Besessener. Die erste Seite riß er immer wieder aus der Maschine, bis sie fehlerfrei war. Er konnte es nicht haben, wenn der Anfang Tippfehler oder Verbesserungen enthielt. Je weiter die Zeit dann fortschritt, desto unsauberer wurde das Schriftbild. Aber die Formulierungen saßen wie gemeißelt, da gab es keine ungewollten Wortwiederholungen, keine fehlerhaften Satzanschlüsse, kurz: es gab kaum etwas zu ändern. Schwarze überlas seine Texte nur kurz, flüchtig. Die Arbeit, die andere Kollegen zur Verbesserung des Geschriebenen aufwenden, war schon im Kopf geschehen.

Der Nachruf von Joachim Fest steht am Ende. Schwarze sollte und wollte als Korrespondent der F.A.Z. nach New York gehen. Er starb an Krebs, den die Ärzte zu spät erkannten. Michael Schwarze wurde nicht einmal vierzig Jahre alt.

Frankfurt am Main, September 1984 *Volker Hage*

Fernsehen

Warten auf den verlorenen Sohn

Vier Wochen lebten zwei Berliner Familien ohne das Fernsehen

Zu den Ungereimtheiten des Lebens zählt, daß die Nähe zu Dingen das Urteilsvermögen nicht unbedingt fördert. Je mehr die Gegenstände mit dem Alltag verschmelzen, je selbstverständlicher ihre bloße Gegenwart ist, desto schwerer fällt es, ihre Bedeutung noch angemessen zu sehen. Beispielsweise erscheint es wenig sinnvoll, die Menschen noch zu fragen, was ihnen das Fernsehen bedeutet. Größere Aussicht auf Erfolg verheißt das Vorhaben, ihnen den zur Gewohnheit gewordenen Fernsehkonsum für eine begrenzte Zeit zu entziehen. Dies war die Konzeption der medienkritischen Sendung »Vier Wochen ohne Fernsehen«. Der Entzug des Fernsehens, so das Kalkül, sollte bei den Betroffenen »Einsicht in die beherrschende Rolle des Fernsehens während der Freizeit, im günstigsten Falle sogar Erkenntnisse über die Ursachen bestehender Abhängigkeiten vermitteln«.

Ende letzten Jahres beobachteten Berliner Publizistikstudenten, die den Film in Zusammenarbeit mit dem ZDF gedreht haben, an fünfzehn Abenden mit Videogeräten zwei Berliner Arbeiterfamilien, denen man für vier Wochen das Fernsehgerät weggenommen hatte.

Das im strengen Sinne nicht repräsentative, gewiß aber nicht atypische Ergebnis der Beobachtungen war: mit der neugewonnenen Freizeit vermochte keiner der zwangsweise vom Bildschirm Ferngehaltenen viel anzufangen. Schon am dritten Tag war von »furchtbarer Langeweile« zu hören, man wisse wirklich nicht, was man an den Abenden noch anstellen solle. Gewiß, so wurde eingeräumt, spreche man mehr miteinander, könne auch mal verreisen oder Bekannte besuchen.

Die Bekannten freilich wunderten sich nicht wenig über den unverhofften Besuch einer Familie, die sonst von sich sagte: »Wir lassen uns monatelang nirgends sehen.« Es wird Zeit, so klagte am Ende der vier Wochen eine der Frauen mit tränenerstickter Stimme, daß der Apparat wiederkomme. Ihr Mann nörgele, seit der Apparat aus dem Haus sei, immer häufiger an ihr herum, Streitigkeiten, die früher mangels Zeit gar nicht erst hatten ausgetragen werden können, seien nun an der Tagesordnung.

Als dann nach vier Wochen das Fernsehgerät, das dem arglosen Verstande doch nur als Gebilde aus Lautsprecher, Verstärker, Gleichrichter, Oszillator und Röhren gelten mag, in die gute Stube zurückgetragen wurde, zeigten die beiden Familien Zeichen von Freude, die bei der Rückkehr eines verlorenen Sohnes nicht hätten größer sein können. Als man sie dann nach geraumer Zeit befragte, wie es denn nun mit den Fernsehgewohnheiten stehe, war das Resultat verwunderlich: es wurde mehr denn je ferngesehen.

Die Sendung hat keine Geheimnisse offenbart. Um die dominierende Rolle des passiven Fernsehkonsums in der Freizeit wußte man auch vorher. Doch selten wurde einem die Abhängigkeit so vor Augen geführt. Etwa zwei Stunden sieht der Bundesbürger täglich fern. Addiert man zu jener Zeit, die er nicht arbeitet, das Schlafen, Essen und die Hausarbeit, dann wird deutlich, daß vom Fernsehen die Zeit, die kreativer Arbeit im weitesten Sinne gewidmet werden könnte, nahezu absorbiert wird. Diesem Tatbestand, so bedrückend er sich ausnimmt, ist nicht mit kulturpessimistischen Bekundungen beizukommen. Noch weniger mit dem Hochmut des Intellektuellen, der sich von solcherart Abhängigkeit nicht betroffen fühlt. Auch in der Berührungsangst mit dem Fernsehen kann sich Furcht vor dessen Suggestion verbergen.

Das Fernsehen gehört heute zum Ritual des Lebens. Als Pendant zum Arbeitsbereich teilt es dessen Ritualisierung. Nirgendwo äußert sich die Schablonisierung der Freizeit unverhüllter als im blinden Konsum des Fernsehprogramms. In der Freizeit, so hat Adorno pointiert, »verlängert sich Unfreiheit, den meisten der unfreien Menschen so unbewußt wie ihre Unfreiheit selbst«.

Das Fernsehen, in der Theorie nur ein Medium unter vielen, ist zu unvergleichbarer Bedeutung gelangt. Seine Funktion für die Menschen liegt nicht unbedingt in den Inhalten, die es vermittelt, sondern in seiner bloßen Existenz. Sein Reiz liegt darin, daß es im Ritual Geborgenheit offeriert. Wer die Funktion des Fernsehens nur darin sieht, Information, Unterhaltung und Belehrung zu vermitteln, greift entschieden zu kurz. Vielmehr wird es Ersatz für zwischenmenschliche Beziehungen, Ausgleich für die Entbehrungen des Alltags. Die Angst vor einem eigenen Leben weiß sich besänftigt von einem Medium, das den Menschen eine Identität borgt. Der Verlust an eigener Erfahrung scheint ausgeglichen durch den scheinbar unbegrenzten Blick aus dem Fenster, der sich freilich oft genug als Blick in ein Schaufenster erweist.

Mit großer Selbstverständlichkeit haben die Zuschauer gelernt, sich in der zweiten Wirklichkeit des Fernsehens zurechtzufinden; die Fähigkeit, ihre eigene Realität noch zu beherrschen, ist ihnen darüber oft schon abhanden gekommen. Wenn die Sendung »Vier Wochen ohne Fernsehen« etwas zeigen konnte, dann dies: das Fernsehgerät ist in einem tieferen Sinne kein Objekt, sondern ein Subjekt, ein Hausgenosse, der hilft, Schwierigkeiten zu verdrängen, Leere zu kaschieren, Konflikte zu neutralisieren. Wenn es bei uns irgendwo einen »neuen Menschen« gibt, dann den des Fernsehzeitalters. Dieser »Fernsehmensch« ist freilich die Umkehrung dessen, was je in diesem Jahrhundert unter dem Begriff des »neuen Menschen« gedacht worden ist.

Jenes Unbehagen am Fernsehen, das sich im Sommer 1975 an einem schlechten Fernsehprogramm entzündet hat, sollte nicht zu voreiligen Schlüssen verleiten. Dramatische Konsequenzen sind ausgeblieben, die Einschaltziffern haben sich nicht gravierend verändert. Daß sich die Hochstimmung der Gründerjahre gelegt, daß jene begeisterte Zustimmung der Anfangszeit verloren ist, beweist nur, daß die Fremdheit, der Reiz des Neuartigen sich notwendigerweise zugunsten einer Gewöhnung verloren hat, die freilich von den Zuschauern noch viel radikaler Besitz ergriffen hat.

Auf die Freiheit von diesem Medium scheinen nur die allerwenigsten vorbereitet. Der Hinweis, daß sich schon jetzt manche wieder der Museen, Theater oder Kinos erinnern, verfängt da nicht. Die Renaissance der traditionellen Unterhaltungsformen hält sich quantitativ in bescheidenen Grenzen. Fernsehen, so wurde in der Sendung zu Recht betont, ist nun einmal billiger als Kino. Gäbe es das Fernsehen nicht mehr, geriete das Budget so mancher Familie in heillose Unordnung, von der Verwirrung der Gemüter nicht zu reden.

Gutgemeinte Warnungen vor der gefährlichen Macht des Mediums versprechen wenig Abhilfe. »Ich lasse ruhig die Macht auf mich ausüben, ich gucke weiter«, war in »Vier Wochen ohne Fernsehen« von einem der Betroffenen zu hören. Daß die zwei Familien auf die Rückkehr des Geräts wie »die Geier« gewartet haben, konnte uns nicht mehr wundern. Zur Überheblichkeit freilich hat kaum jemand Anlaß.

Höhlenmalerei

Wie weit ist Mogadiscio? Als wir die ersten Nachrichten aus Somalia im Radio hörten, schienen sie uns aus einer anderen Welt zu kommen. Sie hatten jenes dem Exotischen, Fernen eigene Fluidum, das nur der mündliche Bericht zu bewahren in der Lage ist. Nur das Radio gibt die Möglichkeit, sich von der Wirklichkeit eine eigene Vorstellung zu machen. Es lädt ein zum phantasievollen Ausschmücken gerade der knappsten Informationen. Als wir am nächsten Tag dann die Fernsehbilder aus Mogadiscio sahen, die Ankunft der Einheit des Bundesgrenzschutzes, die Begrüßungsworte, Dankesreden, Feiern, das gewohnte Ritual eben, verloren die Ereignisse an mythischem Glanz. Das Unerhörte war auf das bereits Gewußte reduziert worden. Der Bilderflut des Fernsehens ist es eigen, daß für das Außerordentliche optische Entsprechungen nicht mehr gefunden werden. Dies ist nicht nur ein Nachteil. Das Fernsehen läßt für extreme Gefühlsäußerungen so oder so wenig Raum. Es gewöhnt die Zuschauer an das Schreckliche nicht weniger rasch als an das Schöne. Die Imagination bleibt eingesperrt. So ist es in gewisser Weise die Höhlenmalerei des zwanzigsten Jahrhunderts. Es hilft den Menschen über ihre Ängste, indem es sie in Bilder faßt. Unfaßbares gibt es am Ende nicht mehr, die Sensation schrumpft zur Sondersendung.

Weihnachten ohne Fernsehen

Anmerkungen zu den Beschlüssen von ARD und ZDF

Weihnachten 1977 wird ein Fest ohne Fernsehen werden. Wie erst jetzt bekannt wurde, haben Intendanten, Programmdirektoren und die Mitglieder der Aufsichtsgremien in einer geheimen Klausurtagung beschlossen, sowohl am Heiligen Abend als auch am ersten und zweiten Feiertag auf die Ausstrahlung eines Programms zu verzichten. Diese Entscheidung, so heißt es, sei schon vor vielen Wochen getroffen worden, doch seien die Spitzenvertreter der Phonoindustrie und des Elektroeinzelhandels vorstellig geworden und hätten unter Hinweis auf ihre unbefriedigende Ertragslage gebeten, diesen Beschluß bis kurz vor Weihnachten geheimzuhalten. Diesem Wunsch sei, so erklärte der Pressesprecher des ZDF, nachgegeben worden, weil das Fernsehen nicht mittelbar an einer weiteren Verschlechterung der wirtschaftlichen Lage in diesem Land habe schuldig werden wollen. Nach sorgfältiger Abwägung der Verantwortung für den einzelnen Zuschauer und der für das Ganze habe man sich auch entschlossen, zum Schein ein Weihnachtsprogramm anzukündigen.

Am ersten Weihnachtsfeiertag des Jahres 1952 war in diesem Land mit dem täglichen Fersehprogramm begonnen worden. Dieses Jahr hätte man sozusagen ein silbernes Jubiläum, die fünfundzwanzigste Fernsehweihnacht feiern können. Auf der Tagung, so heißt es, habe man sich sehr eindringlich die Worte vergegenwärtigt, mit denen seinerzeit der damalige Intendant des Nordwestdeutschen Rundfunks, Pleister, den Beginn des täglichen Fernsehprogramms gewürdigt hatte: »Das Fernsehen schlägt Brücken von Mensch zu Mensch.«

Dies allerdings sei, betonten jetzt verschiedene Redner der Klausurtagung, in dem erhofften Maße nicht geschehen. Gewiß sei das Fernsehen aus unser aller Leben nicht mehr fortzudenken, doch gerade an Festen wie Weihnachten, die zur Besinnlichkeit auffordern, werde deutlich, daß der Fernsehzuschauer wohl die Welt, nicht aber seinen Nachbarn kenne. Vielmehr habe sich, sagte eines der Rundfunkratsmitglieder, der Typus des Masseneremiten entwickelt, der dem Geist und auch dem Buchstaben der Frohen Botschaft nicht entspreche. Ein evangelischer Theologe hat den Zweifel an dem christlichen Gehalt der Fernsehweihnacht in die Worte gefaßt: »Wann, wenn nicht an diesen Tagen, müssen wir den Blick des Menschen nicht in die Ferne, sondern auf seinen Nächsten lenken?« Diese Worte hätten, so sickerte durch, tiefen Eindruck hinterlassen.

Diesen Überlegungen opponierten, wie zu hören war, vor allem die Programmdirektoren der Fernsehanstalten. Ihr Programm am Heiligen Abend, so argumentierten sie, werde dem besinnlichen Charakter dieses Tages vollauf gerecht. Als Beispiele nannten sie: »Das Alsfelder Weihnachtsspiel 1517«, »Wir warten auf das Christkind«, »Eifeler Christkind«, »Fröhlich soll mein Herze springen...«, »Weihnacht der Seefahrer«, »Weihnachtliche Bläsermusik«, »Stille Nacht, heilige Nacht«, »Weihnachtslieder aus aller Welt«, nicht zu vergessen »Mitternachtsmesse« und »Christvesper«.

Alle Anwesenden, so war zu erfahren, hätten das Bemühen des Fernsehprogramms gewürdigt, auch seien die Programmdirektoren bereit gewesen, über die Herausnahme einer Sendung wie »Karl May: Der Schatz im Silbersee« mit sich reden zu lassen. Doch seien die Gremienmitglieder schließlich den von kirchlicher Seite in die Diskussion gebrachten Überlegungen gefolgt, das Fernsehen könne nie das Erlebnis eines leibhaftigen Kirchenbesuchs ersetzen, ja, es halte die Menschen sogar davon ab. Diese Meinung werde in der evangelischen wie der katholischen Kirche nahezu einhellig vertreten, allerdings mit der Ausnahme jener Geistlichen, die für die Fernsehpredigten vorgesehen seien.

Die Programmdirektoren gaben nun das Problem zu bedenken, was mit den abgesetzten Beiträgen geschehen solle. Man könne sie ja, ihres besonderen Charakters wegen, schlecht an anderen Tagen des Jahres senden. Mit diesem Einwand jedoch vermochten sie nicht durchzudringen. Gerade die Sendungen, die für den Heiligen Abend vorgesehen waren, hieß es, seien derart zeitlos, daß man sie, sollte sich das fernsehlose Weihnachten als Fehlschlag erweisen, im nächsten Jahr zur gleichen Zeit, an gleicher Stelle immer noch ins Programm nehmen könne. Der Münchner Intendant wandte zudem ein, seine Anstalt sei gegen die Fernsehpause, weil man sich aus Nichts schlecht ausblenden könne. Nachdem aber das Tabu einmal gebrochen, das Undenkbare gedacht worden war, wurde noch eine Vielzahl von Gründen angeführt, die allesamt für ein Weihnachten ohne Fernsehen sprechen. Etwa: angesichts der chronischen Finanzmisere der Rundfunkanstalten seien drei Tage

Sendepause ein praktischer Beitrag zu einer sparsamen Haushaltsführung. Auch lasse die weltweite Energieknappheit eine Einsparung dieser Art äußerst geraten erscheinen. Schließlich, so wurde argumentiert, könne man ja nicht, analog zur Reaktion auf die Ölkrise, jeden zweiten Fernsehapparat vom Programm ausschließen. Einer der Teilnehmer brachte bevölkerungspolitische Aspekte ins Spiel, doch mußte er sich belehren lassen, daß alle Meldungen über das Anschwellen der Geburtenrate, die seinerzeit eine Folgeerscheinung des totalen Stromausfalls in New York gewesen sein soll, sich als unzutreffend erwiesen hätten. Stichhaltiger war da schon das Argument, der Volksgesundheit diene ein Spaziergang nach dem Einnehmen der Weihnachtsgans mehr als das Einschalten des Fernsehgeräts.

Was ist aus unserer Sicht, aus der des Zuschauers, zu diesem ebenso überraschenden wie unerhörten Beschluß zu sagen? Sollen wir uns über die Bevormundung ärgern oder sollen wir uns freuen, daß wir das Weihnachtsfest endlich wieder selbst gestalten können? Die Vorteile liegen auf der Hand: Wir können uns endlich wieder Zeit für die Bescherung nehmen. Der Tannenbaum kann in die einzig geräumige Ecke unserer Wohnzimmer, jene, die bislang dem Fernsehgerät vorbehalten war, gestellt werden und muß nicht länger zwischen Sofa und Gardine eingezwängt werden.

Aber können wir die große Chance nutzen? Jedem von uns ist schon eimal das Malheur passiert, daß sein Gerät den Dienst verweigerte. Haben wir da das Gespräch mit der Familie gesucht, sind wir aushäusig geworden, oder ging es uns wie jener Familie in Berlin, die nach vier Wochen ohne Fernsehen so zerstritten war, daß nur noch die Rückkehr des Apparats, der wie ein verlorener Sohn begrüßt worden war, aus der Familie wieder eine Familie machte?

Keine Frage, mit diesem Experiment gehen die Verantwortlichen ein großes Risiko ein. An uns liegt es, aus diesem Fest des Friedens nicht ein Weihnachten endloser Streitereien zu machen, die bislang, mangels Gesprächsmöglichkeit in der freien Zeit, nicht hatten ausgetragen werden können. Wir sind gefordert: Wir werden an diesen Tagen weder unsere Senioren noch unsere Junioren vor dem Fernsehapparat setzen können, wir müssen den Dialog mit ihnen suchen. Manch alte Tradition, kann man sich vorstellen, dürfte in diesen Tagen wiederaufleben: Blockflöten und Gesangbücher, Spiele, Bücher und Bastelwerkzeug – all dies wird wieder aus dem Keller geholt werden müssen.

Ein Volk begegnet seiner Schuld

Die Reaktionen auf »Holocaust«: Das Fernsehen und sein Publikum

Von der prinzipiellen Ohnmacht der Kunst wird man nach »Holocaust« nicht mehr reden können. Vier Abende lang verschwammen die Grenzen zwischen Sein und Schein, zwischen Vergangenheit und dem Heute. Generelle Möglichkeiten des Fernsehens kamen zu einer in der Geschichte dieses Mediums beispiellosen Wirkung. Zu sehen war, ungeachtet aller dokumentarischen Treue im Detail, die fiktive Geschichte zweier fiktiver Familien. Die vier Folgen wollten nicht den distanzierten Betrachter, sie wollten den überwältigen, der sich willig in den Binnenraum des Films ziehen läßt. Seiner Dramaturgie nach war »Holocaust« kein Film, der erst im Kopf des Zuschauers hätte vollendet werden sollen.

Doch merkwürdig genug: über die in sich geschlossene Fiktion legte sich wie eine Folie ein Geflecht von Erinnerungen, von Ahnungen, von Gefühlen der Schuld und des Trotzes. Mit einem Mal bezeichnete der Ausdruck Geschichte nicht etwas Gewesenes, das Vergangene hatte eine imaginäre Gegenwärtigkeit. Zuweilen schien es, als könne gelebtes Leben noch einmal wiederholt werden. »Es rufen«, hieß es am vierten dieser Abende, »mehr und mehr ehemalige SS-Leute an, und zwar aus sehr persönlichen Gründen. Es gibt eine Reihe von Anrufern, die sagen, in unserer Familie passiert eine Katastrophe, wenn Sie nicht klarstellen den Unterschied zwischen den Erschießungskommandos und der SS.«

Ein Redakteur des WDR, der ungezählte Anrufe entgegenzunehmen hatte, charakterisierte seine Aufgabe als Telefonseelsorge. Er sagte: »Die Anrufe sind meist sehr lang, die Menschen sprechen aufgeregt in ihren Hörer, sie sind kaum zu bremsen. Ich konnte sie oft auch nicht bremsen, weil es mich zu sehr aufregt, wenn eine Zigeunerin von ihrer vergasten Mutter spricht und sagt, ein Polizist hätte ihr neulich gesagt, es sei schade, daß sie nicht auch noch vergast worden sei, und fängt dann an zu weinen am Telefon«, und auch: »So viele greifen zum Hörer, es regt die Menschen auf, sie wollen mitreden, ihre Schmerzen, ihr Mitleiden kundtun oder auch ihren Haß.«

Von der Bewältigung der Vergangenheit ist in den letzten Jahren viel gesprochen worden, »Holocaust« zeigte, daß dies nicht nur in einem historischen, sondern auch in einem privaten Sinne eine Legende gewesen war. Die eruptive Reaktion wäre undenkbar gewesen ohne ihr Gegenstück, die Verdrängung. Das Vergessen erwies sich als vollkommen untaugliche Konsequenz aus diesem trübsten Kapitel deutscher Geschichte. Viel Wahres ist an jener Folgerung, die Margarete Mitscherlich gezogen hat: »Und nur wenn sie wirklich durcharbeiten, was passiert ist, kann meines Erachtens auch eine Beziehung zu Wertvorstellungen und zu einer, wenn Sie wollen, deutschen Identität hergestellt werden, die das Selbstwertgefühl der Deutschen restaurieren könnte.«

Viele Fragen wurden gestellt, und wer könnte von sich behaupten, es seien nicht die seinen gewesen. Dies war neben anderem auch eine Bankrotterklärung unserer Schulen und Universitäten.

Wie kein anderer Film illustrierte »Holocaust« die Macht und Ohnmacht des Fernsehzuschauers. Er verfügt über ein Abbild der Welt und ist ihm zugleich ohnmächtig ausgeliefert. Als Masseneremit sitzt er in seinen eigenen vier Wänden, es wird zu ihm gesprochen, aber er kann im Regelfalle nicht antworten. Mit fast manischer Konsequenz haben an diesen vier Abenden die Menschen versucht, aus dieser Isolierung auszubrechen. Vier Stunden, so erzählte einer, habe er mit allen Tricks versucht, den WDR anzurufen. Dies war kein Einzelfall. Die Anrufer sagten: »Warum ist das alles passiert? Wir weinen hier die ganze Zeit«; oder auch nur, sie fänden es richtig, daß die Sendung ins Programm genommen worden sei.

Das Tragische und das Banale lagen stets dicht beieinander. Vom Zweifel an seinem Gott sprach ein jüdischer Professor aus Jerusalem, und ein anderer sagte, an einer bestimmte Aktion seien nicht 40 SS-Männer, sondern 60 beteiligt gewesen. Die einen überwältigte die nachgestellte Geschichte, die anderen mahnten vor der Verwendung von Fremdworten in der Diskussion. Mag sein, daß jene gefilterte Emotion für den reibungslosen Ablauf der jeweiligen Diskussion vonnöten war; mit der mittleren Affektlage in den Diskussionen war die Stimmung aller nur ungenügend wiedergegeben. Jetzt lesen wir, 65 Prozent der Zuschauer seien erschüttert gewesen, 42 Prozent hätten Scham empfunden und 81 Prozent hätten nach der Sendung diskutiert. Demoskopie als grausame Groteske.

»Holocaust« hat viele Redakteure des Fernsehens – und nicht nur sie – ratlos gesehen. Seit 1958, so wurde etwa eingewandt, habe allein der WDR vierzig Fernsehspiele und Filme zum Thema ins Programm gebracht. Gilt es, unsere gesamte Ästhetik zu überdenken?

»Holocaust« sei, so hieß es, trivial, melodramatisch, gelegentlich geschmacklos und unbedenklich in der Wahl der Mittel. Nicht wenige plagten Skrupel, ob sie nicht unter ihrem Niveau erschüttert worden seien. Die unabweisbare Wirkung von »Holocaust« hat zu der Frage angeregt: »Brauchen wir eine neue Ästhetik?« Die Ästhetik, oder sagen wir besser die Dramaturgie, ist indes alles andere als originell. Hier sind die dramaturgischen Muster des Hollywood-Films getreulich adaptiert worden. Hollywood-Filme gehen von der Prämisse aus, daß dem Menschen Mitleid mit der Gattung Mensch, mit dem Schicksal der Namenlosen unmöglich sei. Stets wurde die Katastrophe sozusagen familiarisiert, erfuhren die Zuschauer von dem Leben und Leiden von Individuen, von ihren Träumen und Wünschen und empfanden dann im Augenblick der Katastrophe die Bedrohung der fiktiven Figuren als die eigene. Dieses dramaturgische Rezept wird im amerikanischen Fernsehen, wo immer irgend möglich, benutzt. So wird beispielsweise der Terror der IRA nicht zum Anlaß allgemeiner Schilderung, sondern am Schicksal einer Familie illustriert. Weltgeschichte und Individualgeschichte verschränken sich. Diese Art der Berichterstattung hat viel für sich. Wer kann schon von sich sagen, ihn erschütterten die Katastrophenfilme der Tagesschau? Unser Fühlen hinkt unserer Wahrnehmung und der Quantität des Grauens hinterher.

Die Wirkung von »Holocaust« ist damit freilich noch nicht erklärt. Die dramaturgischen Muster des kommerziellen Films bürgen für die Aufmerksamkeit des Zuschauers, für mehr nicht. Bei diesem besonderen Film kamen sie zu besonderer Wirkung. Warum? Was immer man »Holocaust« zu Recht vorgeworfen hat, im nachhinein haben sich die vermeintlichen Schwächen als Stärken erwiesen. Schüler einer Gesamtschule in Leverkusen haben wissen lassen: »Wir finden an ›Holocaust‹ besonders gut, daß er uns die Möglichkeit zu einem emotionalen Einstieg in historische Vorgänge gibt.« Dies war es wohl.

Zu einem mehr oder weniger vagen Begriff kam die Anschauung. Dies alles sei in Wirklichkeit viel schlimmer gewesen, wurde immer wieder und zu Recht eingewandt. In dem Film »Die Endlösung« wurden Bilder gezeigt, die der Wirklichkeit gewiß näher kamen. Doch wie können wir Nachgeborenen, die wir mit diesen Bildern keine Erinnerungen an wirkliche Menschen verknüpfen können, auf diese Berge von Leichen noch reagieren? Liegt dies nicht alles jenseits unserer Vorstellungskraft?

Der Film »Holocaust« verschönt das Gewesene, verfälscht es wohl auch trotz aller historischen Genauigkeit, aber indem Geschichte gemildert wird, erhält sie die Züge einer Tragödie, erlaubt sie Identifizierung und am Ende die Erschütterung. Geschichte wird angepaßt an jene Emotion und Aufnahmefähigkeit, die Menschen allenfalls noch möglich ist. Die Tristesse der Historie wird versetzt mit Spuren der Hoffnung, mit lyrischen Passagen, die doch nichts anderes sind als Ruhepausen in einem Inferno. Das Elend der Konzentrationslager, wurde eingewandt, habe sich zu wenig in der Physiognomie der Schauspieler widergespiegelt. Dies stimmt, und es war doch zugleich die Voraussetzung dafür, daß der Zuschauer seinesgleichen wiedererkannte. »Holocaust« zeigte, wie vergröbert auch immer, ein facettenreiches Bild. Er zeigte die Fanatiker, die Technokraten, die Sadisten, er zeigte einen Deutschen, der im Kleinen half und im Großen versagte, er zeigte Opfer, die sich wehrten, und solche, die sich ihrem Schicksal ergaben, er zeigte Täter, die auch Opfer waren, er nahm den Zuschauern die Möglichkeit, sich in den bequemen Gefilden des Nur-Gut und des Nur-Böse einzunisten.

Die Wirkung von »Holocaust« ist freilich immanent nicht zu erklären. Der Film ist wie der Schlußstein eines Gewölbes. Er hat seinen Effekt nur hier und heute entfalten können, so wie die Serie »Roots« nur in den Vereinigten Staaten die Menschen derart stark hatte bewegen können. »Holocaust« sahen junge Menschen, die von der Vernichtung der Juden nur einen unzureichenden Begriff, geschweige denn eine Anschauung hatten, ihn sahen Deutsche zwischen dreißig und fünfzig, denen im Nebel dämonisierender Begriffe das jeweils individuelle Schicksal aus den Augen geraten war, und »Holocaust« sahen ältere Bürger, die 1979, im Herbst ihres Lebens, zur Auseinandersetzung mit ihrer Biographie bereit gewesen sein mögen.

Wenn man die Wirkung von »Holocaust« bedenkt, wird man die besondere Form der Präsentation nicht übersehen dürfen. Als im Vorfeld dieser Serie der Film »Die Endlösung« gezeigt wurde, folgte nach einer denkbar knappen Pause die Quizsendung »Alles oder nichts«. Das Wechselbad des Fernsehens ist der nachhaltigen Emotion nicht förderlich. Im Bildermüll der Programme ertrinkt das Gefühl für Wertigkeiten und Proportionen, am Ende hebt sich alles auf. Weder dem Gefühl noch dem Wissensbedürfnis wird ein Ventil gegeben. Diesmal war das anders. Hinterher saßen im Studio Menschen beisammen, die von dem Gezeigten nicht weniger betroffen waren als die Zuschauer selbst. »Anruf erwünscht«, hieß es in einem Medium, das die telefonische Bekundung des Publikums ansonsten eher als lästige Begleiterscheinung der Alltagsarbeit begreift. Am Beispiel »Holocaust« ist auch viel über das Verhältnis von Fernsehen und Publikum zu lernen. Nicht über eine neue Ästhetik des Fernsehspiels gilt es dringlich zu diskutieren, sondern über jenes Defizit an Teilhabe, das da offenbar geworden ist.

Von einem ehemaligen Wärter im KZ war dieser Tage zu hören, erst nachdem er »Holocaust« gesehen habe, sei ihm das Ausmaß des Grauens klargeworden. Dies ist ein gespenstisches Eingeständnis – und ein Anlaß zu Fragen. Stehen wir nicht in der Gefahr, uns in der zweiten Wirklichkeit des Fernsehens nicht nur mit dem schönen, sondern auch mit dem schlechten Schein zu umgeben? Werden wir am Ende zunehmend unempfindlicher gegenüber wirklichem Elend, das sich mit dem fiktiven nicht messen kann? Wird man nicht erst dann von einer nachhaltigen Wirkung von »Holocaust« reden können, wenn eine Serie wie diese unsere Alltagswahrnehmung verändert und in der Lebenspraxis zu humanerem Verhalten führt?

Lagerstraße Auschwitz
Drei Täter vor der Fernsehkamera

Als wir, zwölf Unterprimaner, vor fünfzehn Jahren den Frankfurter Auschwitz-Prozeß besucht hatten, war die Verwirrung groß. Hinter uns hatten wir eine Geschichtslektion, in der viel von Dämonie, vom Einbruch des Bösen, von der Barbarei die Rede gewesen war, und vor uns sahen wir Angeklagte, die der ungeheuerlichsten Verbrechen beschuldigt wurden und in deren Gesichtern wir dennoch vergeblich nach den Spuren des Abnormen, des Perversen, des Sadistischen suchten. Nein, diese Herren, die sich nicht mehr erinnern konnten, taten uns nicht den Gefallen, in der Art der amerikanischen Filmbösewichter zwischen Wesen und Erscheinung eine Kluft nicht zu lassen.

Zu nächtlicher Stunde gaben jetzt drei Männer ihre Erinnerungen zu Protokoll. Der eine von ihnen kam 1897 zur Welt, der zweite sieben Jahre später und der dritte im Jahre 1906. Drei Männer im Rentenalter, drei Opas, wie es so schön heißt, drei Herren, die man sich ohne Mühe bei einem Dämmerschoppen hätte vorstellen können. Die drei, die da beflissen aus ihrer Vergangenheit berichteten, waren Mörder. Josef Erber, SS-Oberscharführer, war Leiter der Aufnahme im Lager Auschwitz, wegen gemeinschaftlichen Mordes in siebzig Fällen ist er zu lebenslangem Zuchthaus verurteilt worden. SS-Unterscharführer Oswald Kaduk war Rapportführer im Konzentrationslager Auschwitz. Das Gericht verurteilte ihn zu lebenslangem Zuchthaus wegen Mordes in zehn Fällen, des gemeinschaftlichen Mordes in mindestens tausend Fällen und weiter in mindestens zwei Fällen. Josef Klehr war leitender Sanitäter in Auschwitz. Wegen Mordes in mindestens 475 Fällen wurde auch er zu lebenslangem Zuchthaus verurteilt. Ebbo Demant hat sie für den Film »Lagerstraße Auschwitz« und das Buch »Auschwitz – Direkt von der Rampe weg« befragt. Gespenstischeres hat man selten im Fernsehen gesehen.

Josef Erber, schütteres, stramm zurückgekämmtes Haar, Hornbrille, verkniffenes Gesicht, über die Selektionen an der Rampe: »Da wurden erstens mal die Frauen aufgestellt, die ins Frauenlager gingen, dann die Männer, die ins Männerlager gingen, und der dritte Dings waren dann die Leute, die ins Gas gehen mußten. Und dann kam, wenn das so fertig war, kam ein Kommando, sogenanntes Aufräumungskommando, die haben die Waggons alle leergemacht, da war oft Gepäck drin usw. Man hat den Leuten gesagt, das könnt ihr drinlassen. Denn nur bei den Schutzhäftlingen mußte ja alles aufgenommen werden, auch die Geldbeträge usw. Aber das waren ja RSHA-Transporte, da wurde ja nichts aufgenommen. Also ihre Habe war ja eigentlich weg in dem Moment, wo sie dort hinkamen.« Wie groß der Anteil derer gewesen sei, die in die Gaskammern geschickt worden seien? Siebzig Prozent, sagt Josef Erber fünfunddreißig Jahre danach, »siebzig Prozent kamen weg«.

Und Oswald Kaduk, der Häftlingen mit den Stiefelabsätzen so lange auf den Brustkorb getreten hatte, bis die Rippen krachten, hatte, so räumt er heute ein, schon mal einem Häftling, der auf den Boden gespuckt hatte, gesagt: »Kommen Sie mal her, hab' ich gesagt, komm mal her, hab' ich gesagt, machst du das zu Hause auch so? Nee, nun da hat er schon eine geschossen bekommen, ne wahr. War ganz gut, eins, zwei. War der Fall für mich erledigt gewesen, ne wahr. Gebe ich zu. Und wenn er nicht schnell war, da werd' ich Ihnen sagen, da hab' ich ihn ganz kurz, ne wahr, in Popo getreten, ne wahr. Wie man das nennt, Hintern getreten, ne wahr nicht.«

Und Josef Klehr, der Häftlinge mit Phenol-Injektionen ins Herz getötet hatte, grauenhaft räsonierend über die Humanität des Schlachtens: »Die waren sofort tot. Ich hab' Ihnen ja vorhin gesagt, es waren bloß zwei Kubik, die gespritzt worden sind. Da hat man die Spritze noch nicht ausgespritzt gehabt, ist der schon tot gewesen. Der Tod war ja noch nicht so grausam wie die Vergasung. Das war ein grausamer Tod. Das ging da so wie in einem Bienenkasten. Die kamen in den Vergasungsraum rein, und wenn der Lagerarzt soweit fertig war, dann hat er oben dem SS den Befehl gegeben, dann hat der in den Kamin das Gas reingeschüttet, und da ging's ›mmmm‹. Und der Ton wird immer leiser, bis er dann gar nicht mehr da ist. Das war ein grausamer Tod. Das geht doch auf die Luftorgane.« – »Aber Sie mußten doch den Menschen ins Gesicht schauen?« fragte Ebbo Demant, und Josef Klehr antwortete: »Ja, bei der Injektion? Ja, was sollte ich denn machen? Jetzt frag' ich Sie mal, was soll ich denn machen?«

Ja, was sollten sie machen? »Wir konnten nichts ändern«, erklärte Erber, »ich habe meine Befehle ausgeführt, wie es sich gehört hat«, Kaduk und Klehr: »Ich habe damals nur meinen Befehl ausgeführt.« Dies stimmt und es stimmt auch wieder nicht. Man würde Ebbo Demants Film mißverstehen, sähe man nur drei Monster in der Maske des Biedermanns. Sie waren Handlanger eines Vernichtungssystems, das sich andere ausgedacht hatten. Sie hatten Vorgesetzte, die im Auschwitz-Prozeß als Zeugen auftraten. In dem Film wird das Tagebuch eines SS-Arztes zitiert, der von den Briten milde bestraft worden war und danach nicht mehr angeklagt werden konnte. Vom vorzüglichen Mittagessen ist da die Rede, von einem halben Huhn mit Rotkohl, und abends um acht, so wird lakonisch im Tagebuch vermerkt, ging es raus zur Sonderaktion. Männer wie Kaduk, Klehr und Erber waren in gewisser Weise wohl auch Opfer, Opfer ihrer mangelnden Intelligenz, ihrem Hang zur Subordination, Opfer einer Erziehung, die ihnen weder Gerechtigkeitsgefühl noch moralische Kriterien an die Hand gegeben hatte.

Losgelöst von ihrer Umwelt und deren ethischen Grundsätzen, verfügbar noch für die schmutzigste Arbeit, kosteten sie den Rausch der Macht aus. Zugleich aber waren sie in dieser grotesken Hierarchie des Bösen Täter der übelsten Art. Mag sein, daß zumindest Erber und Klehr ganz im allgemeinen gesehen eine sadistische Freude am Töten nicht hatten, daß sie ihr Morden für eine Form getreuer Pflichterfüllung hielten und hernach, auf ihre Untaten angesprochen, nur noch mit weinerlichem Selbstmitleid reagieren konnten. Dies war ja die irrwitzige Wirklichkeit des Konzentrationslagers Auschwitz. »Ich kenne kaum einen SS-Mann, der nicht sagen konnte, er habe nicht einem das Leben gerettet. Es gab wenig Sadisten«, sagte eine Zeugin im Auschwitz-Prozeß. Die Kaduks passen in unsere bequeme Vorstellung, Sadisten, die auch in anderen Verhältnissen ihr Unwesen getrieben hätten. In Auschwitz indes konnten sie mit Billigung feinerer und gebildeterer Herren Tausende beleidigen, quälen und töten.

»Papa Kaduk« nannten den Krankenpfleger seine Patienten nach dem Kriege. In Auschwitz entstand Panik, wenn man ihn nur von ferne sah. Männer wie Kaduk gaben dem Ungeheuerlichen ein Gesicht, sie waren eingängig. Den kriminellen Alltag bestimmten freilich biedere Familienväter wie Klehr und Erber, sie heute hören heißt nicht nur die besondere Untat, sondern auch das Allgemeine begreifen. Zu Anfang des Films war von Lehrern die Rede, die in diesen Tagen das Wort von der »6-Millionen-Legende« in den Mund nehmen. Kaduk, Erber und Klehr wissen es besser, und sie haben es in diesem Film bezeugt. Das Fernsehen wäre gut beraten gewesen, hätte es diesen einzigartigen Film nicht zu nächtlicher Stunde ausgestrahlt. Die Terminierung war ein Skandal.

Voll verkabelt in die Einsamkeit

In einem tückischen Witz ist von einem Besucher aus dem Weltraum die Rede, der beim Anblick der Erde in Begeisterung gerät. Das sei noch gar nichts, schwächt der Erdenbewohner ab, sie müßten sie erst einmal im Fernsehen betrachten. Gegenüber dem kunstvoll inszenierten Abbild ist die Wirklichkeit hoffnungslos ins Hintertreffen geraten. Das Original muß sich nach seiner Wiedergabe richten, und am Ende imitiert die Natur die Kunst. Unser Weltbild formen in starkem Maße die Geräte. Das Ergebnis ist grotesk genug. Je mehr wir uns der Ferne bemächtigt haben, desto auffälliger geriet uns das Nahe aus dem Blick. Menschen ängstigt, dank weltweiter Kommunikation, was zur Furcht gar keinen Anlaß gäbe, und sie nehmen dort Anteil, wo eine ausgetüftelte Regie allemal für eine Gratiserschütterung sorgt. In dieser verkehrten Welt sind wir mit Kunstfiguren bestens vertraut, mit dem Nachbarn oft genug aber schon nicht mehr.

Nähme man den Menschen das Fernsehen, es glaubten gewiß viele, im Nichts zu stehen. Sie würden sich grausam bestraft fühlen. Das Fernsehen ist nach und nach zum wohlfeilen Surrogat geworden. Es ist Ersatz für die zwischenmenschlichen Kontakte. Die ärgsten Folgen werden allmählich spürbar. Fernsehkinder, so verraten Studien, würden sprachlos, aggressiv, ihre Phantasie verkümmere. Bei amerikanischen Studenten hat man eine deutliche Verarmung des Ausdrucksvermögens festgestellt, die lebendige Tradition des Erzählens ist, hört man etwa Berichte Reisender, in Vergessenheit geraten. Die zunehmende Ichbezogenheit und Berührungsangst, von der Psychologen sprechen, ist das genaue Spiegelbild einer Gesellschaft, in der Menschen mit einer Truhe aus Glas und Holz kommunizieren. Fast sechs Stunden täglich konsumieren Amerikaner im Schnitt ihr Fernsehprogramm, genauer gesagt, sechs Stunden läuft der Apparat, denn oft genug schaut niemand hin, er betäubt die Angst vor der Stille, überspielt das Gefühl der Einsamkeit.

Von amerikanischen Zuständen sind wir hierzulande noch ein gutes Stück entfernt. Wie lange noch? Die Berliner Funkausstellung ist eine Leistungsschau jener, die die Kluft schließen können. Muß kommen, was technisch machbar ist? Brauchen wir die Verkabelung von Großstädten – Spötter sprechen vom vollverkabelten Analphabeten –, die dreißig Programme in die Wohnstuben bringen kann? Ist ein Rückkanal wünschenswert, der es Zuschauern ermöglicht, per Knopfdruck Programme zu beurteilen, und am Ende womöglich zu einer merkwürdigen Fernsehdemokratie führen wird?

Wer heute schon von einem schädlichen Informationsüberfluß spricht, ahnt nicht, was ins Haus steht. Videotext, Bildschirmtext, Satelliten-Direktfernsehen, Kabelfernsehen, ein ungebetenes Sortiment, das die Menschen weit mehr als bisher an ihren Apparat binden soll. Briefe wird der Medienmensch künftig über ein Modem, das sein Telefon mit einem Fernsehgerät verbindet, verschikken, das Kinoprogramm wird er dem Bildschirmtext entnehmen, den Termin beim Arzt besorgt sein Gerät ebenso wie den jeweils neuesten Kontostand und den Einkauf. Werden diese technischen Visionen Wirklichkeit, wird es bequem zugehen in diesem Land, mit dem Mitmenschen braucht nur noch in Maßen Umgang gepflegt zu werden. Diese Verheißung, man brauche seine eigenen vier Wände nur noch selten zu verlassen, wird jene beruhigen, denen das Fernsehen vor dem Draußen Angst genug gemacht hat. Gleichwohl regt sich Widerstand.

Der Bundeskanzler hat das Reizwort vom »fernsehfreien Tag« in die Diskussion gebracht, und dieser Tage hat auch der bayerische Ministerpräsident Strauß ahnen lassen, wie konservative Medienpolitik eigentlich auszusehen hätte. »Es muß vermieden werden«, sagte er, »daß die Familien viele Stunden am Tage für alle Programme in Anspruch genommen werden, so daß das erste Leben durch ein zweites ersetzt und die heile oder unheile Welt nicht mehr selbst erlebt wird, sondern aus zweiter Hand kommt«, und auch: »Ich sehe einer Entwicklung mit großer Sorge entgegen, bei der die Gefahr besteht, daß das spielende Kind durch das glotzende Kind ersetzt wird.«

Diese Warnungen vor den »neuen Medien« sind nützlich, und sie sollten hinreichen, daß Entscheidungen nicht übereilt werden. Niemand wird sagen können, er habe von den Gefahren nicht gewußt. Dennoch greift dieser Kulturpessimismus, so präzise seine Beobachtungen sind, zu kurz. Grundfalsch ist es, den Apparat zu dämonisieren. Das Fernsehen genügt auch legitimen Bedürfnissen. Es hilft über eine Leere und Isolation hinweg, die ohne das Fernsehen nur spürbarer wäre. Wer das Informationszeitalter nicht will, darf sich beispielsweise mit städtebaulichen Hervorbringungen nicht abfinden, die ein anderes Freizeitvergnügen als Fernsehen gar nicht ins Kalkül ziehen. Das Fernsehen ist vollkommener Ausdruck einer Wohlstandsgesellschaft, die es gegenüber Kindern wie alten Menschen an Aufmerksamkeit, Zuwendung und Integrationsbereitschaft fehlen läßt. Nicht zufällig verbringen die Alten wie die ganz Jungen die meiste Zeit vor dem Fernsehgerät. Die Alternative zum totalen Fernsehen ist eine menschengemäßere Ordnung. Mag sein, daß wir jetzt zum letzten Mal die Qual der Wahl haben.

Der Fernsehstreik

Der »Fernsehstreik« wird die Nation auf eine harte Probe stellen. Er wirft den Menschen auf sich selbst zurück. Wohl haben Kaufhauskonzerne Hilfe angedient; von besonderen Menüs für das in der Stunde der Not dringend gebotene Geselligkeitsbedürfnis ist die Rede, auch andere Zweige der Unterhaltungsindustrie mögen einspringen, doch wird man dem Fernsehmenschen, der dem Alltag weitgehend entwöhnt ist, einige Ratschläge zur Bewältigung der Wirklichkeit nicht vorenthalten können. Immerhin sind manche schon ein Vierteljahrhundert Besitzer eines Fernsehgeräts.

Anzuraten sind Änderungen im häuslichen Ambiente. Sinnlos erscheint es nämlich, das Leid dadurch zu vergrößern, daß man das blinde Gerät unentwegt ins Auge faßt. Leicht leuchtet ein, daß die Sitzordnung der Fernsehfamilie dem fernsehfreien Abend nicht entspricht. Wo Vater, Mutter, Oma und Sohn nebeneinander auf eine Truhe aus Holz und Glas starren, kann das, was man neudeutsch zwischenmenschliche Kommunikation nennt, nur mühsam entstehen. So sollten die Fernsehsessel zumindest umgedreht, und, wenn es nicht allzu große Mühe macht, das Telemobiliar zu gemütlicher Runde gruppiert werden.

Es empfiehlt sich, äußerliche Veränderungen seiner Familienmitglieder ungerührt zu bemerken. Zwar kann man sie heute abend in Ruhe betrachten, doch den Ausruf »Wie groß du geworden bist!« verbietet das Taktgefühl. Überhaupt empfiehlt sich an diesem Abend Zurückhaltung. Keineswegs sollte, wer seine Stammkneipe vor der Fernsehkrönung der englischen Königin Elizabeth zum letzten Mal betreten hat, mit forschem Hallo die Stätte früherer Trinkgelage betreten. Das Glas Bier kostet nicht mehr dreißig Pfennig. Weite Ausflüge verbieten sich: in den letzten fünfundzwanzig Jahren ist so viel gebaut worden, daß man nicht mehr nach Hause findet. Natürlich liegt es nahe, an diesem Abend zu schmählich vernachlässigten Spielen zu greifen. Zur Erinnerung sei gesagt, daß beim »Monopoly« die Parkstraße besonders teuer ist und die Seestraße besonders billig. Vom »zweiten Preis in einem Schönheitswettbewerb« sollte man sich nicht allzuviel versprechen, beim Mikado gewinnt nicht, wer alle Stäbe zum Wackeln bringt, das Spiel »Fang den Hut« wird auch der Neuanfänger auf Anhieb begreifen.

Wer bis heute abend seine Mahlzeit im milden Dämmerlicht der Fernsehlampe verzehrte, sollte sich der Manieren ferner Kindertage erinnern. Wer sich bei Bekannten einlädt, sollte nicht zu deutlich erwähnen, daß es an diesem Abend kein Fernsehprogramm gibt. Die Dias vom letzten Urlaub helfen übrigens auch über den Verlust hinweg. Wenn es irgend geht, sollte man längere Gespräche vermeiden, es hat schließlich keinen Sinn, seine Mitmenschen ohne Not zu verwöhnen. Der »Streik« dauert ja nicht ewig. Empfehlenswert sind Gespräche über die Fernsehhöhepunkte der vergangenen Jahre. So ist jedem zu helfen, nur jenem Manne nicht, der Abend für Abend beim Programm einzuschlafen pflegte und dann, als es im Gerät nur noch griesig rauschte, gut ausgeschlafen ins Bett eilte. Wie der arme Mensch nun seinen Schlaf finden soll, ist wirklich nicht zu sagen.

Das Alltägliche kann nicht alltäglich werden

Unterhaltung im Fernsehen

Dieser Tage war zu melden, Robert Lembke habe die zweihundertsiebenundvierzigste Sendung von »Was bin ich?« auf den Bildschirm gebracht. Dies stimmt und stimmt auch wieder nicht. Lembke hat nämlich nicht zweihundertsiebenundvierzig Sendungen gemacht, sondern eine Sendung zweihundertsiebenundvierzigmal. Dies wohl ist das Geheimnis seines Erfolgs. Der Zuschauer findet, was er vom Leben wie vom Fernsehen noch am ehesten erwartet: die Geborgenheit im Ritual. »Was bin ich?« ist die konservative Unterhaltungsreihe schlechthin. Da ist seit dem 11. Februar 1961 nichts verändert worden. Noch immer plumpsen die Fünfmarkstücke in die Schweinderl, die Beruferater heißen noch immer Marianne, Guido, Annette und Hans, mit »Gehe ich recht in der Annahme?« leiten sie wie eh und je ihre Fragen ein, nichts an dieser Sendung blendet, überrascht, fasziniert, verstört, man kennt sich aus, womöglich besser als im tatsächlichen Leben. Vertraute Regeln, vertraute Gesichter. Robert und die Seinen sind mit uns gealtert, aber eben so allmählich, daß es nicht schmerzt. Gegen die Flüchtigkeit der Fernsehbilder wurde hier das tröstliche Prinzip der Dauer gesetzt, es ist, als kennten wir diese Ratefamilie wirklich, jedenfalls sind zwanzig Jahre »Was bin ich?« auch zwanzig Jahre unserer Biographie.

Das Prinzip der Dauer

Es ist fraglich, ob jene, die in den Fernsehanstalten Unterhaltung verwalten, den einzigartigen Erfolg dieser Sendung vollkommen begriffen haben. Gewiß, sie haben Lembke zwanzig Jahre gewähren lassen. Aber haben sie auch erkannt, daß eine Sendung dieses Typs den unterhaltenden Möglichkeiten des Fernsehens auf vollkommene Weise angemessen ist? Der unerhörte Erfolg des Robert Lembke wäre des Aufhebens vielleicht nicht wert, fände er nicht seine Entsprechung in durchaus verwandten Karrieren. Hans Rosenthal, Hans Joachim Kulenkampff, Wim Thoelke sind Unterhalter von vergleichbarer Statur. Rosenthal behauptet von sich, er sei kein Star, er sei wie seine Zuschauer. Dies ist sozusagen die »conditio sine qua non« des dauerhaften Fernseherfolgs. Sie sind Männer ohne Eigenschaften, jedenfalls ohne exzentrische, taugen nicht zum Idol und ziehen um so mehr Zuneigung auf sich. Von Konjunkturen, Moden, Trends sind sie unabhängig. Ihre Sendungen kommen mit einer steten Regelmäßigkeit ins Haus, die den Widrigkeiten, Wirrnissen und Ungereimtheiten des Alltags hartnäckig widerstreitet. Ihre Unterhaltungssendungen werden in Serie produziert, weil sie beim Publikum ankommen, und sie kommen beim Publikum an, weil sie in Serie produziert werden. Und weil diese Fernsehhelden sich von allem Anfang an mit dem Nimbus des Alltäglichen umgeben haben, konnten sie nie alltäglich werden.

Mit dieser Erkenntnis freunden sich die Redakteure des Fernsehens ungern an. Sie wünschen ein Fernsehen, das Ort spektakulärer Ereignisse ist, sie verdrießt die Wiederkehr des Immergleichen, doch je länger ein Spiel, ein Unterhalter, ein Krimiheld im Programm bleiben, desto beliebter sind sie. Nicht die Qualität der Einzelsendungen ist von Belang, sondern das Wiedererkennen, das bruchlos Sich-hineinfügen-Können in eine Scheinwelt, die zutraulicher ist als das Leben selbst. Von den amerikanischen Fernsehserien »Columbo« oder »Einsatz in Manhattan« sind weitaus mehr Folgen produziert worden, als das deutsche Fernsehen schließlich gesendet hat. Die nichtgekauften Folgen, so wurde argumentiert, hätten den Qualitätsansprüchen nicht genügt. Eine solche Entscheidung basiert auf einem falschen Begriff der Fernsehserie und damit vom Fernsehen selbst. Nicht wichtig ist es, ob eine »Columbo«-Folge einmal einen schwächeren Plot hat, wichtig ist, daß die Figur angenommen wird, daß sie zur Identifikation taugt, daß sie so häufig auf dem Bildschirm erscheint, daß ihre Marotten und Eigenheiten uns wohlvertraut werden. Wichtig sind eine vertraute Dramaturgie und vertraute Typisierungen, von Bedeutung ist, daß man einer Kriminalserie wie einem Quiz mit jener halben Aufmerksamkeit, gleichsam zerstreut, jedenfalls mit manch anderem beschäftigt, zuschauen kann, die die Haltung des Fernsehzuschauers so sehr von der eines Kinobesuchers unterscheidet.

Das wesentliche Prinzip des Fernsehens ist das der Dauer. Dem Einzelkunstwerk ist es nicht sonderlich günstig, nicht einmal dem großen Gala-Abend. In der Serie findet das Medium seinen angemessenen Ausdruck. In einer amerikanischen Zeitschrift bekannte einmal ein reputierlicher Autor, er sei, als der Butler in einer der Folgen von »Das Haus am Eaton Place« ernstlich erkrankte, nicht mehr an das Telefon gegangen. Jene Betroffenheit, die wir spüren, wenn wir das »als ob« der Kunst nicht mehr erkennen und das Vorgestellte für das Wirkliche halten, gehört zu der mit der kinematografischen Sehweise keineswegs vergleichbaren Haltung des Fernsehzuschauers. Der ausgeprägte Seriencharakter des Mediums, zumal dort, wo es nach kommerziellen Gesichtspunkten verfaßt ist, ist denn auch kein Zufall. Nicht nur soll damit die Annabelung des Zuschauers an das Gerät forciert werden, jene endlos langen Serien bürgen auch für eine parallele Existenz von Menschen und Kunstfiguren, für eine Verschränkung von wirklichem Leben und jenem, dessen wir auf dem Bildschirm ansichtig werden. Am Ende bedroht uns der Tod eines Butlers mehr, als der Ausgeburt einer Phantasie eigentlich zuzutrauen wäre.

Es ist jene mit zunehmender Gewöhnung kaum noch wahrnehmbare Gleichzeitigkeit und Gleichwertigkeit von Natur und Artefakt, die das besondere Vermögen des Fernsehens ausmacht. Nach dem Ereignischarakter einzelner Sendungen wird man denn auch im Regelfalle vergeblich fahnden; Fernsehsendungen sind sozusagen Untermieter, die schon halb zur Familie gehören. Ihr Reiz besteht gerade darin, daß sie das Besondere alltäglich machen, das Unerhörte einbetten in das Gewöhnliche.

Die Wirkung der meisten Unterhaltungssendungen wird man denn auch eher mit dem Begriff der Gewöhnung als dem der Erregung umschreiben können. Daran ist nichts Schlechtes. Damit kontrastiert das Fernsehen eine Wirklichkeit, die von den meisten als undurchschaubar, undurchdringlich, als fremd und bedrohlich gesehen wird. Je weniger das Fernsehen experimentiert, desto näher ist es den allgemeinen Bedürfnissen.

Noch einmal: im Zentrum steht das Prinzip der Dauer. Eine Show, eine Quizsendung, eine Talk-Show, das sind keine punktuell und im Regelfalle auch keine kollektiv erfahrbaren Erlebnisse, sie entfalten ihre besondere Wirkung in der Intimität des Wohnzimmers. Ihre angemessene Suggestion haben sie dort, wo das Moment der Kontinuität ins Spiel kommt. Der selektive Fernsehzuschauer ist eine idealtypische Konstruktion, ein Wunschbild, dem, zieht man die aufs Extremste verknappten Umschaltpausen ins Kalkül, nicht einmal mehr die öffentlich-rechtlich verfaßten Anstalten anhängen. So gesehen resultieren die meisten Beschwerden über das Niveau etwa der Unterhaltungssendungen aus einem absichtsvollen Mißverständnis. Kritiker wie jene, die das Programm verantworten, kaprizieren sich gewöhnlich auf Einzelsendungen. Der Teil aber gibt niemals das Erfolgsgeheimnis des Ganzen preis. Spielfilme, Fernsehspiele sind in sich geschlossene Kunstproduktionen, Serienfilme sind prinzipiell offen. Niemand würde neue und alte Bekannte mit der gleichen Elle messen, ebenso verbietet sich der gleiche Maßstab für »Dalli, Dalli« und ein Schlagerfestival, das sich als Unikat geriert.

Die »Tonight Show« des Jonny Carson hat die amerikanische Fernsehstation NBC über fünftausendmal auf den Bildschirm gebracht. Als hierzulande die Idee der Talk-Show mit Verve aufgebracht wurde, reisten nicht wenige in die Vereinigten Staaten, schauten sich »Mr. Middle Americas« Darbietung einmal, zweimal, vielleicht auch dreimal an und kehrten enttäuscht und ratlos zurück. Der Mythos dieser dauerhaften Sendereihe hielt der Einzelprüfung nicht stand. Mit dem Handwerkszeug des Warentesters ist der besonderen Qualität von »Dauerbrennern« nicht auf die Spur zu kommen. Nicht eine willkürlich ausgewählte Sendung muß so gut sein wie die viertausendneunhundertneunundneunzig anderen, sondern wer, nun sagen wir im Extremfall, fünftausendmal die »Tonight Show« gesehen hat, wird auch die Sendung mit der Nummer 5001 goutieren.

Das Altern hat im Medium des Fernsehens eine eigene Qualität. Nicht wie etwas beschaffen ist, wird irgendwann einmal gefragt, wichtig ist nur, daß es ist. Je länger Sendungen im Programm gehalten werden, desto größer wird die Kompetenz des Zuschauers, desto eher weiß er Bescheid. So entsteht eine unausgesprochene Komplizenschaft zwischen dem televisionären Dauergast und dem Zuschauer, ein blindes Verständnis, eben das Maximum dessen, was nur in einem Medium zu erreichen ist, dessen Botschaft den Rezipienten in seiner häuslichen Umgebung erreicht. Jenen, die an dieser Art der Kommunikation nur gelegentlich teilhaben, wäre äußerste Zurückhaltung anzuempfehlen. Sie tun oft genug das Gegenteil, reden von Langeweile, von Überdruß, wollen neue Gesichter sehen.

Nichts ist falscher. Gerade im Bereich der Unterhaltung gibt es zuwenig Kontinuität. Wo es sie wenigstens über ein paar Jahre gibt, ist der Erfolg selten ausgeblieben. Was soll das Lamentieren über das Niveau bundesdeutscher Fernsehunterhaltung? Ist dadurch jemals etwas besser geworden? Gewiß, nicht alles und jedes verdient Anhänglichkeit. Aber was trägt, wird nicht lange genug getragen. Etwa Kulenkampffs Quiz »Einer wird gewinnen«. Das hat es einmal gegeben, dann nicht mehr, dann hat man es wiederbelebt in der resignativen Erkenntnis, daß die alten Besen immer noch am besten kehren. Vernünftig wäre es freilich gewesen, diese Sendung erst gar nicht aus dem Programm zu nehmen.

Veränderung im Gleichen

Würde man mit den Pfunden ordentlich wuchern, die man hat, der Verdruß und die timiden Selbstzweifel wären gewiß geringer. Abwechslung ist im deutschen Fernsehen ein Fetisch. Gewiß, in den nicht eben karg bestückten Redaktionsräumen muß man, und sei es mit scheinbarer Kreativität, nach einer Existenzberechtigung suchen. Also läßt man guten Wein nicht altern, sondern füllt ihn in neue Schläuche. Denn dies ist doch die Krux: Man hat zu oft das Prinzip der Kontinuität geopfert für eine Art von Etikettenschwindel. Da wurden Moderatoren, Entertainer, Dekorationen ausgetauscht, doch die wirklich neuen Ideen konnte man an einer Hand abzählen. »Ich habe«, ließ Hans Joachim Kulenkampff einmal in einer Sendung kokett von sich behaupten, »noch nie einen Menschen getroffen, der so stolz war, daß er in zehn Jahren nichts dazugelernt hat.« Und Rudi Carrell sinniert, es gäbe nun einmal in der Welt nur tausend Gags, und die ließen sich nicht endlos drehen und wenden.

Aus diesem Dilemma, das man übrigens auch dem kommerziellen amerikanischen Fernsehen anmerkt, gibt es nur eine plausible Lösung: die Veränderung im Gleichen. Man stelle sich einmal vor, es gäbe jene Fernsehfamilie Schölermann noch heute. Was wäre das für ein Dokument, wie würde sich in einer Endlosserie, vorausgesetzt man hätte sensible, intelligente Autoren, Zeitgeschichte spiegeln? Das Interieur hätte sich verändert, der Habitus der Figuren, wohl auch das Denken und Handeln. Kontinuität heißt ja nicht, ein einmal gefundenes Rezept starrsinnig über die Jahre zu retten.

Eine Reihe darf nicht wie ein Fossil in die jeweilige Zeit reinragen. Natürlich ist diese Mischung aus Dauer und behutsamem, allmählichem, dem Zeitmaß der Realität angemessenem Wandel sehr viel schwieriger zu bewerkstelligen, als eine alte Idee in ein neues Gewand zu hüllen. Mag sein, sie ist für die Produktionsbedingungen des Fernsehens auch von illusorischer Natur. Solange man den Fernsehautoren noch an einem überkommenen Geniekult mißt und das Schreiben von Unterhaltungssendungen nicht als arbeitsteiligen Prozeß begreift, gerät man rasch außer Atem. Es fehle, heißt es mit Inbrunst, an Autoren. Dies muß so sein, wenn Ideen beispielsweise nichts wert sind, jedenfalls dann nicht, wenn sie einer nicht selbst umsetzen kann. Unterhaltung gelingt am besten nach einem Baukastensystem, eben so, wie es die Amerikaner in den Hollywood-Studios vorexerziert haben.

Es ist ja nicht so, daß es um die Unterhaltung im deutschen Fernsehen so viel ärger stünde als anderenorts. Nimmt man einmal die Briten aus, deren Mischung aus Kälte und Glamour, Getändel und auf den Punkt gezielter Schärfe, aus »small talk« und bissigem Witz nicht kopierbar ist, kann sich das deutsche Amüsement mit dem, was beispielsweise Jahr für Jahr in Montreux vorgeführt wird, ganz ordentlich messen. Woran es fehlt, ist Durchhaltevermögen. Da wurde etwa eine der besten Serien, »Ein Herz und eine Seele«, nach fünfundzwanzig Ausgaben schlicht und einfach beendet. Dieser Schluß war jener fehlenden Professionalität zuzuschreiben, mit der hierzulande Unterhaltung gemacht wird. Wenn man erfolgreiche Sendungen dieser Art an die Lust und Unlust, an den Einfallsreichtum oder die Einfallslosigkeit eines Autors oder eines Redakteurs bindet, wird man sich über das Scheitern nicht wundern dürfen. Obendrein stand das Budget für diese Reihe in unangemessenem Verhältnis zu seiner Bedeutung für das Gesamtprogramm.

Es sind eben nicht die teuren Prestigesendungen, die das Bild des deutschen Fernsehens prägen. Überhaupt das Prestige. Zum Beispiel Kulenkampff. Der Vater war ehrbarer Kaufmann, der Bruder ist angesehener Medizinprofessor. Ganz und gar fremd ist ihm die Vorstellung, es könne einer von zu Hause ausbüchsen, um Quiz-Master zu werden. Wenn schon keine bürgerliche Karriere, dann wenigstens als verkanntes Genie hungernd und frierend in der Dachstube. Jedenfalls geniert sich Kulenkampff fast seines Fernsehruhms – und er ist der einzige nicht. Der Minderwertigkeitskomplex ist notorisch. Die bildungsbürgerlichen Anfänge des Fernsehens haben ihn fleißig genährt. Von einem guten Unterhaltungsprogramm, so sagte einst der Intendant des WDR, Klaus von Bismarck, erwarte er »Bildung im Humanen, Verständnis wecken für die Mentalität, die Denk- und Verhaltensweisen unserer Mitmenschen, in den Schwächen der anderen die eigenen erkennen lernen, die Welt, in der wir leben, begreifbar und liebenswert zu machen«. Das war eine Programmaxime für das »Wort zum Sonntag«, jedenfalls verblasenes Gerede, das typisch war für die Befangenheit dem Leichten gegenüber. Wer sich allenfalls mit schlechtem Gewissen dem puren Amüsement hingibt, darf sich nicht wundern, wenn die Zuschauer dieses Gefühl teilen.

So assoziieren denn die Deutschen ihr Verweilen vor dem Gerät am ehesten mit Zeitverschwendung. Unterhaltung hat es da besonders schwer. Denn so sehr das Publikum nach ihr giert, so sehr neigt es nach dem Ende des Vergnügens dazu, den Hokuspokus für einen läßlichen Zeitvertreib zu halten. Es leuchtet ein, daß Unterhaltung ein schwieriges Unterfangen ist in einem Land, in dem »Minna von Barnhelm« ernstlich für ein Lustspiel gehalten wird.

Gute Unterhaltung ist eine Frage des guten Gewissens. Alfred Hitchcock hat einmal kurz und bündig erklärt, eine Frau, die tagsüber am Spülstein gestanden habe, sich dann die Schürze ausziehe und ein hübsches Kleid anziehe, wolle abends im Kino nicht wieder eine Frau am Spülstein stehen sehen. So einfach ist das mit dem Verhältnis von Leben und Unterhaltung. Töricht ist es, Unterhaltung mit zuviel Bildungs- und Informationsansprüchen zu überfrachten. Umgekehrt wird ein Schuh draus. Nicht die Unterhaltung muß sich in der Defensive wähnen, den Informations- und Bildungssendungen des Fernsehens wäre mehr Witz, Spritzigkeit, Verve, eben Unterhaltung zu wünschen.

Eine eingebildete Krankheit

Was ist Fernsehen? Zuerst einmal eine Tätigkeit, die sich in den eigenen vier Wänden abspielt, also Teil des häuslichen Rituals. Das Fernsehgerät ist Teil des Mobiliars, mehr noch, es wird am bevorzugten Platz aufgestellt. Beim Kauf spielen ästhetische Gründe eine große Rolle. Dem Bedürfnis nach Verschönerung der Welt entspricht der Apparat, nicht aber das Programm, oder doch jedenfalls nicht so, wie das von allen anderen Gegenständen der häuslichen Einrichtung verlangt wird. Es steht zu vermuten, daß dem Fernsehen – jedenfalls unterschwellig – Harmonie abverlangt wird, Kompensation für die Entbehrungen des Alltags. Diese Haltung kann man mit den allerbesten Gründen falsch finden, für das

Geschäft der Unterhaltung ist sie erst einmal konstitutiv. Harmonie: das heißt auch Stetigkeit.

In einer Kritik aus dem Jahre 1973 hieß es, Kulenkampff, Thoelke und Rosenthal verbraucht nennend, zu schnell wirke das Neue wie ein alter Hut. Die Beobachtung war richtig, die Schlußfolgerung grundfalsch, denn der alte Hut macht geradezu die Faszination des Fernsehens aus. Diagnosen sind viele gestellt worden. Die Regisseure, sagte etwa Pfleghar, seien zu sehr zu Ausführenden degradiert. Die jungen Entertainer, meint ein anderer, hätten keine Chance, die Reaktion des Publikums zu testen. Das Fernsehen baue keine Stars auf. Es fehle eine Schule für Showtalente. Natürlich sei auch das rigide Sendeschema der Tod jeden Witzes. Doch entscheidend ist: was man hat und was ankommt, darf man sich nicht zerreden lassen. Der eigene Überdruß darf nicht zum Maß aller Dinge gemacht werden. Auch nicht der Unwillen derer, die das Gewerbe des Unterhaltens betreiben. Das Leichte ist besonders schwer zu machen. Zu denen, die unterhalten können, muß man stehen. Dies muß nicht heißen, kann es auch nicht, daß Carrell so exorbitante Gagen wie Carson erhalten soll, aber ein vergleichsweise starrer Gagen-Rahmen wird den unterschiedlichen Fertigkeiten auch nicht gerecht.

»Unterhaltung«, so witzelte einmal der Musikmanager Beierlein, »gilt in Deutschland als etwas Negatives. Wie alles, was im Duden mit ›Unter‹ beginnt: Unterdrückung, Untermensch, Unterhose...« Das ist rüde formuliert, aber es trifft. Die Klage über das mangelnde Niveau der deutschen Fernsehunterhaltung ist inzwischen zum Gemeinplatz verkommen. Als man vor Jahren die Chefs der Unterhaltungsabteilungen der deutschen Fernsehsender nach den Absichten ihres Treibens fragte, gaben sie sich kleinlaut. Jedenfalls hätten sie »keine Knüller« anzubieten. Mit solcher Art Kleinmut ist nun wirklich kein großes Programm zu machen. So gesehen hat die vielbeschworene Krise der Unterhaltung auch etwas von einer eingebildeten Krankheit.

Film

Tod im Fernsehstudio
Sidney Lumets Film »Network«

Das Fernsehen hat die Welt revolutioniert. So schleichend freilich, daß wir geneigt sind, als selbstverständlich zu nehmen, was unerhört ist. Die Tatsache beispielsweise, daß sich alltäglich auf der Erde Millionen von Menschen um eine Kiste aus Glas und Holz versammeln. Den Umstand auch, daß die Welt zu uns in die Wohnstuben kommt und wir zugleich den Wohnungsnachbarn nicht mehr kennen. Wir haben uns daran gewöhnt, daß die Grenzen zwischen Sein und Schein, zwischen Kunstwelt und Wirklichkeit fließend geworden sind, daß wir Erfahrungen überwiegend nicht mehr machen, sondern zugerichtet geliefert bekommen, daß eine Röhre unser Bild von der Welt formt. Hingenommen haben wir auch jene ungeheure Macht, die jene in den Händen halten, die das übermächtige Medium beherrschen, hoffend, sie würden es schon zum Besten aller nutzen. Allmählich verändert haben sich auch die Menschen, und wohl am stärksten dort, wo das Fernsehen sich der Menschen am intensivsten bemächtigt hat: in den Vereinigten Staaten, einem Land, in dem die Menschen mittlerweile sechseinhalb Stunden täglich in die Röhre schauen.

Doch nicht nur deswegen ist das amerikanische Fernsehen wie kein anderes zum Filmstoff geeignet. Hier tritt uns nämlich das Fernsehen nicht in jener biederen, bürokratisierten, glanzlosen Form entgegen, die wir überall dort finden, wo sich dieses Medium um Konkurrenten, Einschaltziffern und Profite nicht übermäßig zu scheren braucht. Die großen kommerziellen Sender gleichen in Wesen und Erscheinung eher den Hollywood-Studios, sie setzen auf die Aura der Stars, auf Rummel, Unterhaltung, Verkaufsstrategie und exorbitante Gagen. Sidney Lumets Film »Network« ist denn auch zuerst und vor allem eine Abrechnung mit dem Fernsehen amerikanischen Typs.

Lumets Film erzählt die Geschichte des Nachrichtensprechers Howard Beale (Peter Finch), den die Guillotine des elektronischen Zeitalters, die von der Chicagoer Nielsen Company ermittelten Einschaltziffern, um seine Position bringen. Er soll – auf Alter und Verdienste wird wenig gegeben – abgesetzt werden. Da sein Ich mit seinem Beruf vollständig verschmolzen ist, kündigt er seinen Zuschauern an: »Ich werde mir am Dienstag nach meiner Sendung

’ne Kugel durch den Kopf jagen.« Der Selbstmord findet nicht statt, wohl aber macht Beale seinem Unmut in einer Abschiedsrede Luft, in der leitmotivisch das Wort »beschissen« Verwendung findet. Eine Entgleisung, die die Zuschauer weniger verstört, als zu vermuten wäre.

Die Bosse der stark defizitären Anstalt erkennen ihre Chance. Howard Beale kehrt auf den Bildschirm zurück, wird – ungeachtet seines angegriffenen Geisteszustands, oder gerade deswegen – zum Propheten des Fernsehens. Er wettert gegen den Verfall des Landes, gegen die Regierung, fordert die Zuschauer auf, sich endlich dies alles nicht mehr gefallen zu lassen und die Wut herauszuschreien. In der makabersten Szene des Films sieht man die Bürger aus ihren Wohnhöhlen kriechen, auf ihre Balkons treten und rufen: »Wir lassen uns das nicht länger gefallen.« Eine solistische Massenhysterie, die dem Medium Fernsehen im Grunde fremd ist, obschon es auch dafür in der Geschichte der elektronischen Medien Beispiele gegeben hat, man denke etwa an die Panik nach dem Orson-Welles-Hörspiel »Krieg der Welten«.

Die Einschaltziffern des seltsamen Propheten schnellen nun auf sechzig Prozent hoch; die Fernsehgesellschaft kommt wieder in die Gewinnzone. Dies ermuntert die Programmchefin des Senders, eine Dame, deren Schönheit nur noch von ihrer Skrupellosigkeit überboten wird, zu einem neuen Einfall. Sie plant eine »Mao-Tse-tung-Stunde«, eine Serie, in der Mitglieder einer linksradikalen Sektierergruppe Filme ihrer Terroraktion zeigen und kommentieren – auf Honorarbasis, versteht sich. Als Beale jedoch dem amerikanischen Credo, der Identifizierung von persönlicher Entscheidungsmöglichkeit und menschlicher Freiheit, abschwört und das Ende des Individualismus in einer von Industrie-Konglomeraten beherrschten Welt verkündet, ist sein Ende nahe. Die Einschaltziffern sinken, die trostlose Botschaft mag niemand mehr hören, der Prophet muß sterben. Man läßt ihn mitten in der Sendung erschießen, als Entree von jenen Terroristen, die künftig die neue, erfolgverheißende Serie gestalten sollen. Eine Filmgeschichte, die stellenweise die Grenze des Wahrscheinlichen überschreitet. Der Autor Paddy Chayefsky hat ein Drehbuch geschrieben, in dem Wirklichkeit und Farce, Realismus und Phantasie sich mischen. Der Film hat stark satirische Züge, er überpointiert, was ihm prompt den Vorwurf eingetragen hat, das alles habe mit dem Fernsehen, wie es ist, nichts zu tun. Viel spricht indes dafür, daß die übertreibende

Veranschaulichung das einzige Mittel ist, jener naheliegenden Gefahr zu entgehen, das ohnehin Unbegriffene nur zu verdoppeln. Die Kunstwelt des Fernsehens gibt sich ebenso zutraulich wie undurchdringlich, als vermeintliches Abbild der Wirklichkeit steht es von vornherein im Ruf größtmöglichen Realismus. Wo sich die Halbwahrheit als Realismus tarnt, kann die Wahrheit sich nicht realistischer Formen bedienen. Im Fernsehen entgleitet uns das Nahe, weil uns das Ferne zu nahetritt. Ein Film über das Fernsehen muß das Nahe wieder von uns entfernen, muß das scheinbar Bekannte entfremden.

Gewiß hat Sidney Lumets Film Züge einer negativen Utopie, doch es wäre töricht, dem Regisseur vorzuwerfen, das Utopische formal nicht deutlich sichtbar gemacht zu haben. »Network« ängstigt den Zuschauer ja gerade, weil der Alptraum mit einem dokumentarischen Gestus versehen ist, als Möglichkeit erscheint, die dem Bestehenden immanent ist. So aberwitzig sind die Einfälle des Drehbuchautors Paddy Chayefski schließlich auch nicht. Hat uns die Erfahrung nicht schon längst gelehrt, daß das Fernsehen Realität oft nicht abbildet, sondern inszeniert, daß wir auf eine unechte Bilderwand schauen? Das Original muß sich nach seiner Reproduktion richten, warum dann nicht der Terroranschlag nach den Unterhaltungsvorstellungen eines Mediums? Tatsächlich haben sich ja Terrorgruppen schon des Fernsehens bedient. Gewiß hat sich da das Fernsehen den Ansprüchen dieser Gruppen nur gezwungenermaßen ergeben, wer wollte aber rundweg ausschließen, daß dieser oder jener dabei auch über eine besonders attraktive Sendung erfreut gewesen sein mag. Wo Einschaltziffern alles sind, liegt es nahe, Inhalte letztlich beliebig zu finden, wenn sie nur ihr Publikum finden. So hat beispielsweise halb Amerika zugeschaut, wie die Polizei die Mitglieder jener durch Patricia Hearst berühmt-berüchtigten »Symbionese Liberation Army« ausräucherte. Am Ende sah man sechs verkohlte Leichen. Zwar war hier die perverse Lust am Greuel durch die Legalität des Vorgangs sozusagen moralisch abgesichert, doch zugleich wurden Sehbedürfnisse sichtbar, die nichts Gutes verheißen.

Ohne Frage ist uns der Grundeinfall des Films deswegen so schwer zugänglich, weil bei uns das Fernsehen gerade in seiner politischen Berichterstattung viel seriöser ist. Von solchen Traditionen haben sich die großen amerikanischen Fernsehstationen schon seit geraumer Zeit abgewandt. Dort hat die Tendenz zum Unterhaltsamen auch die Nachrichtensendungen erreicht. Nichts illustriert dies mehr als die Tatsache, daß eine dieser überaus populären Moderatoren, Barbara Walters, gelegentlich auch »Diva der Morgenstunde« genannt, für ein Jahresgehalt von einer Million Dollar den Sender gewechselt hat. Auch die Nachrichtensendung hat damit eine kommerzielle Dimension bekommen. Wo eine Million bezahlt wird, ist Zimperlichkeit nicht immer zu erwarten, auch wenn nicht abzustreiten ist, daß der fiktive Mord im Studio die Verhältnisse grotesk zuspitzt.

In die Geschichte vom Aufstieg und Fall des Nachrichtensprechers Howard Beale hat Sidney Lumet in bewährter Hollywood-Tradition eine Liebesgeschichte hineinverwoben. Er erzählt die traurige Fabel der Liaison zwischen einem Journalisten alter Schule (William Holden) und einer karrieresüchtigen Blondine (Faye Dunaway), die selbst beim Beischlaf noch an die Einschaltziffern ihrer Programme denkt. William Holden, in später Erkenntnis, daß mit einer Kunstfigur nicht zu leben ist, äußert melancholisch: »Sie ist aus der Fernsehgeneration. Sie hat das Leben von Bugs Bunny gelernt. Die einzige Wirklichkeit, die sie kennt, bezieht sie über diesen Fernsehapparat.« Es ist ohne Zweifel eine Leistung von »Network«, das Scheitern einer Zweierbeziehung originell und zeitgemäß begründet zu haben: hier können zwei nicht zusammenkommen, weil der Frau die Fähigkeit zu gemeinsamer Privatheit abhanden gekommen ist. Sie findet sich in der Welt der Reproduktionen mit traumwandlerischer Sicherheit zurecht, in der tatsächlichen Welt fehlt ihr die Orientierung. Lumet illustriert ein altes Thema der Kulturkritik: die Standardisierung des Menschen, seine Verwandlung in ein Serienwesen. Die von Faye Dunaway faszinierend gespielte Diana Christensen hat ihre Identität verloren, ihre Beziehungen vermag sie nur noch nach den dramaturgischen Mustern der Fernsehspieler zu arrangieren.

An einer Stelle des Films heißt es, das amerikanische Fernsehen neige auf unerträgliche Weise dazu, alles zu banalisieren. Ein Hinweis, der in auffälligem Gegensatz zu »Network« steht, denn hier wird das Fernsehen vorzugsweise dämonisiert. Dies ist ein Gegensatz, der uns daran erinnert, daß die kinematografische Sehweise von der des Fernsehers grundsätzlich verschieden ist. Das Fernsehen taugt nicht zur Mythisierung von Figuren, es zeigt uns Menschen, mit denen wir leicht auf Duzfuß stehen könnten. Kritik am Fernsehen im Fernsehen tut sich deswegen schwer, da man an die formale Begrenzung dieses Mediums gebunden bleibt. Im Film erfährt man die Macht des Fernsehens ungleich sinnfälliger, weil das Fernsehen eben nicht nur die Welt banalisiert und zutraulich macht, sondern auch sich selbst.

»Network« gehört in eine Reihe von Filmen (»All The President's Men«, »Der Strohmann«), die sich selbstkritisch mit Amerika auseinandersetzen. Freilich ist es erstaunlich, daß diese Filme nicht etwa in jener Zeit des Selbstzweifels und der Irritation entstanden sind, die Nixon, Vietnam, Watergate und die CIA-Enthüllungen geschaffen haben. Inzwischen hat Amerika wieder weitgehend zum alten Optimismus zurückgefunden. Während in der Zeit des Vietnam-Kriegs vorzugsweise Spätwestern produziert wurden, die allegorisch verschlüsselt dem Pessimismus huldigten, werden jetzt die Filme in ihrer Kritik konkreter, und dennoch zu Erfolgen, wie etwa am Beispiel der Fernsehserie »Roots« zu belegen ist. Das neue Selbstbewußtsein hat offenbar auch die Bereitschaft gefördert, sich selbst und die eigene Geschichte in Zweifel zu ziehen.

Ist »Network« nun realistisch oder surrealistisch? Er ist so surrealistisch wie das amerikanische Fernsehen selbst. Am Ende des Films »Network« sieht man verschiedene Monitore. Auf einem entdeckt man den toten Howard Beale, auf einem anderen ein Kind, das rotbäckig Pudding mampft. Als Kennedy ermordet wurde, folgte der ersten Nachricht ein Werbespot der Firma »Kleenex«. So irrwitzig wie das Fernsehen kann kein Film sein.

Ein surrealer Geheimagent

Der elfte James-Bond-Film: »Moonraker – Streng geheim«

Genauer als andere künstlerische Ausdrucksformen kann der Film die äußere Realität dokumentieren. Dies hat viele Regisseure ermuntert, den Film für eine realistische Theorie der Kunst zu reklamieren oder ihn, was noch ärger ist, zur Illustration von Begriffen zu nutzen. Viel spricht dafür, daß die Möglichkeiten des Films viel eher im Vermögen zu einer Art Wachtraum liegen. Der Film sei, hat Luis Buñuel einmal gesagt, »das beste Instrument, um die Welt der Träume, der Emotionen, des Instinkts auszudrücken. Der schöpferische Mechanismus der filmischen Bilder ist in seinem Ablauf unter allen menschlichen Ausdrucksmitteln dasjenige, das am meisten an die Arbeit des Geistes während des Schlafs erinnert.«

Der Zuschauer sitzt im Kino, wartet auf den Beginn des neuesten Bond-Films »Moonraker«, der Saal wird allmählich dunkler, ganz so, als schlösse man langsam die Augen, und auf der Leinwand erscheinen Bilder, die nicht der Wirklichkeitserfahrung entsprechen, sondern der des Traums. Riesige Pranken packen einen Menschen, werfen ihn ohne Fallschirm aus einem Flugzeug, im freien Fall geht es in die Tiefe, einem Bösewicht wird der Fallschirm entrissen, 007 scheint gerettet, doch da taucht ein Monstrum von einem Mann auf, im Film liebevoll ob seiner Stahlzähne »Beißer« genannt, will seine knitterfreien Hauer in den Hals des Agenten schlagen, dann öffnet sich der Fallschirm, der Held landet sanft, der Bösewicht stürzt in eine Zirkuskuppel, und gegen alle physische Wahrscheinlichkeit bleibt Richard Kiel, der Beißer, dem Zuschauer auch für den Rest des Films erhalten, denn kein Realismus stellt sich zwischen den Film »Moonraker – Streng geheim« und das Publikum. Wer Filmkritik wie das Ablesen eines Gaszählers betreibt, mag auch den elften Bond-Film mit der ideologiekritischen Elle messen. Dies wäre gleichwohl ein groteskes Raster. Hier wird nicht eine Wirklichkeit verfälscht, hier wird gespielt. Die parodistischen Momente sind schwer zu übersehen, mit Zeit und Raum wird souverän umgesprungen, mit den Gesetzen der Schwerkraft nicht weniger.

Die Figur des Agenten James Bond hat bekanntlich der britische Autor Ian Fleming ersonnen. Die ersten Verfilmungen »James

Bond 007 jagt Dr. No« und »Liebesgrüße aus Moskau« waren auch noch einigermaßen werkgetreu. Sie konnten dies sein, weil die Stärke der Kriminalromane von Ian Fleming darin bestand, politische Entwicklungen ahnungsvoll vorwegzunehmen. In diesen Büchern spielt der Terrorismus, der jenseits aller ideologischen Unterschiede das Ordnungsgefüge aller Industriestaaten bedroht und deswegen Kooperation verlangt, eine zentrale Rolle. Spezialisten wie Bond haben heute ihre realistische Entsprechung in Eliteeinheiten, denen die Terrorismusbekämpfung aufgegeben ist. Jene Vision hybrider Einzelgänger, die die Menschheit atomar bedrohen, ist noch nicht Wirklichkeit geworden, aber auch wieder nicht so weit von der Realität entfernt, daß sie zum Kinospaß taugte. In Flemings Roman »Mondblitz« heißt es: »Bond nickte nachdenklich. Gefährlicher als alle Armeen ist heute der neue Typ des Saboteurs: der kleine Mann mit dem schweren Koffer.«

Weil Naturalismus noch nie die Sache der Bond-Filme gewesen ist, der Reiz dieser Filme sich vielmehr auf gut dosierte Science-fiction-Elemente gründete, hat der Drehbuchautor von »Moonraker«, Christopher Wood, die Geschichte ganz in der Nachbarschaft vom »Krieg der Sterne« angesiedelt. Dies ist auch deswegen ganz konsequent, weil im Zeitalter des Fernsehens selbst der raffinierteste Realismus nicht mehr für ein Kontrasterlebnis sorgen kann. Diese Inflation futuristischer Stoffe ist mittelbar auch eine Kritik an grauer Alltäglichkeit. Früher hieß es einmal, eine Frau, die vom Spülstein weg ins Kino eile, wolle dort nicht wieder eine Frau am Spülstein sehen. Inzwischen scheint nicht nur der Spülstein nicht mehr kinofähig.

Der Film entfaltet eine spielerische Lust an der Zerstörung. In einem Glasmuseum wird der Wert einer unverkäuflichen Schale mit einer Million Mark angegeben, abends prügelt sich James Bond ebendort und zertrümmert so ganz nebenbei auch das gute Stück. Ein anderes Beispiel: Da fällt eine Tragbahre aus einem Krankenauto, rollt die Straße herunter, rast schließlich in eine Plakatwand, wo zu lesen ist: »British Airways takes care of you.«

Der Film soll staunen machen. Und er erreicht dies nicht nur durch eine ausgetüftelte Tricktechnik, sondern mit einem viel simpleren Mittel. Da fährt Bond mit einer amphibischen Gondel über den Markusplatz, dem einen bleibt vor Schrecken der Bissen im Hals sitzen, der Kellner verschüttet die Weinflasche, selbst einen staunenden Hund hat Regisseur Lewis Gilbert eingeschnitten, ein

Kaleidoskop, das, weil der Zuschauer sein alltägliches Verhalten wiedererkennt, zur Identifikation auffordert. Die Orte sind von grandioser Beliebigkeit. Ob Venedig, Rio de Janeiro oder in der Mondfähre, überall geht es gleichermaßen unwirklich zu. Und aberwitzig genug ist auch die Fabel: Ein Irrer will die Erde mit Orchideengift verwüsten und mit ausgewählt schönen Zeitgenossen im Weltall eine neue Rasse begründen. Damit diese Geschichte aber nicht gar zu verbissen gerät, hat sich der Regisseur Umfallendes einfallen lassen: Den »Beißer« nämlich, von dem 2,20 Meter großen Richard Kiel gespielt, den man nicht eben als Inbegriff der Schönheit bezeichnen kann, haben Gefühle zu einer kleinen, sommersprossigen, bezopften Dame ergriffen, die gleichwohl nicht dem Schönheitsideal des Sir Drax entspricht. Das muß man gesehen haben, wie es dem Ungetüm mit der Geschwindigkeit einer steinalten Rechenmaschine dämmert, daß auch er wohl dem neuen Rassenwahn zum Opfer fallen wird, wie es in dem riesigen Schädel arbeitet, bis sich der »Beißer« am Ende entschließt, sich zum Guten zu bekehren.

Dies ist in den Bond-Filmen, die noch stets ein Gut-Böse-Schema charakterisiert hatte, ein dramaturgischer Wendepunkt. Vom tumben Killerpathos früherer Filme bleibt nichts mehr übrig. War die Figur des James Bond ehedem wenigstens mit Spuren von Wirklichkeit durchsetzt, so wird sie hier ganz zur Kunstfigur. Nicht mehr den Kampf des Helden der westlichen Welt gegen die Mächte der Finsternis sehen wir, sondern eine Variante von »Tom und Jerry«. So wie der Kater in diesen Zeichentrickfilmen die grotesksten Deformationen erleidet und dennoch immer wieder in unversehrter Gestalt erscheint, so rast hier der »Beißer« in die Talstation einer Seilbahn, zertrümmert das Häuschen und nimmt doch keinen dauerhaften Schaden an seinem Leibe. Mißvergnügt wischt er sich den Staub von den Kleidern, mehr geschieht nicht in dieser Comic-Welt. Dies kann man, so paradox das klingen mag, auch eine Humanisierung nennen, Brutalität wird nicht kraß herausgearbeitet, Gewalt nicht zelebriert, Blut fließt nie, statt dessen nährt der Film die unverwüstliche Freude der Menschen an der Zerstörung technischer Wunderwerke. Da wird eine Raumfähre, die die Nasa, wäre ihr nicht das Geld ausgegangen, in den Weltraum geschickt hätte, exakt rekonstruiert, für einen einzigen Zweck: dem der spektakulären Zerstörung. Der Film hat viel von einem Polterabend. Porzellan wird reichlich zerschlagen.

Roger Moore will die Rolle des James Bond fortan nicht mehr spielen, was verständlich ist. Hier wird mit einer Filmtradition solcher Schabernack getrieben, hier persifliert sich ein Schauspieler in einer Weise, die es ihm unmöglich machen würde, den Agenten noch einmal als ernsthafte Figur auf die Leinwand zu bringen. Ohnehin ist schwer vorstellbar, wie man nach dem elften Bond-Film, der dem Meisterwerk »Goldfinger« trotz denkbar größter Verschiedenheit ebenbürtig ist, die Taten und Missetaten des Geheimagenten noch einmal auf der mausgrauen Erde ansiedeln könnte. Zur surrealistischen Kunst hat der Regisseur Lewis Gilbert einen bemerkenswerten Beitrag geleistet.

Ein Krieg macht einen Film
Francis Ford Coppolas Vietnam-Film »Apocalypse now«

In einem tieferen Sinne ist Francis Ford Coppolas »Apocalypse now« der vorletzte Kriegsfilm. Die wahnwitzige Gigantomanie des konventionell geführten Krieges in Vietnam hätte nur noch die Atombombe übertreffen können; die Hypertrophie dieses Films, der nicht vom Krieg handelt, sondern Krieg ist und das »Als-ob« der Kunst vollkommen vergessen läßt, könnte nur eine Fiktion übertreffen, die sich des realen Abwurfs einer Atombombe bediente. Alles scheint fiktionabel zu sein, der Horror der Bombe ist es nicht. Würde die Bombe geworfen, wäre »Apocalypse now« nicht länger ein Filmtitel, er würde den Zustand der Welt beschreiben.

»Apocalypse now« gilt als der teuerste Film in der Geschichte des Kinos, und dies ist deswegen ein so makabrer Superlativ, weil die unerhörten Produktionskosten von dreißig Millionen Dollar dem Gegenstand so vollkommen angemessen sind. Man habe den Film, erinnert sich Coppola, genauso gemacht wie die Amerikaner den Krieg in Vietnam. »Es gab zu viele von uns, zu viel Geld und Material, und allmählich wurden wir krank. Ich dachte, ich machte einen Kriegsfilm, doch es stellte sich heraus, daß der Film mich machte. Der Dschungel machte den Film.« Hinter dem Bekenntnis verbirgt sich mehr als larmoyante Klage über Produktionsbedingungen, es ist ein psychoanalytischer Schlüssel zum Verständnis der verwirrenden Struktur dieses Films.

Coppola beginnt den Film wie ein General, den Geld, Menschen und Material nicht zu kümmern brauchen. Gleich zu Anfang verwandeln Helikopter den Dschungel in ein flammendes Inferno, und diese Bilder kehren immer wieder. In diesen Bildern wird die Ästhetik des Kriegsfilms auf den Kopf gestellt: Nie hat man den Eindruck, daß der Krieg für das Auge der Kamera nachgestellt wird, es scheint genau umgekehrt, der Kameramann wirkt wie ein zufälliger Zeuge eines Geschehens, das nicht den Notwendigkeiten der Kunst, sondern denen der Wirklichkeit gehorcht.

Der Vietnamkrieg war auch und gerade ein Fernsehkrieg; kein militärischer Konflikt der Neuzeit ist so sehr abgebildet worden: Abend für Abend haben wir über Jahre die Bombenflugzeuge, den

Nahkampf im Dschungel, den Rauch der Napalmbomben gesehen, jede Kriegsszene dieses Spielfilms hat mit einer mehr oder weniger präzisen Erinnerung zu kämpfen, und dennoch meint man diesen Krieg in gewisser Weise zum ersten Mal wahrzunehmen, man reagiert auf Bilder verschreckt, ängstlich, die vor Jahren, als wir diese Szenen im milden Licht der Fernsehlampe betrachtet haben, im Ritual des Fernsehkonsums untergegangen waren. Die ständige Wiederholung nicht weniger als ein harmonisierendes Programm-Umfeld hatten ihnen den Schrecken genommen. Vor der riesigen Kinoleinwand spüren wir, daß wir die fürchterlichen Bilder nur verdrängt haben, die Erinnerung kehrt zurück, und sie wird genährt durch schaurige Bildsequenzen, die authentischer scheinen als das Abbild der Wirklichkeit selbst. In diesen brutalen Bildern, die morbiden Reiz freilich nicht verheimlichen können, erweist sich die Magie des Kinos – und die einzigartige Fähigkeit des Regisseurs Francis Ford Coppola. Hier fingiert der Film nicht Realität, er konkurriert mit ihr, wird zum hybriden Schöpfer einer vollkommenen Gegenwelt. Ganz plötzlich scheint Coppola jedoch das Interesse am aufwendigen Kriegspielen verloren zu haben. Der Dschungel, sagte er, machte den Film – und die Natur, genauer: der Urwald gerät, mit demütiger Bewunderung gefilmt, ins Zentrum des Films. Auch die Psyche der Menschen beansprucht Aufmerksamkeit, und zwar so, daß sich Coppola standhaft weigerte, den Film mit einem opulenten Showdown enden zu lassen. Eine gigantische Explosion hätte es nach dem Willen der Geldgeber schon sein sollen; die sieht man nun im Nachspann als grafische Unterlage für die endlose Aufzählung der Mitwirkenden.

Der Film beginnt 1969. In einem abgedunkelten Zimmer vegetiert B. L. Willard (Martin Sheen), ein Mitglied der Special Forces, zwischen Trunkenheit und Halluzinationen dahin. Dann bringt ihn ein Kommando in das Hauptquartier der CIA nach Na Trang. Er erhält einen geheimen Spezialauftrag. Willard soll Oberst Walter E. Kurtz (Marlon Brando), einen ehedem hochdekorierten Offizier, an der kambodschanischen Grenze finden und liquidieren. Kurtz, offenbar wahnsinnig geworden, hat der Armee den Rücken gekehrt und führt in einer Tempelstadt, von den Eingeborenen als Gott verehrt, einen Privatkrieg. Diese Figurenkonstellation taugte für einen herkömmlichen Film über den Kampf des Helden gegen den Antihelden. Dies um so mehr, als der Zuschauer das Geschehen mit den Augen Willards wahrnimmt. Doch schnell zerstört

Coppola die Illusion, die Moralität der Figuren sei an einem Koordinatensystem abzulesen.

Gut und Böse sind hinfällige Kategorien in einem Film, der von den Verwüstungen der menschlichen Seele handelt. Wirkt Kurtz, den der Zuschauer erst gegen Ende des Films zu Gesicht bekommt, in den Protokollen des Geheimdienstes wie ein dämonischer Sadist, so fragt sich der Zuschauer nach einer Weile, was an diesem Manne schlimmer sein soll als an jenen, die er bis dahin hat sehen können. Da läßt Kilgore (Robert Duvall) kurzerhand ein vietnamesisches Dorf zusammenbomben, damit ein berühmter Surfer ungestört ein Sonder-Gastspiel geben kann. Napalm, sagt Kilgore, rieche nach Sieg, und seine Helikopter-Kavallerie läßt er mit dröhnenden Lautsprechern zum Angriff fliegen. Auf dem Programm dieses grotesken Konzerts steht Wagners »Walkürenritt«. Willard erschießt eine Vietnamesin, die ungerechtfertigterweise als Vietkong verdächtigt worden war, weil sie seiner Fahrt zur Grenze hinderlich ist, dafür nimmt ein farbiger Soldat den kleinen Hund dieser Frau an Bord.

Der Film handelt von Kindern, die schießen, die mit einer Maschinerie des Todes hantieren, in einem fremden Land Krieg führen und sich, so gut es geht, darüber täuschen. Im Urwald gastieren an einer Stelle des Films Playboy-Häschen, die Soldaten nehmen den Schein für Sein, schnell entfliehen die Damen, die Truppenbetreuung war ein Surrogat – mehr nicht. All dies registriert Coppola ohne Aggressivität und Zynismus, selbst die absurdesten Szenen sind nicht frei von Tragik, von der bitteren Erkenntnis, daß der »American way of life«, jene perfekte Künstlichkeit, der Natur eines fernen, fremden Landes nicht standhalten kann. Die Illusionen zerbrechen an den Widrigkeiten des Alltags, und auch Willard ist, als er endlich Kurtz begegnet, zerstört von der Erfahrung einer sinnlosen Reise und dem Bewußtsein, daß das Prinzip, um dessentwillen er den Abtrünnigen töten soll, von der Amoralität dieses Dschungelkönigs so verschieden nicht ist. Beide erkennen, daß sie jenseits der Grenze humaner Besinnung leben, am Ende tötet Willard, wie das Gesetz es befahl, aber Kurtz ist kein Opfer, der Mord ist einem Selbstmord zum Verwechseln ähnlich. Dann tritt Willard vor die Untertanen. Den alten Gott hat er getötet, nun ist er der neue: die Geschichte als Stillstand.

Nicht die geringste Qualität von Coppolas Film liegt in dem Verzicht auf ein säuberliches Arrangement der Geschichte, auf Werturteile, die in der Rückschau leicht zu fällen sind. Nicht, daß der Film indifferent wäre oder sich im einerseits, andererseits verlöre, aber die individuelle Moral ist doch immer Reflex der historischen Situation, im Schlechten gibt es hüben wie drüben nichts Gutes. »Apocalypse now« ist der Film eines Amerikaners über Amerikaner. Die Vietnamesen bleiben letztlich ausgespart. Wo sie ins Bild geraten, sind sie Teil des Ambientes, wer Phantasie hat, kann sich ihr Leid ausmalen, aber Coppola individualisiert sie nicht, verzichtet auf das probateste Mittel, die Anteilnahme des Zuschauers zu wecken. So gesehen, ist dies eigentlich gar kein Film über den Krieg in Vietnam, sondern ein Film, der ein besonderes historisches Ereignis zum Anlaß allgemeiner Reflexionen über die Befindlichkeiten des Menschen in der westlichen Zivilisation nimmt. Für diese Vermutung spricht auch, daß Coppola wesentliche Motive aus Joseph Conrads Novelle »Herz der Finsternis« aufgegriffen hat. Hier wie dort heißt die Inkarnation des Bösen Kurtz, das Motiv der Flußfahrt wiederholt sich, und der Kurtz des Coppola-Films stirbt mit den gleichen Worten auf den Lippen wie Conrads Hauptfigur: Horror, Horror.

In der symbolträchtigsten Szene des Films wird ein amerikanischer Soldat, der an einem Maschinengewehr hantiert, von einem Speer durchbohrt. Das Archaische überwindet die Technologie, so wie der gesamte Film den Sieg der Natur über die Zivilisation beschreibt. Die Schilderung eines Krieges mündet in die Beschreibung einer Epoche oder doch zumindest in die Beschreibung des Lebensgefühls einer desillusionierten Generation, die neuen Illusionen nachhängt. Selbst wo der Film irrt, ist er noch die optische Urkunde seiner Zeit.

Die Trauer über den verlorenen Westen

Der Film »Ich, Tom Horn«

Selbst im nachhinein läßt sich schwer sagen, wer die großartige Naivität des amerikanischen Western eigentlich zerstört hat. Vielleicht war es John Ford mit »Der Mann, der Liberty Valance erschoß«, jedenfalls war hier die Frage nach Wahrheit und Legende gestellt, und so sehr Ford am Ende doch auf der Autonomie der Vision beharrte, unwiederbringlich verloren war, was zum Wesen des klassischen Western gehörte: der Stillstand der Geschichte. Ganz folgerichtig wurden die Heroen des Wilden Westens immer älter, immer zynischer und immer einsamer, jenes Ritual, das den Western vor der tatsächlichen historischen Wirklichkeit abgeschirmt hatte, zerfiel. Die Spätwestern von Peckinpah, Altman oder Penn näherten sich der verbürgten historischen Überlieferung. Wo einst in der großen Zeit des Westerns die Wirklichkeit zum zeitlosen Traum gerann, den niemand mit der Frage nach der geschichtlichen Wahrheit zerstörte, wurde jetzt der Western erwachsen.

Dieser Reifeprozeß hat der Geschichte des Films einige Meisterwerke beschert, aber sowenig es vorstellbar ist, daß nach der spektakulären Enthüllung eines Zaubertricks der Magier so fortfahren kann, als sei nichts geschehen, so wenig war jenem, dem Geschäft der Entmythologisierung verpflichteten Spätwestern eine Zukunft zu prophezeien. Lange Zeit sind denn auch keine Western mehr gedreht worden. Jetzt kommen sie zögernd wieder ins Kino. Einer davon ist William Wiards »Ich, Tom Horn«. Tom Horn war Kavallerie-Scout, Cowboy, Rodeo-Champion, Pinkerton-Detektiv; er war einer jener Western-Helden, die in dem merkwürdigen Grenzgebiet zwischen Geschichte und Vorgeschichte gelebt haben. Er hat tatsächlich gelebt und sein geschichtliches Dasein in seinen Lebenserinnerungen zugleich legendenhaft verklärt. Er war ganz und gar der naturwüchsigen Pionierzeit verhaftet: an der Modernität zerbrach er. Er hatte, so gesehen, eine für die Gattung des Spätwesterns geradezu paradigmatische Vita.

Wiards Film ist gewiß kein klassischer Western. Aber ohne den Hintergrund einer großen Kino- und Erzähltradition würde »Ich, Tom Horn« seine Wirkung nicht entfalten können. Wie man im Augenblick des drohenden Verlusts erst recht begreift, was man besaß, so verweist ein Film wie dieser, so rücksichtslos er Abschied nimmt von der Verklärung, auf die Monumentalität des amerikanischen Mythos. Noch einmal wird beschworen, was den Hollywood-Western einzigartig gemacht hat. Die endlose Landschaft, die für die unumschränkte Freiheit steht; ein archaisches Gerechtigkeitsgefühl, das von bürgerlichen Rechtsnormen nicht eingeschränkt wird; ein Leben, das eine Aufeinanderfolge spektakulärer Ereignisse ist, nicht die facettenreiche Entwicklung einer Psyche; ein Held, der seinem kategorischen Imperativ folgt; das Dasein als Bewegung. Es ist kein Film über die großen Tage des Tom Horn, sondern über die letzten. Gleich zu Beginn wird der Zuschauer mit der resignativen Stimmung des Films konfrontiert. Straßenräuber locken Tom Horn in eine Gasse und schlagen ihn zusammen. Nichts findet sich da mehr von der treuherzigen Überzeugung des traditionellen Westerns, daß der Gute allemal über die Bösen obsiegt. Ein Elendsgemälde hat der Regisseur indes auch nicht im Sinn. Die Momente des Scheiterns sind wohldosiert. Tom Horn wird von einer Gruppe wohlhabender Rancher als Weidedetektiv angestellt. Er entledigt sich dieser Aufgabe mit denkenswerter Brutalität und jenem moralischen Rigorismus, der Erbstück einer Frontiermentalität, nicht aber Attribut einer von Institutionen verwalteten Gesellschaft ist.

Ein Film also über das Alte und das Neue. Hier Tom Horns rigider Begriff von Freiheit, von Ehre, von Integrität, dort die allgemein gewordenen Ideen des Kompromisses, der Humanität, der Demokratie. Zu den Eigenheiten dieses Films zählt, daß der Zuschauer, obwohl doch Tom Horn genaugenommen nur ein Killer ist, für diesen umweglos Partei nimmt. Diese Identifikation kann man nicht nur der Besetzung der Hauptrolle mit Steve McQueen zuschreiben. Sie ist Ausdruck des Lebensgefühls einer Epoche, deren Sehnsucht, jedenfalls dort, wo sie keine Preisgabe an Komfort verlangt, durchweg dem Vergangenen gilt. Wurde im klassischen Western dem Zuschauer die Identifikation mit dem Helden mittels des Gut-Böse-Schemas aufgenötigt, so fehlt hier die moralische Wertigkeit der Figuren weitgehend. Gewiß, da gibt es einen neidischen Intriganten, der Tom Horn am Ende auch an den Galgen bringt, aber alles in allem bleibt dies doch eine periphere Figur. Das feindliche Prinzip ist nicht personifiziert, es ist allgegenwärtig. Das Scheitern des Tom Horn hat denn auch tragische Züge. Menschen wie er hatten sich überlebt. Sie waren Helden dort, wo sie als

Tote zur Legende taugten. In eine Welt des leiser werdenden Terrors paßten sie nicht mehr, niemand hat das besser begriffen als Buffalo Bill, der seine Lebensgeschichte ganz folgerichtig als Revue inszenierte.

Tom Horn bleibt, wenn man so will, im Showdown unbesiegt. Er scheitert an einer Welt, deren komplizierte Strukturen er nicht mehr begreifen kann. Man klagt ihn des Mordes an einem Jungen an. Wiards Film legt die Überzeugung nahe, daß dies zu Unrecht geschieht, doch er mag sich nicht verteidigen, sich nicht mit den Verdrießlichkeiten juristischer Normen auseinandersetzen, wohl ahnend, daß er so oder so am Ende ist. Einmal flieht er, all seine Erfahrung nutzend, aus dem Gefängnis, ziellos läuft er in die Weite der Landschaft, läßt sich letztlich wieder einfangen, weil er nichts mehr findet, das anders wäre als die Welt, aus der er entflohen ist. Schließlich läßt er sich gelassen hängen, wissend, daß er in einem tieferen Sinne schon längst gestorben ist.

Dies alles zeigt William Wiard mit der denkbar größten Lakonie, ohne falsches Pathos, ohne Schwelgen in elegischen Bildern. Die Welt ist, wie sie ist. Das Rad der Geschichte kann nicht zurückgedreht werden, doch das Kino ist der Fluchtort, wo der Mensch seine Trauer darüber bekennen kann. Der Spätwestern ist eine Gattung mit Zukunft.

Das Opfer als Kinoheld

David Lynchs Film »Der Elefantenmensch«

John Merrick, der Elefantenmensch, jenes Wesen von so monströser Häßlichkeit, daß es sein Haupt verhüllen zu müssen glaubte, wurde im Jahre 1862 in Leicester geboren, achtundzwanzig Jahre später starb Merrick in London. Er litt und hoffte in einem anderen Jahrhundert, jene, die ihn liebten, und jene, die ihn quälten, lebten in einer Zeit, die lange vergangen ist. Das Schicksal des Elefantenmenschen ist Geschichte. Genauso setzt es der amerikanische Regisseur David Lynch in Szene. Er zeigt Bilder aus einer gewesenen Epoche. Den viktorianischen Jahrmarkt, das ungenierte Ausstellen von Löwenmenschen, Zwergen, Riesen, Wasserköpfen und Gummimenschen, die riesigen, überbelegten Säle des Hospitals, eines düsteren Backsteingebäudes mit der merkwürdig verspielten, heiteren Ornamentik. Er zeigt die Kutschen, die Pflastersteine, die Gaslaternen, das plüschüberladene Theater, die hohen, so gar nicht funktionalen Hörsäle mit den riesigen Fenstern, die Vatermörder, Häubchen und Roben, er rekonstruiert eine Epoche mit der besessenen Liebe zum Detail, aber er will keinen delikaten Augenschmaus und auch nicht der Nostalgie, jener Boutiquenausgabe von Tradition, willfährig sein; er stellt Gewesenes nach, um den ungeheuren Abstand zwischen uns und der Historie erst einmal zu betonen.

Lynch tut, was den besten Filmregisseuren, soweit sie sich geschichtlicher Sujets angenommen haben, immer eigen war: er vertraut der Macht, der Wirkung, der Erkenntnis und auch dem Unterhaltungswert, der Spannung historischer Überlieferung. Ganz anders als das Theater, das seine historischen Stoffe gerne aktualisiert.

So war es, oder so könnte es immerhin gewesen sein, sagen Filme und auch: dies alles ist vorbei. Heute werden eben keine deformierten Menschen mehr auf Jahrmärkten ausgestellt. Und doch hat dieser Film, und er ist eben kein Einzelfall, seine subversive Kraft. Er drängt, nachdem man sich gerade über die Grausamkeit eines anderen Jahrhunderts entrüstet hat, mit einem Mal zu der Frage, was sich eigentlich seit hundert Jahren so fabelhaft verbessert haben soll. Wie reagieren die Menschen heute, wie reagieren wir auf Mißbildungen, auf Deformationen des Körpers und der Seele?

»Der Elefantenmensch« ist kein Film in Technicolor, sondern im Schwarz-Weiß jener Fotos gehalten, die unsere Vorstellung der viktorianischen Zeit prägen. Ganz folgerichtig scheinen uns die Menschen dieses Films zu Anfang entrückt, sie sind uns fern, haben nichts gemein mit unseren Alltagserfahrungen, doch was als Historienspektakel beginnt, endet als Lehrstück über die Kontinuität von Geschichte. In seiner Autobiographie, die naturwissenschaftliche Akribie mit ratlosem Entsetzen verbindet, hat John Merrick sich so beschrieben: »Der Umfang meines Kopfes mißt 91,4 Zentimeter, eine große fleischige Substanz auf der Rückseite ist so groß wie eine Frühstückstasse, der andere Teil ist, wenn man so sagen will, wie Hügel und Täler, alles zusammengeklumpt, während das Gesicht einen Anblick bietet, den niemand beschreiben kann. Die rechte Hand ist fast so groß und sieht auch beinahe so aus wie der Vorderfuß eines Elefanten... Meine Füße und Beine sind mit dicker, klumpiger Haut bedeckt, auch mein Körper, wie bei einem Elefanten, auch fast dieselbe Farbe. Tatsächlich würde niemand, bevor er es gesehen hätte, glauben, daß so etwas existieren könnte.« Die grausamste Phantasie eines Maskenbildners hätte für einen Horrorfilm nichts Schrecklicheres ersinnen können, ein aberwitziger Fehlschlag der Natur, ein Mensch, der andere an Schuld und Sühne denken ließ, der sie ekelte, der sie befangen machte, und den sie doch für den Obulus von zwei Pence mit einer merkwürdigen Lust am Grauen in der Schaubude begafften.

Mit der Jahrmarktsszene beginnt Lynchs Film. Wie ein Tier wird Merrick (John Hurt) dort ausgestellt, der Selbstgerechtigkeit, der Sensationsgier, der Perversion der Betrachter Nahrung gebend und doch dabei auch seinen kargen Lebensunterhalt verdienend. Dort sieht ihn der Arzt Treves (Anthony Hopkins), er leiht ihn sich aus, führt ihn nicht ohne Selbstgefälligkeit im Hörsaal vor, nicht den Menschen, sondern die Abart zeigend. Von seinem Leid, so vermutet Treves und mit ihm der Zuschauer, wisse Merrick wohl nichts. Es ist dies die schöne Hoffnung, der Herr möge den, der so unglücklich ist, wenigstens mit der Gnade des Schwachsinns bedenken. Merrick kommt ins Hospital, lernt scheinbar mühsam einige Worte nachzusprechen, doch als der Arzt den Raum verläßt, hört er drinnen in flüssiger Rede das Glaubensbekenntnis. »Der Elefantenmensch« kann sprechen und schreiben, ein Schock für den Zuschauer, dem der Jahrmarkt gewiß widerwärtig gewesen war und dem doch die Phantasie gefehlt hatte, hinter dem mißgestalteten Objekt ein denkendes und fühlendes Subjekt zu vermuten.

Merrick bleibt eine Attraktion. Für die Armen und die Reichen. Die einen besichtigen ihn, dem Nachtwächter des Hospitals Eintrittsgeld entrichtend, des Nachts quälen sie ihn, demütigen ihn, treiben grausame Scherze; die anderen sagen sich bei ihm zum Tee an, bringen erlesene Geschenke, eine Begegnung mit dem Elefantenmenschen gilt in der feinen viktorianischen Gesellschaft als schick. Merrick ist in Mode. Auch der Arzt wird seiner Motive unsicher. War es Ehrgeiz oder Mitmenschlichkeit, die ihn für Merrick sorgen ließ?

Die Menschen in David Lynchs Film sind nie nur gut oder nur schlecht, ihre Caritas ist nicht frei von Eigennutz, aber Lynch zeigt eine Epoche, die als die klassische der Ausbeutung gilt, am Ende doch mit ungewohnter Milde. Er hat, jedenfalls im Falle Merrick, die historische Wahrheit für sich. Mrs. Kendal, eine berühmte Schauspielerin, engagierte sich etwa für Merrick, und in der unnachahmlichen Diktion der gebildeten Britin sagte sie später: »Mein Mann und ich haben es immer als ein großes Privileg betrachtet, sein Leiden lindern zu dürfen.«

Es macht den besonderen Rang dieses Films aus, daß er die Geschichte nicht verschönert, daß er von Leid und Grausamkeit erzählt und doch den Blick freigibt auf eine Epoche, die den Wohlfahrtsstaat nicht kannte und trotzdem und vielleicht gerade deswegen faszinierende Beispiele von Großherzigkeit, Mitleid, wohl auch Liebe offenbarte. In der ergreifendsten Szene des Films verkündet Mrs. Kendal (Anne Bancroft) im Theater, das Ensemble spiele nur für Mr. John Merrick, stehend applaudiert das Publikum, ungelenk erhebt sich der »Elefantenmensch« in der Königsloge, verbeugt sich, ein Märchen – vielleicht –, aber eines, das die unermeßliche Hoffnung ausspricht, daß die Menschen lernen können, daß sie zu begreifen vermögen, daß ein gesunder Geist nicht unbedingt in einem gesunden Körper wohnen muß. Die Umwandelbarkeit von Merricks Gesicht, eine Meisterleistung des Maskenbildners Chris Tucker übrigens, kontrastiert mit der Menschwerdung eines Objekts.

Zum Hochmut hat der Zuschauer keinen Grund. Wie die Figuren des Films, so ekelt auch ihn diese Anthologie der Mißbildungen, wenn die Menschen des Films zurückzucken, zuckt auch er erschreckt zurück, ihre Irrtümer sind die seinen, ihr Begreifen das seine, aus Abscheu wird Mitleid, aus Mitleid Sympathie, aus Sympathie etwas noch Erstaunlicheres: Identifikation. Aus einem Opfer wird ein Kinoheld. »Er ist«, sagt Lynch von seinem John Merrick, »jemand, der anderen Lektionen erteilt. Er bringt den Menschen bei, menschlich zu sein – und doch ist er ein Monster...«

Jedenfalls ist Lynch ein ungewöhlicher, vorzüglicher Film gelungen, einer, der sich den Luxus der Hoffnung erlaubt in einer Zeit, die dem Pessimismus so gewogen ist. An der Veränderbarkeit der Wirklichkeit mit den Mitteln der Kunst kann man Zweifel haben. Die Realität: das ist eher das Behindertenurteil, das sind die psychiatrischen Kliniken, das sind Ängste, Befangenheiten, Verdrängungen, das ist der zwanghafte Versuch, so zu leben, als ob es die Merricks nicht gäbe. Die Sonntagsreden im Jahr der Behinderten werden daran nicht viel ändern.

Zwei Schwestern

»Die bleierne Zeit«,
der preisgekrönte deutsche Beitrag in Venedig

So unbestritten wie Margarete von Trottas »Die bleierne Zeit« ist wohl selten ein Film zu einem »Goldenen Löwen« gekommen. Fast einstimmig haben sich die Juroren, so war hernach zu hören, für den deutschen Wettbewerbsbeitrag entschieden.

Was ist das für ein Film? Es sei, sagt die Regisseurin, »kein Film über Terrorismus oder über das Zustandekommen von Terrorismus in Deutschland«. Sie wolle, setzt sie hinzu, auch nicht die Motive derer ergründen, die in den politischen Untergrund gingen. So ist dies, jedenfalls in der Absicht Margarete von Trottas, ein Film über zwei Frauen, zwei Schwestern. Die eine, Juliane, ist Redakteurin einer Frauenzeitschrift, die andere, Marianne, ist Terroristin. Die eine glaubt an Aufklärung, an Überredung, an den friedlichen Wandel, die andere glaubt an die Gewalt. Die eine will die andere in den Terrorismus ziehen, die andere will die eine dort herausholen. So ziehen sie sich gegenseitig, und es bewegt sich nichts.

»Die bleierne Zeit« ist ein Film über zwei Frauen, doch man sieht Marianne, die Terroristin, nur aus der Perspektive ihrer Schwester. Einmal geraten die Schwestern in einem Museum über den Sinn der Gewalt in einen lauten Streit. In einer zweiten Szene stürmt Marianne spät in der Nacht mit zwei Gesinnungsgenossen in die Wohnung ihrer Schwester. Die und ihr Freund schweigen betreten. Hinauswerfen wollen sie die ungebetenen Besucher nicht, willkommen heißen können sie sie auch nicht. »Sag doch was«, verlangt einer der Terroristen mit trotziger Gebärde von Marianne. Die schaut betreten zur Seite und schweigt. Die dritte Begegnung der Schwestern findet im Gefängnis statt. In einem kahlen Raum sitzen sie sich gegenüber. Zwei Aufseherinnen lehnen an der Wand, ein Beamter stenografiert das Gespräch mit, der Dialog zweier Schwestern wird zu einer öffentlichen Angelegenheit. Es ist eine bedrückende, den Zuschauer nicht unbeeindruckt lassende Szenerie. Viel hat man darüber gelesen, und doch ist es etwas anderes, dies auch zu sehen, zu spüren, nachvollziehen zu können, was es heißt, des wohltätigen Schutzes des Privaten, Intimen verlustig zu gehen. Wieder geraten die beiden in Streit. Die Arbeit in einer Frauenzeitschrift erscheint der einen absurd und sinnlos, das Werfen von Bomben der anderen. Am Ende schreien sie sich an, der Stenograf schreibt ungerührt mit, und auf dem Gesicht einer Aufseherin sieht man ein schadenfrohes Lächeln.

Noch einmal sehen sich die Schwestern. Diesmal sitzt die eine vor, die andere hinter einer Trennscheibe. Den Knopf müsse man drücken, wenn man sprechen wolle, belehrt Marianne ihre Schwester, nein, gleichzeitig könne man nicht reden, so drücken sie denn ihre Tastaturen, erinnern sich ihrer Kindheit, Melancholie kommt auf. Dünn ist die geworden, die einsitzt, sie ist im Hungerstreik, von ihrer wilden Rhetorik ist nicht mehr viel geblieben; was sie noch aufrechterhält, ist die Geste eines nach innen gekehrten Trotzes.

Ein letztes Mal sieht Juliane ihre Schwester Marianne. Da liegt sie im Leichenhaus. Der Sargdeckel wird abgehoben, ein entsetzlich entstelltes Gesicht wird sichtbar, das Gesicht einer Selbstmörderin. Oder doch nicht? Marianne glaubt nicht an diese Lesart. Sie, deren Pragmatismus sie bis dahin vor der Einsamkeit und Kälte des Terrorismus geschützt hatte, opfert nun alles, den Beruf, ihren Freund, um mit einer Besessenheit, die manisch zu nennen ist, den Beweis zu erbringen, daß ihre Schwester den Suizid nicht begangen hat, daß sie Opfer eines Mordes geworden ist.

»Die bleierne Zeit« ist ein einseitiger Film. Er muß es sein, weil er die Welt aus dem Blickwinkel einer einzigen Person zeigt, weil dem Zuschauer nur offenbar wird, was die Hauptfigur sehen kann oder sehen will. In dieser Begrenzung liegt die künstlerische Faszination des Films begründet. Da gibt es kein Einerseits-Andererseits, keine Ursachen, sondern nur Wirkungen. Ausgewogen im Sinne einer Fernsehspielästhetik ist dieser Film gewiß nicht. Der Täter ist Opfer, ihm gehört die Anteilnahme. Doch hätte in diesen Film nicht auch ein Hinweis auf die Grausamkeit des Terrorismus gehört? Nicht als Alibi, als routiniert beschworene Leerformel, sondern um der historischen Wahrheit willen?

Man mag einwenden, die Zuschauer in Deutschland wüßten um die Hintergründe, könnten, was nicht zu sehen ist, aus ihrer Erinnerung ergänzen. Doch wenn man den Film in Italien sieht, nährt er Zweifel, Zweifel darüber, ob er nicht wohlfeile Vorurteile stützt. So schrecklich das penible, peinliche Durchsuchen ist, so fürchterlich auch das jeder Privatheit entkleidete Gespräch, alle diese Einrichtungen, diese Hochsicherheitstrakte, wie der wenig anheimelnde Name lautet, hatten eine Vorgeschichte, waren eine

Reaktion auf eine Regelverletzung, über die der Film sich ausschweigt.

Gewiß, dies ist kein Essay, dies ist ein Film, eine Ausgeburt der Phantasie also, die nicht mit der Elle des Wirklichen gemessen werden kann. Oder ist es doch kein Spielfilm? »Ein Zusammenhang zwischen Film- und realen Personen«, sagt Margarete von Trotta, »besteht nur insoweit, als Personen und Ereignisse der Zeitgeschichte Ausgangspunkt, aber nicht Gegenstand meines Films sind.« Also doch kein Film über die Schwestern Ensslin? Warum sagt dann aber Barbara Sukowa: »Mir war plötzlich bewußt, daß ich eine Frau spiele, die eine unverwechselbare Identität hat, die viele Leute gekannt und gesprochen haben, der ich aber nie begegnet bin. Jemand Anonymes, irgendeine politische Gefangene hätte meine Phantasie stärker mobilisiert.« Da ist manches hinzugefügt, manches weggelassen, doch im wesentlichen ist dies ein Film über Gudrun Ensslin und ihre Schwester Christiane, jene Frau, die in diesem Jahr das Ergebnis ihrer Recherchen veröffentlichen will. Wo die Grenze zum Dokumentarischen so sehr gestreift wird, muß man sich anderen Kriterien, vor allem dem der Genauigkeit stellen.

Worin liegt die Qualität des Films? In dem dichten, außerordentlich intensiven Spiel von Jutta Lampe und Barbara Sukowa, in der Spannung, die zwei unterschiedliche Charaktere mit gemeinsamer Vergangenheit vermitteln, in der psychologischen Begründung menschlichen Handelns. Margarete von Trotta argumentiert mit Bildern, sie behauptet nicht, sie zeigt. Erzählt man die Szenen des Films nach, erscheinen sie gelegentlich gewollt, konstruiert, doch wenn man ihn anschaut, haben die Einstellungen eine eigenartige Unmittelbarkeit. Ganz langsam wird man in den Binnenraum des Films gezogen, wechselt den Standort, sieht, was längst zur festen Vorstellung geronnen ist, mit einem Male neu und aus einem ungewöhnlichen Blickwinkel. Der Film liefert keine schlüssige Theorie über die Genese terroristischen Handelns, will dies wohl auch nicht, aber er zeigt doch immerhin, daß es der Mühe wert ist, darüber nachzudenken. Der Hauptpreis in Venedig war auch ein Lohn dafür, daß hier ganz gegen den Trend eine Regisseurin ihrer Zeit nicht aus dem Weg gegangen ist.

Ein genialer Anpasser

István Szabos meisterhafter Film »Mephisto«

Klaus Manns »Mephisto« ist ein Buch von seltener Infamie. Er nennt seine Geschichte eines Opportunisten einen Roman, beansprucht für ein Werk jene Freiheit, die der Fiktion zusteht, doch was hier als Ausgeburt der Phantasie ausgegeben wird, ist ein kaum verhüllter Rufmord an Klaus Manns ehemaligem Schwager, an Gustav Gründgens. Hendrik Höfgen heißt er in dem Buch, ein Feigling ist er, ein Speichellecker, ein ruhmsüchtiger Narziß mit »aasigem Lächeln«. Für den Kniefall des Schauspielers vor den Potentaten des Dritten Reiches hat Klaus Mann letztlich eine einzige Erklärung: die unlautere, schäbige Gesinnung des Hendrik Höfgen. Höfgen steigt auf, von den Provinzbühnen in Frankfurt und Hamburg zum renommierten Berliner Staatstheater, er macht Karriere, er bringt es zu etwas. Doch wo? In einer Welt voller Talmi und lächerlicher Posen. Das Vorspiel des Romans begibt sich in der Staatsoper. Dort feiert mit Prunk und Protz der Fliegergeneral, der »Dicke«, wie er in nicht eben raffinierter Verschlüsselung genannt wird, Geburtstag. Zu Gast ist die feine Gesellschaft, oder wie Klaus Mann das ausdrückt: »zweitausend Sklaven, Mitläufer, Betrüger, Betrogene und Narren.«

Für Klaus Mann und für viele der Intellektuellen, die ins Exil gegangen sind, war die Selbstdarstellung des Nationalsozialismus eine alberne Posse, der nur mit den Mitteln der Satire zu begegnen war. Ganz folgerichtig hielten sie Hitlers Herrschaft auch für eine vorübergehende Modetorheit, eine verhängnisvolle Illusion, wie man weiß. In dem Roman ist nichts zu spüren von der Suggestion, den diese Choreographie der Macht gehabt haben muß, von jenem betörenden Glanz, hinter dem das unmenschliche System sein brutales Gesicht versteckt hat.

Der ungarische Regisseur István Szabo hat in seiner filmischen Adaption das Vorspiel des Romans, die Szene in der Staatsoper, fast an das Ende gerückt und es aller satirischen Elemente entkleidet. Er nimmt die Verführung ernst, die gleißnerische Inszenierung. Er stellt das Spektakel nach, nicht einvernehmlich und nicht naiv in der Opulenz der Bilder sich aalend, aber doch dem historischen Tatbestand Tribut zollend. Man hört Dialogfetzen, sieht die befrackten Herren und die Damen in Roben über den Marmorboden flanieren, dann plötzlich ist Ruhe, der General ist eingetroffen.

Mit himmelblauer Uniform und Schaftstiefeln geht er durch eine Gasse, die sich öffnet, die Besucher dieses Balls weichen zur Linken und zur Rechten aus, hinter dem illustren General marschieren keilförmig die Adjutanten in hellblauer Montur, Hierarchie sozusagen in einem choreographischen Bild symbolisierend. Leutselig und doch fern ist dieser Mensch, und bei Höfgen bleibt er stehen, begrüßt ihn freundlich-gönnerhaft, »seinen Mephisto« pflegt er ihn zu nennen. Der General mag seinen Intendanten, bevorzugt ihn, läßt ihm Gunstbeweise zuteil werden, zeichnet ihn vor anderen aus. In dieser Szene vermittelt Szabo eine sinnfällige Begründung für die Unterwerfung eines Menschen unter ein System, das ihm gedanklich eher zuwider war.

Es ist kein Kunststück, sich gegen jene zu wehren, die einen ohnehin nicht wollen. Doch wie stark muß ein Charakter sein, der ständigen Verlockungen widersteht und auch dem Reiz, an der Aura der Herrschaft teilhaben zu können? Szabos Film handelt von einem Mann, den man nicht schlägt, sondern streichelt, den man nicht verfolgt, sondern bevorzugt, den man sich mittels einer Beförderung gefügig macht.

Seinem Buch hat Klaus Mann 1936 eine Erklärung beigefügt. »Mir lag nicht daran«, erklärte er, »die Geschichte eines bestimmten Menschen zu erzählen, als ich ›Mephisto, Roman einer Karriere‹ schrieb. Mir lag daran, einen ›Typus‹ darzustellen.« Von dem Bezug zu Gründgens will auch Szabo nichts wissen, selbst die Geschichte irgendeines Schauspielers im Dritten Reich habe er nicht erzählen wollen, das alles, so sagt er, könne genausogut für einen Arzt, Ingenieur und Lehrer gelten. Dennoch zeigt er in Hendrik Höfgen keinen Typus, sondern einen Menschen, mit dessen Irrungen und Wirrungen er sich einfühlend beschäftigt.

Szabo stellt diesen Höfgen nicht aus, er stellt ihn vor, läßt den Zuschauer vorzugsweise mit den Augen Höfgens die Welt betrachten. Man identifiziert sich mit dem von Karl Maria Brandauer gespielten Höfgen, beginnt zu verstehen, wie schwer es gewesen sein muß, diesen Sirenenklängen nicht zu verfallen. Nicht, daß sich Szabo mit dieser »Karriere« einverstanden erklärte, aber er zwingt dem Publikum nicht vorschnell eine moralische Wertung auf, die im nachhinein so wohlfeil zu haben ist. »Ein Schauspieler«, sinniert Höfgen einmal, »das ist eine Maske.« Selbstverliebt, aber auch ein wenig ratlos schaut er dabei in den Spiegel. Er ist ein Spieler, einer, der über seinen vielen Rollen immer in der Gefahr ist, sich zu verlieren. Er gerät an einen anderen, auch einen Spieler, aber einen, der nur eine Rolle spielt, bei der am Ende Inszenierung und Wirklichkeit nicht mehr zu unterscheiden sind. Dies ist auch die Geschichte einer Hörigkeit. Der Teufel und sein Intendant hat man das Duo gelegentlich genannt, und wenn der Fliegergeneral »seinem Mephistopheles« Komplimente macht, bekommt der Film gespenstische Züge.

Rolf Hoppe spielt diesen General. Ähnlichkeiten zum Äußeren von Hermann Göring finden sich nicht. Und das ist gut so, denn was schon Zeitgenossen als lächerlich galt – das Diplomatische Corps hatte Göring beispielsweise mit rostbraunem Wams, hohen grünen Stiefeln und in der Hand einen zwei Meter langen Speer empfangen –, taugte heute nur noch zur Klamotte. Dieser General ist nicht verfettet und nicht wie ein preisgekrönter Ochse mit Orden überhängt, es ist ein Mensch mit einem merkwürdigen Hang zur Melancholie, mit einem männlichen Gehabe, das eine eigentümliche Weichheit überdecken soll. Bei der ersten Begegnung zwischen Höfgen und dem General kommt das Gespräch auf die nicht eben karrierefördernde Vorgeschichte des Schauspielers. Einem kommunistischen Kabarett hatte er einmal angehört; nun, das sei, befindet der General mit jovialer Duldsamkeit, eine Jugendtorheit gewesen. Ob er, druckst Höfgen herum, wohl auch für einen Kollegen bitten dürfte, auch das sei kein unrechter Mensch, auch der habe eine Torheit begangen. Auch Otto Ulrich erhält Pardon. Da wird diesem Juden geholfen und jenem, und dies alles soll sich in einem Land abgespielt haben, in dem sechs Millionen Juden brutal ermordet worden sind? In der Göring-Biographie des Engländers Leonard Mosley heißt es: »Ebenso ist Görings gelegentliches Eintreten für einzelne Juden – sei es aus pragmatischen Gründen, sei es um des ehelichen Friedens willen im Nachgeben auf die Bitten von Emmy Göring hin – über allen Zweifel hinweg bezeugt.«

Das Verdienst von Szabos Film ist es, daß er diese befremdlichen Schattierungen zeigt, diese Brutalität im großen und die Generosität im kleinen. So ist dieser Höfgen ein Mann, der sich über die tatsächliche Gemeinheit des Systems und die Verwerflichkeit seines Kotaus auch deswegen täuschen kann, weil seine Symbiose mit der Macht diesem hilft und auch jenem. Alles geht scheinbar, wenn man nur die richtigen Beziehungen hat. Nur einmal zeigt der General sein anderes Gesicht. Da interveniert Höfgen für einen Kollegen aus alten Tagen, doch der ist längst in den Mühlen des Terrors.

Warum ist Höfgen in Deutschland geblieben? »Irgend jemand muß ja die Werte hinüberretten in eine bessere Welt«, sagt er verlegen; und auch: »Wenn ich weggehe, kommt nichts Besseres nach.« Im Falschen gibt es gewiß nichts Richtiges, aber eben doch größere und kleinere Übeltäter; das ist die schreckliche, relative Moral in einer Diktatur, eine Moral, die nichts Befeuerndes hat, aber doch manchem das Leben rettete. Ein ganzes Volk könne nicht emigrieren, verteidigt sich Höfgen. Gewiß – die Entschuldigung gilt nicht für ihn, den begehrten Mimen, aber wie viele haben versucht zu fliehen und sind an der Grenze wieder zurückgewiesen worden. Schließlich ist er ein Schauspieler. Was soll der tun, wenn man ihm seine Sprache weggenommen hat? Er habe dann seine »Freiheit«, wird Höfgen entgegenhalten. »Freiheit, wozu?« antwortet der. Das sind Gründe, die man bejahen oder verwerfen kann, aber sie widerstreiten doch jener bequemen, törichten Neigung, aus der Freiheit von heute die Kompromisse von gestern zu verurteilen.

Ariane Mnouchkine hatte den Roman von Klaus Mann für das Theater adaptiert. Sie ließ auf zwei Bühnen spielen, auf der einen agierten die Bösen, Höfgen und die Seinen, auf der anderen die Guten, die Mitglieder des kommunistischen Kabaretts »Der Sturmvogel«. Am Ende dann Fotos der Konzentrationslager. Doch Roman, Theaterstück und Film spielen nicht 1945, sondern zu Beginn der Naziherrschaft. Vom Ende her gesehen ist die Haltung des Hendrik Höfgen gewiß ungeheuerlich. Doch wer so unhistorisch argumentiert, wird aus dem fürchterlichen Geschehen nie etwas lernen. Szabo versucht, die Geschichte zu rekonstruieren. Nicht ihre Äußerlichkeiten, wie es heute Mode ist, sondern das Bewußtsein von damals. Das läßt ihn und die Zuschauer Menschen verstehen, hilft aus der Geschichte zu lernen, hat nichts damit zu tun, daß hier mit übertriebener Immanenz das Vergangene beschönigt würde.

Szabo ist Ungar, ein Mann also, der den Terror mindestens in der Stalin-Zeit hautnah erfahren hat und der auch heute in einem Land arbeitet, das, obwohl unter den Ostblockstaaten das in künstlerischen Dingen liberalste, zu Kompromissen nötigt. In diesen Film ist denn auch gewiß ein Stück Lebenserfahrung eingegangen, das Wissen, daß unbedrängt von Mut und Zivilcourage reden etwas anderes ist, als diese Tugenden dann zu zeigen, wenn sie gebraucht werden.

Liebesgrüße aus Moskau
Warren Beattys Film »Reds«

Vage ist die Erinnerung. »War es 1913 oder 1917?« fragt sich mit zittriger Stimme ein alter Mann: »Ich kann mich nicht erinnern. Ich fange an, alle Menschen zu vergessen, die ich einmal kannte.« – »Ob ich mich an Louise Bryant erinnere!« sinniert ein anderer Greis: »Natürlich. Ich könnte sie nicht vergessen, selbst wenn ich wollte.«

Augenzeugen. Zweiunddreißig sind es in Warren Beattys Spielfilm »Reds« (Die Roten). Sie bezeugen vor allem die unermeßliche Schwierigkeit, der geschichtlichen Wahrheit habhaft zu werden. »Die Dinge kommen und gehen«, klagt eine der Ergrauten, die gehalten ist, ihr Gedächtnis zu durchforschen nach Erinnerungsspuren. Wie war das damals mit John Reed und Louise Bryant, mit Eugene O'Neill, Emma Goldman, dem Ersten Weltkrieg und der Russischen Revolution?

Zweiunddreißig Menschen, zweiunddreißig Erzähler. Der Kameramann Vittorio Storaro hat sie in der anspruchslosen Ästhetik des Paßfotos aufgenommen. Eine Dokumentation gelebten Lebens. Die faltigen Gesichter sind hart gegeneinander geschnitten. Der eine besinnt sich auf ein Fragment aus einer lang zurückliegenden Geschichte, der nächste widerspricht, ein anderer greift das Detail wieder auf, dann hört man ein Kampflied aus den alten Tagen, auf merkwürdige Weise kontrastieren die brüchige Stimme und der späte Glanz der Augen, schließlich hören wir dieses Lied wieder: in der nachgestellten Historie. Der Beginn von Beattys Film ist seltsam genug.

Gesichter von Namenlosen. Niemand wird privilegiert. Fremd ist Beatty das Sich-Rühmen mit dem Nimbus der Befragten. Über Henry Miller wird nicht mehr Aufhebens gemacht als über einen Bürger aus Portland, der Marginalien aus dem Leben des John Reed beisteuert. Diese Augenzeugen werfen einen langen Schatten auf die Spielhandlung von »Reds«. Sie stellen die Unzweideutigkeit der Fiktion in Frage, relativieren eine Handlungsführung, die Umwege, Irrtümer und Zweifel nicht kennt. Aber sie bekräftigen auch die Authentizität der Fiktion, lassen dem Zuschauer nicht das Gefühl, hier habe er es ausschließlich mit der Ausgeburt einer Phantasie zu tun. So entsteht ein bizarrer Verfremdungseffekt. Das

Publikum taucht ein in das perfekt inszenierte Gefühlskino, identifiziert sich mit den Kinohelden, doch die eingeschnittenen Interviews nötigen den Betrachter immer wieder zur Distanz. Die spröden Porträts sind noch von einem anderen Nutzen. Sie verhindern, daß Beattys »Reds« wie so viele Historienfilme an seiner eigenen Schönheit erstickt, daß die historische Wahrheit in einer Flut opulenter Bilder ertrinkt.

Die erste Szene des Spielfilms zeigt eine Fotogalerie. Louise Bryant versucht Bilder an den Mann zu bringen, mit einem Mal entdecken die Besucher einen Rückenakt, für den sie Modell gesessen hat. Hier wird getuschelt, dort herrscht betretenes Schweigen, ihr Mann, ein Zahnarzt, murrt, man spürt die provinzielle Enge, aber Beatty versagt sich, und dies wird das Stilprinzip seines Films bleiben, jede karikierende Übertreibung, jedes Eingehen auf populäre Vorurteile von heute. In der nächsten Szene sieht man eine Honoratiorenversammlung in Portland, Oregon. John Reed (Warren Beatty), Harvard-Absolvent, Sohn durchaus begüterter Eltern, wird gefragt, worum es in diesem Krieg gehe. Er erhebt sich mit jener Selbstgefälligkeit, die man nicht lernen kann, sagend: »Um Profite.« Die Kamera registriert ein Mienenspiel von Louise Bryant, in dem sich keineswegs nur die Macht der Theorie spiegelt. Dies überhaupt ist das Thema des Films: Sexualität und Politik, Liebe und Revolution.

»Reds« erzählt in dreieinhalb Stunden von der Liaison zweier junger, von der Erfahrung der Oktoberrevolution geprägter Idealisten, die als Augenzeugen die Machtübernahme der Bolschewisten miterlebten. John Reed schrieb darüber 1919 das legendenumwobene Buch »Zehn Tage, die die Welt erschütterten«. 1920, drei Tage vor seinem 33. Geburtstag, starb er in Moskau und wurde als Held der Revolution an der Kremlmauer begraben. Reed war ein brillanter Journalist. Mit Artikeln über die mexikanische Revolution des Pancho Villa machte er sich einen Namen, hernach verfaßte er für das außerordentlich radikale Magazin »The Masses« engagierte Beiträge: Upton Sinclair hat ihn gelegentlich den »Playboy der sozialen Revolution« genannt, John Dos Passos hat ihm nachgerühmt, er sei ein Westernheld gewesen. Jedenfalls hat Reed das Risiko nie gescheut. Eine glänzende Karriere hat er dem Entwurf einer neuen Gesellschaft geopfert, nicht der Löwe linker Salons wollte er sein, sondern der Führer der kommunistischen Partei in Amerika.

Als einen Mann, der in der Tradition der amerikanischen Pioniere steht, interpretiert auch Warren Beatty den roten Reed. Für ihn ist Reed ein Mann, der tat, was getan werden mußte, dessen Konsequenz den Hauch von Tragik und den Geruch von Selbstzerstörung hatte. Wie im klassischen Western wird der grenzenlose Idealismus Reeds nicht begründet, sondern behauptet. Es fehlen alle Szenen, die dem Zuschauer die Parteinahme des arrivierten Bürgersohns für die Sache der Benachteiligten emotional anschaulich machen könnten. Es fehlen jene Bilder von Armut und Not, wie sie zeitgenössischen Fotografien unschwer nachzustellen wären, es finden sich auch nicht jene Exponenten des »Big Business«, die vor zehn Jahren in amerikanischen Filmen für einen wohlfeilen Aufruhr der Gefühle sorgten.

Warren Beatty spielt den John Reed als einen charmanten, lebenslustigen, ja lebenshungrigen Menschen, den nicht Neid, noch weniger modische Erwägungen zum Apologeten der Russischen Revolution machen. Seinen Glauben läßt er sich so leicht nicht nehmen. Hunger, Chaos, die Erbkrankheit des Bürokratismus: nichts kann ihn wankend machen. Seine Ideale zerbröckeln, als er erkennen muß, daß der Sowjetstaat jenem Individualismus, jener vollkommenen Redlichkeit, die Triebfeder seines eigenen Handelns gewesen sind, völlig fremd ist. Die Konversionserlebnisse werden nicht ausgekostet, nicht pathetisch beschworen, aber am Ende herrscht eine Melancholie, die aus einer Enttäuschung kommt, die dem Film ganz und gar moderne Züge gibt.

»Reds« ist keine furchtsame Abrechnung mit den zweifelhaften Segnungen der Oktoberrevolution. Es ist zuerst und vor allem der Versuch, die Attraktion der Russischen Revolution auf die Intellektuellen vieler Länder darzustellen. Die Filmhandlung überspannt fünf Jahre aus dem Leben des John Reed, sie beginnt 1915 und endet 1920. Vom Stalinismus, von Massenmord ist nicht die Rede, diese Schrecklichkeiten muß der Zuschauer aus dem eigenen Wissen hinzufügen.

Es ist eine Geschichte aus einer anderen Zeit. Und auch wieder nicht. So historisiert das Ambiente ist, so nahe ist uns die Beziehung zwischen John Reed und Louise Bryant. »Mr. Reed, ich würde Sie zu gern ohne Hose sehen«, sagt Louise Bryant einmal in diesem Film. Der schaut verwirrt, skeptisch auf die frauenbewegte Bettgefährtin, dann folgt er. Schon lange hat man keine Schauspielerin so virtuos agieren sehen wie Diane Keaton. Sie spielt eine

Frau, die den Ballast der Tradition und Konvention abwerfen will, aber sie tut dies mit einer übertriebenen Verve, die Angst und Unsicherheit nicht verbergen kann. Ihr Denken eilt ihrem Fühlen weit voraus, ihre Radikalität ist Ausdruck des Zweifels. Sie will das ganz andere, aber zugleich auch das Alte, sie postuliert die freie Liebe, aber reagiert empört, als ihr Mann die Einheit von Theorie und Praxis bekennt.

»Ich benehme mich wie eine spießige Ehefrau«, klagt sie an einer Stelle, doch sie kann nicht anders. Sie muß sich anlehnen, aber der männliche Schutz treibt sie zugleich zur Rebellion. Sie kennt ihre Grenzen, aber sie haßt sich und andere dafür. Vor bald siebzig Jahren begab sich diese Geschichte, aber sie wirkt, als wär's ein Stück von heute. Louise Bryant ist die einzige Figur in diesem Film, die sich entwickelt, die dem statuarischen Nebeneinander von Männern, die genau wissen, was sie wollen, das fröhliche Chaos des Lebens einhaucht.

Warren Beattys Film »Reds« ist der Versuch einer Exhumierung. John Reed, der an der Kremlmauer begraben liegt, kehrt zurück in das Land seiner Väter. John Reed, so hat Dos Passos gesagt, sei der letzte aus der großen Rasse der Kriegskorrespondenten gewesen, die ihre Haut für eine Geschichte riskierten. Für Warren Beatty ist John Reed ein amerikanischer Held. Historische Richtigkeit und die Wahrheit des Gefühls werden in »Reds« souverän gemischt. Nichts hat in diesem Jahrhundert die sentimentalen Neigungen der Menschen mehr genährt als die russische Revolution und der Mythos Hollywoods. In »Reds« werden die beiden Trugbilder zu einem Film von seltener Könnerschaft vereinigt.

Liebe, kälter als der Tod

Zu Fassbinders letztem Film »Querelle«

Fassbinders Brest. Drei Telegrafenmasten säumen die Straße, zur Rechten türmen sich die groben, klotzigen Steine einer Kaimauer, die Äste eines Baums ragen blattlos in den Himmel, über dem stilisierten Ambiente wölbt sich, gleißend und riesengroß, eine orangefarbene Sonne. Eine Szenerie von außerordentlicher Künstlichkeit, nicht »imitatio naturae«, sondern ganz Schöpfung und jener Vermutung Nahrung gebend, es dränge den Künstler, fast schon in einem Akt blasphemischer Auflehnung gegen die Ohnmacht des Menschen, zum Erschaffen der Welt. Vom zutraulichen »Als-ob« des filmischen Realismus ist in Rainer Werner Fassbinders letztem Werk »Querelle« nichts zu spüren. In einem Studio hat er von dem meisterhaften Filmbaumeister Rolf Zehetbauer ein Brest errichten lassen, das nicht das Abbild, sondern die Vision einer Hafenstadt ist.

Von dieser Stadt heißt es in Jean Genets »Querelle de Brest«: »Brest ist eine harte, solide Stadt, aus dem grauen Granit der Bretagne erbaut.« Genets Brest ist naß und neblig, ist auch nicht topographische Beschreibung, sondern Ausgeburt der Phantasie, doch in Genets Roman wehen die rauhen Winde des Atlantischen Ozeans und die Überhitzung der Gefühle, der Überschwang des Sentiments kontrastiert auf merkwürdige Weise mit der Unwirtlichkeit der Szenerie. Fassbinders durchweg in diffuses Sonnenlicht getauchtes Brest ist heiß, und obgleich ohne Konzession an den Naturalismus aufgebaut, meint man die drückende Schwüle zu spüren, jene Schwüle, die, zumal im Melodrama, noch immer der klimatische Hintergrund für Mord und Totschlag, Liebe und Leidenschaft gewesen ist.

Die erste Einstellung des Films führt in die Hafenkneipe »Feria«, ein Etablissement von legendärer Aura, wie es im Roman heißt, ein Bordell. Der Salon ist mit den Requisiten der Fassbinderschen Bilderwelt geschmückt, mit den Spiegeln, den Pflanzen, den mit Gravuren versehenen Glasscheiben, die den Blick nach draußen verwehren. Dann und wann beobachtet die Kamera die Szenerie von außen, durch jene Glasscheiben, die nicht als Fenster, als Symbol von Freiheit, sondern als eines des Eingeschlossenseins, des Gefängnisses erscheinen. Um jene Stimmungslage, jene Befindlichkeit zu akzentuieren, hat Fassbinder mit merkwürdiger Überdeutlichkeit in den großen Käfig einen kleinen Käfig, einen Vogelbauer, gehängt. Fassbinders »Querelle« handelt von Menschen, die im Glashaus sitzen und mit Steinen werfen.

Querelle: das ist ein Lump, ein Dieb, ein Mörder, ein Verräter, eine jener abgrundbösen Figuren, die Genet in seinen Büchern geadelt, verklärt, zum Mythos erhoben hat. Er ist Matrose auf einem Panzerkreuzer – Mord und Meer gehörten zusammen, sagt Genet, und auch den Matrosen erschienen die Festlandbewohner aus weiter Ferne wie Pflanzen. Und so gesehen hat die Pflanzensymbolik Fassbinders einiges gemein mit der Phantasie Genets. In gewisser Weise ist »Querelle« eine plane Kriminalgeschichte. Ein Matrose, so wäre die Fabel zu erzählen, versucht Opium an Land zu schmuggeln, versichert sich für die Missetat der Hilfe eines anderen Seemanns, ermordet diesen hernach aus einer Mischung von Geldgier und Angst vor Verrat. In einem zweiten Handlungsstrang wird von einem Maurer berichtet, der, gequält und verhöhnt, seinen Peiniger tötet, flieht, sich in dem alten Gefängnis von Brest verborgen hält, dort von Querelle gefunden wird. Eine Freundschaft zwischen Gil, dem Maurer, dessen Tat in der dunklen Verbrechensmythologie Genets der »Noblesse« entbehrt, und Querelle beginnt, eine Liebe unter Männern, die der Verrat krönt.

»Das äußerliche Geschehen, abgelöst von der Bilderwelt«, hatte Fassbinder bei Gelegenheit gesagt, »ergibt eine wenig interessante, eher drittklassige Kriminalgeschichte, mit der zu beschäftigen sich kaum lohnte.« Ihn habe, setzte er hinzu, die außergewöhnliche Phantasie, die erstaunliche Mythologie Genets fasziniert. So hat Fassbinder ganz folgerichtig die Geschichte verfremdet, hat ihr die dramatische Wucht genommen, den Erzählduktus immer wieder durch aus dem Off eingesprochene Kommentare unterbrochen. So steht der Zuschauer neben den Figuren, gelegentlich auch über ihnen, sieht sie aus jener Ferne, aus der der Matrose das Festland betrachtet. Immer wieder wird die radikale Künstlichkeit, jene Binnenwelt Fassbinderscher Bildphantasien, zerstört. Dann blendet das Bild ins schmerzhafte Weiß, und auf dem Weiß erscheint eine Schrift, auf der beispielsweise zu lesen ist: »Querelle war eine Art von unausgesprochenem Pakt mit dem Teufel eingegangen. Nicht seine Seele oder seinen Leib verschrieb er ihm, sondern etwas, das ebenso kostbar ist: einen Freund. Und der Tod dieses Freundes heiligt seine Verbrechen. Unsere Aufgabe ist es, das Universelle eines besonderen Phänomens auszudrücken. Es geht nicht mehr um ein Kunstwerk, denn das Kunstwerk ist frei.«

Ein Film aus dem Milieu der Mörder, Huren und Diebe, aber auch einer aus dem der Päderasten, mehr noch, das eine fügt sich bruchlos ins andere. Im Film wie im Roman ist Homosexualität auch und gerade Sühne, den Verkehr erlebt Querelle als Hinrichtung, als Buße für »dieses Fest der Tötung«, mithin als Reinigung. Nicht um Toleranz soll geworben werden, nicht schockiert werden, Homosexualität ist Teil einer ominösen Mystik, ist Metapher für Herrschaft und Knechtschaft, für Schuld und Sühne. In Genets Roman ist von »widernatürlicher Liebe« die Rede, in der konsequenten Stilisierung des Films, in der antinaturalistischen Verve wäre dazu die optische Entsprechung zu finden. Bei Genet ist einmal vom Glied als »dem Gehenkten« die Rede, jene Verzweiflung, jene Lust, die Last ist, bestimmt auch Fassbinders Film.

So entsteht ein merkwürdiger Widerspruch zwischen den Verästelungen der Seele, den Traumbildern und jener dumpfen, schwitzenden Körperlichkeit, die so eigentümlich mit der Verkünstelung dieses Films kontrastiert. Mord und Kampf geraten zum fast spielerischen Ritual, das Duell zwischen Querelle und seinem Bruder ist in seiner Choreographie ein Zitat aus der West-Side-Story, der Matrose Vic stirbt einen effektvollen Bühnentod, die menschliche Aggression nicht weniger als der Tod werden einer pomphaften Operndramaturgie gefügig gemacht, nur die Fleischeslust nimmt Fassbinder bis zur Ridikülität wirklich. Da verharrt die Kamera mit Ausdauer auf den Schweißperlen, den verzerrten Gesichtszügen Querelles, da spucken die Herren mit Ausdauer in ihre Hände, da wird es, gerade weil Fassbinder sich einer gewissen Indirektheit der Darstellung befleißigt, schwülstig. Da sieht man den von Burkhard Driest gespielten Polizisten Mario mit ärmellosem Wams und Lederkappe, auf der albernerweise Polizei steht, im Bordell sitzen, Sinnbild brünstiger Männlichkeit, Mischung aus Kitsch und Karikatur.

Die Darstellung der Homosexualität hat alle Züge einer Obsession. Die Männer werden in Täter und Opfer aufgeteilt, ihre Rollen wechseln in diesem flüchtigen Spiel, mal wird der eine von der Kamera in Dämonie suggerierender Untersicht aufgenommen, mal der andere, doch auch diese Mixtur aus Pathos und Puff, so schwer erträglich sie zuweilen ist, ist jener Fassbinderschen Grunderfahrung zuzuordnen, daß Liebe doch nur ein Wort ist. So hat auch dieser letzte Film des Rainer Werner Fassbinder teil an seiner Beschwörung des Leids, der Trauer, der Verzweiflung.

Von »Querelle«, diesem »Engel der Apokalypse«, dieser Inkarnation des Bösen, war Fassbinder gleichermaßen verstört wie fasziniert. Jedenfalls wird die Liebe unter Männern ohne Sentimentalität gezeigt. Zu sehen ist eine Welt, in der das Bild des Mannes ins Monströse, Furchteinflößende gesteigert wird, in dem Härte, Unnahbarkeit, Selbstbeherrschung als Maß aller Dinge gelten, in der Gefühle tödlich werden, die Menschen im fast darwinistischen Lebenskampf schwächen, der Mord ist im trüben Gedankengebäude Genets das wahre Kunstwerk, die Liebe ist Abfall, bestenfalls Illusion, und vor dieser Düsternis eines Romans, der im Gefängnis entstanden ist, mag am Ende sich auch Fassbinder gegraust haben. Der Roman endet mit einem vollkommenen Triumph des Bösen, mit dem »Opferfest des Mordes« und des Verrats, doch Fassbinder zwingt der Fabel ein halbwegs begütigendes Ende ab. Jener Leutnant Seblon (Franco Nero), dessen stille Leidenschaft für »Querelle« Genet noch verhöhnt und der am Ende der Perfidie des Angebeteten so nachhaltig erliegt, daß er im Gefängnis landet, legt zum Schluß des Films in einer Szene von eigentümlicher Menschlichkeit, die sich vom marionettenhaften Gestus der übrigen Körpersprache auffällig unterscheidet, Querelle den Arm beschützend um die Schulter, ein Glücksversprechen scheint auf und wird durch die seelenlose Künstlichkeit des Ambientes dementiert.

Dies sei sein bester Film, soll Fassbinder gesagt haben. Dem ist nicht so. »Querelle« ist eher das Dokument eines Scheiterns. Fassbinder hat sich von Genets Mystizismus anziehen und abstoßen lassen, er ist mal der diabolischen Verführungskraft des Buchs erlegen und hat dann wieder versucht, seine Überwältigung ironisch zu brechen. So ist dieser Film das Protokoll eines Zweikampfes, einer ungemein produktiven Auseinandersetzung, die am Ende mit der Niederlage des Regisseurs endet. Doch auch Fassbinders Niederlagen sind verstörender als das sonstige Einerlei des Films. Wenn Jeanne Moreau davon singt, daß die Männer die Dinge, die sie lieben, töten, ist dies eine Szene von solcher Empfindsamkeit, wie sie nur in den Filmen Rainer Werner Fassbinders zu finden ist. Sein dreiundvierzigster Film war der letzte, doch gerade er hat nicht den ausgereiften, gelegentlich sterilen Gestus des Klassikers, jenen Hauch von frühvollendetem Genie. So war er ein Versprechen.

Kino als Weltflucht und Zeitflucht

»E.T. – Der Außerirdische« von Steven Spielberg

Steven, dem Helden, ist nicht zu entrinnen. In den Vereinigten Staaten belebten den eher trägen Kinosommer vorzugsweise zwei Filme. Der eine, der auf den Namen »Poltergeist« hörte, lockte mit reichlich rüden Schockeffekten, war ein Angstapparat aus Kalkül. Der andere, »E.T.«, war Brot fürs Gemüt, nährte Erinnerungen an jene Tage, als die Menschen noch nicht auszogen, um im Kino das Gruseln zu lernen. Horror und Herz entstammten der gleichen Fabrik, jener des Steven Spielberg, der das industrielle Wesen des Films, die Kalküle des Markts und die Konstanten der menschlichen Seele wie kein zweiter begriffen hat.

»Poltergeist« beschreibe, was er fürchte, und »E.T.«, was er liebe, hat er bei Gelegenheit verlauten lassen; und auch: »Poltergeist« verweise auf die dunklere Seite der Natur, »E.T.« auf seinen Zukunftsoptimismus. Spielberg ist ein Mann für jede Jahreszeit. Horrorfilme beherrschen derzeit den Kinomarkt. Die düsteren Visionen haben Konjunktur, die Schreckensbilder werden mit lustvoller Angst genossen, doch jede Mode provoziert ihr Gegenteil, und so war immerhin zu erwarten, daß es über kurz oder lang die Kinogänger zu den imaginären Tröstungen der Kinematographie drängen würde, jenen fröhlicheren Ausblicken auf die Zukunft der Menschheit, die die Industrie des Schönen vor allem dann als Surrogat anzubieten geneigt ist, wenn die tatsächlichen Verhältnisse eher Anlaß zur Schwermut geben.

Diesem Bedürfnis nach Harmonie trägt der Film »E.T. – Der Außerirdische« auf geradezu vollkommene Weise Rechnung. Die Vollkommenheit des Steven Spielberg, die gelegentlich alle Züge seelenloser Monstrosität hat, beruht auf der Ausschaltung des Zufalls. Spielberg-Filme, ob nun »Der weiße Hai«, »Die unheimliche Begegnung der dritten Art« oder auch »E.T.«, sind Produkte eines Ingenieurs der Seele. Jeder Effekt ist getestet und berechnet, jede dramaturgische Wendung folgt der unerbittlichen Logik des Computers, dem Figuren, Spannungsbögen, Handlungsteile eingegeben werden, um dann sozusagen auf einem Lochstreifen den fertigen Film zu entnehmen. Zu seinem so überaus erfolgreichen Film hat Steven Spielberg außerordentliche Schlichtheiten von sich gegeben. »E.T.« handele, sagt er, »von menschlichen Werten. Er handelt von dem Verständnis der Leute füreinander. Er handelt von Herzeleid.« Diese Beschreibung könnte freilich auch für ein Lebenshilfe-Fernsehspiel des ZDF gelten. Was also macht aus »E.T.« ein Ereignis?

Der Anfang ist atemberaubend genug. Tausend Sternlein stehen am Himmel, funkeln hell und klar. Sie sind Sinnbild jenes rätselhaften Universums, das sich der Phantasie der Menschen so sehr bemächtigt hat. Langsam senkt sich das Auge der Kamera, verharrt, auf einer Lichtung steht ein Raumschiff. Kleine, runzlige Wesen mit rotglühenden Augen und blinkenden Fingern hasten keuchend durch den Tannenwald. Sie beleben jene Ängste, die zum Kalkül des Science-fiction-Films gehören. Doch in Spielbergs Film heißt es: Alles Gute kommt von oben. Artig sammeln die Wichte vom anderen Stern Pflanzen und Steine, dann blickt man plötzlich in das gleißend helle Licht einer Taschenlampe, ein Schlüsselbund rasselt im Dolby-Sound, schwere, massige Stiefel treten auf den Waldboden, immer hektischer wird der Schrittrhythmus, gleich zu Beginn versichert sich Spielberg des bewährtesten Kinoeffekts: der Jagd.

Die Außerirdischen hetzen zu ihrem Raumschiff, Flucht und Hatz werden parallel montiert, schließlich hebt das Ufo, dessen Illuminationen wie das Gebiß eines Hais ausschauen, vom Boden ab, doch eines dieser fremden Wesen hat so fasziniert das Panorama des nächtlichen Los Angeles betrachtet, daß ihm das Drama vollkommen entgangen ist.

E.T. bleibt zurück, die Jagd beginnt von neuem, Spielberg forciert in den ersten Minuten das Erzähltempo in einer Weise, als gelte es, einen Fernsehzuschauer vom Umschalten auf ein anderes Programm abzuhalten. Stets sucht er den kürzesten Weg zwischen zwei Punkten einer Erzählung. Kino, so hat einmal ein Hollywood-Veteran gesagt, heiße »motion picture«, weil es in der Bewegung seinen vollkommensten Ausdruck finde. Spielberg mischt »motion« und »emotion«, verzichtet auf eine umständliche Exposition, auf die Entwicklung der Figuren, sobald sich in seinem Film der Vorhang öffnet, ist man in einer Welt, die mit dem Zeitgefühl des Alltäglichen nichts mehr gemein hat.

Spielberg sagt: »Was den Film einzigartig macht, ist die Tatsache, daß es um eine Liebesgeschichte zwischen einem kleinen Jungen und einem sechshundert bis achthundert Jahre alten Außerirdischen geht.« E.T., mit Knubbelnase, Breitmaul und den Augen von Albert Einstein, die sein Schöpfer Carlo Rimbaldi eigens für ihn ausgesucht hat, hockt jedenfalls im Unterholz und zittert vor Angst. Von weit her kommt er, doch jetzt ist er uns nahe, das Prinzip der Identifikation ist eingeführt und fortan wird das Mitgefühl den Zuschauer nicht mehr verlassen.

Von Hitchcock hat Spielberg gelernt, wie wirkungsvoll es ist, einen kreuznormalen Bürger mit Ungewöhnlichem, Gefahrvollem zu konfrontieren, mit Umständen, die ihn zur Bewährung zwingen. Also flüchtet sich E.T. in das Eigenheim einer amerikanischen Kleinfamilie, trifft den kleinen Elliott. Der ist, und darauf besteht Spielberg, ein »ganz normales Kind«. Elliott ist freilich so verloren wie E.T. Wo nichts der Beliebigkeit überlassen bleibt, ist »Elliott« – nach den Worten des Regisseurs – »das Opfer eines getrennten Haushalts. Sein Vater lebt in Mexiko mit einer anderen Frau. Seine Mutter versucht das Trennungstrauma zu bewältigen. Elliott ist ein verlassenes Kind in einem amerikanischen Vorstadt-Haushalt.« Perfekter kann man eine Geschichte nicht konstruieren. Belebt werden die Erinnerungen, mindestens die Ängste jener Zwölf- bis Zwanzigjährigen, die heute im wesentlichen das Kinopublikum ausmachen, wiedererweckt werden die Kinderträume, jenes Stofftier, das man des Abends mit ins Bett nahm, möchte sich in ein Wesen aus Fleisch und Blut verwandeln, – so gesehen ist »E.T.« auch kein Kinderfilm, was Wunder, daß auch gestandene Mannsbilder feuchte Augen bekommen. Im dritten Akt des Computerfilms gönnt Spielberg dem Betrachter eine Ruhepause. Er nutzt die komödiantischen Aspekte des Sujets. E.T. leert einige Dosen Bier und zeigt Wirkung, betrachtet einigermaßen fassungslos »Tom & Jerry« auf dem Fernsehschirm, lernt mühsam und anrührend die Sprache, doch ihn plagt das urmenschlichste aller Gefühle: das Heimweh.

So beginnt im vierten Akt die Jagd von neuem. E.T. bastelt sich ein Funkgerät und sendet Signale der Sehnsucht ins All. Was folgt, ist tradierten Vorbildern wie »Der Kampf der Tertia« oder »Emil und die Detektive« entliehen: die unzerstörbare Fabel vom Kampf der Kinder gegen die Erwachsenen, die in E.T. nur ein Studienobjekt sehen, das es zu fangen und zu sezieren gilt. Die Kamera nimmt vorzugsweise die Perspektive der Kinder ein, zeigt die Großen in jener Untersicht, die sie bedrohlich und angsteinflößend macht. Das ergibt eine kollektive Regression, zu jener Welt der Erwachsenen mögen auch die nicht gehören, die den Kindertagen schon längst entwachsen sind; »E.T.« ist Weltflucht und Zeitflucht gleichermaßen. Wie alle Spielberg-Filme schürt er die Furcht vor einer Technik, die den Menschen über den Kopf gewachsen ist. »E.T.« ist somit auch Ausdruck einer merkwürdigen Widersprüchlichkeit, ja einer Paradoxie. Ein Computerfilm macht Angst vor Computern.

Nachtträume, Tagträume. Mit der Alltäglichkeit hat Steven Spielberg, hat das amerikanische Kino der achtziger Jahre nicht viel im Sinn. »E.T.« ist eine Fluchtburg, doch der Film hätte diese immense Wirkung, den Nimbus des kommerziell erfolgreichsten Films aller Zeiten, nicht, wären in ihm nicht die Hoffnungen der Menschen aufgehoben.

»Im Grunde«, sagt Spielberg, »hörte meine geistige Entwicklung mit dem neunzehnten Lebensjahr auf. Ich habe nie die kindliche Naivität und Entdeckungslust verloren. Walt Disney bleibt mein väterliches Gewissen und das TV-Programm mein stiefväterlicher Freund. Die Welt der Märchen habe ich im Grunde nie verlassen.« Von Marcel Proust ist uns der rührend altmodische Satz überliefert: »Aber Celeste, man muß lesen.«

Ein absurder Totentanz

Andrzej Wajdas grandioser Film »Danton«

Die pittoreske Szenerie ist in ein blaues, kaltes Licht getaucht. Hier umhüllt die Nacht die Menschen nicht wohltätig, sie ist, wie immer dort, wo der Terror herrscht, der Augenblick höchster Gefahr. Verwegene Gesellen, die Uniformen nachlässig um die Körper geschlungen, kontrollieren die Papiere, ein paar arme Teufel wärmen sich die Hände an einem kärglichen Feuer, im Hintergrund rumpelt eine Kutsche über die grob gepflasterte Straße, Regen fällt, dann verharrt die Kamera an einem dunklen, steil gen Himmel ragenden Gebilde. Man hat es in Leinen eingehüllt, doch der Wind öffnet die Verkleidung, für einen kurzen, schockierenden Moment sieht man das »Rasiermesser der Revolution«: die Guillotine.

Dann wird die Leinwand gleißend hell. Pudelnackt steht ein Knirps vor einer jungen Frau, leiert mit einer Stimme, die verrät, daß hier einer nichts begriffen hat, nichts begreifen kann, die pathetischen Verheißungen der Revolution herunter, bleibt stecken. Ein derber Schlag auf die Hände ist die absurde Strafe.

Im nächsten Bild sieht man die Menschen, grau, lustlos und abgehärmt, in einer langen Reihe um Brot anstehen. Schon in den ersten Minuten seines genialen Films »Danton« macht der polnische Regisseur Andrzej Wajda das Dilemma der Französischen Revolution sinnfällig. Der Hunger hatte die Menschen unzufrieden gemacht, die Glücksverheißungen des Jahres 1789 drohten zur Formel zu veröden, die Lage war in jenem Sommer des Jahres 1793, in dem die Geschichte dieses Films einsetzt, prekär, der Terror der Guillotine die verzweifelte Antwort.

Im November dieses Jahres kehrt Danton aus seinem Zufluchtsort Arcy-sur-Aube zurück. Begeistert begrüßen ihn die Menschen. Am Terror, am Morden jenes berüchtigten September hatte er seinen Anteil, war verstrickt in die Schuld und doch der Typus des epikuräischen Revolutionärs, dem die Menschen so vieles nachsehen. Von Dantons blutiger Vorgeschichte macht Wajda kein sonderliches Aufheben, er zeigt den Danton, den es wie Goethes »Zauberlehrling« vor jenen Geistern, die er rief, zu gruseln beginnt. Frieden will er, im Inneren wie im Äußeren. »Es ist besser«, so heißt es einmal in diesem Film, in dem übrigens die Historie mit einem Höchstmaß an verbürgter Wahrheit nachgestellt wird, »ein paar Unschuldige sterben, als daß ein Schuldiger entkommt«. Doch Danton will den Triumph der Revolution ohne unnötiges Blutvergießen. Terror, so sagt er, sei Ausdruck von Verzweiflung.

Den Danton spielt Gérard Depardieu, den Robespierre Wojciech Pszoniak und zu den schauspielerischen wie dramaturgischen Höhepunkten dieses grandiosen Epos zählt die Begegnung der beiden im großbürgerlichen Salon des Danton. Gleichheit lautete die Losung, doch die einen stehen um Brot an, und hier delektiert sich die Kamera an allerlei kulinarischen Köstlichkeiten. Zu sehen ist die Völlerei eines Genußmenschen, wenn man so will, die gastronomische Perversion der Idee der Gleichheit. Freilich durch einen Etikettenschwindel kaschiert. Kein Steinbutt »Maître d'hôtel« wird serviert, sondern einer »auf vertrauliche Art«, dazu gibt es Sauce nach Konventsart. Dies kann man Zynismus nennen, aber auch ein fast tragisches Verhaftetsein an eine Lebenslüge, jenem Satz Nietzsches folgend: »Die Erkenntnis tötet das Handeln, zum Handeln gehört das Umschleiertsein durch die Illusion.«

Der »Liebling des Volkes« und der »Unbestechliche«. Robespierre jedenfalls mag nicht schlemmen, angewidert, um den Genuß ohne Reue gebracht, wirft Danton die Teller, Töpfe vom Tisch. »Wenn man uns trennt, fallen wir beide«, sagt Danton, und dem einen wie dem anderen wird offenbar, wieviel Wahrheit dieser Prophezeiung innewohnt.

So sehen wir Handelnde, aber auch Menschen, die nur noch Spielball der Geschichte sind, die ihrem kategorischen Imperativ folgen und sich in eine ausweglose Lage manövrieren, die tragische Züge hat. Wajda sagt dazu: »Mich hat der psychologisch-menschliche Aspekt interessiert, wie selbst die Anführer die Situation, die Macht nicht mehr im Griff haben. Das wirkliche Drama der Französischen Revolution besteht darin, daß beide Seiten – Robespierre und Danton – recht haben.«

Diese Interpretation von Geschichte findet in dem Film keine vollkommene Entsprechung. Das kann wohl anders auch nicht sein, weil uns, den Zuschauern, der Typus Danton, jener kraftstrotzende, lebensfrohe, genußfähige, impulsive und irrende Mensch, näherliegt als Robespierre, der Technokrat der Macht, der Verstandesmensch, jener Revolutionär von geradezu unmenschlicher Tugendhaftigkeit.

Wajdas Film basiert auf dem Theaterstück »Die Affäre Danton«

von Stanislaw Przybyszewska, einem Stück, in dem versucht worden war, der historischen Figur Robespierre Gerechtigkeit widerfahren zu lassen. In dem Geschichtsbuch über die »Französische Revolution« von Furet und Richet heißt es: »Selten ist ein Mann vom Haß so entstellt worden wie Maximilien Robespierre. Dieser Haß hat den Kabinettspolitiker zum Demagogen gestempelt, den Mann der Mäßigung zur blutrünstigen Bestie, den wendigen Parlamentarier zum Diktator, den kompromißlosen Gottgläubigen zum Verächter der Revolution.« Er war wohl am Ende ein Politiker neuen Typs, ein Taktiker, ein Mann, dessen maßloser Idealismus, der den tatsächlichen Verhältnissen so auffällig opponierte, in eine Schwermut mündete, die Tausende und am Ende auch ihn selbst das Leben kostete. Wajda schildert Robespierre nicht als blutrünstige Bestie, zeigt vielmehr, wie er den Jugendfreund Camille Desmoulins zu retten versucht, verschweigt die Skrupel nicht, die ihm der politische Mord an dem einstigen Weggefährten Danton machte, aber diese Differenzierungen eines Charakters, diese einseitige Konzentration auf die Psyche des Mannes unter Vernachlässigung der allgemeinen Verhältnisse, der Zwänge, wenn man so will, trüben das Bild Robespierres, den Pszoniak nicht als Psychopathen, sondern als Melancholiker zeigt, noch mehr.

Dieser Robespierre hat ein Herz, aber er läßt es nicht sprechen, allemal obsiegt das allgemeine Prinzip über das individuelle Gefühl. So ist der großartige Dialog zwischen Danton und Robespierre von gnadenloser Sinnlosigkeit. Der eine sagt: »Der revolutionäre Prozeß darf nicht aufgehoben werden«, der andere: lieber guillotiniert als guillotinieren. Sie streiten über eine Revolution, die längst ihre Unschuld und ihren Elan verloren hat, zwei Todgeweihte in einem Gladiatorenkampf, was Wunder, daß der politische Diskurs in einem Austausch persönlicher Verunglimpfungen endet.

Wajda hat bei Gelegenheit geäußert, ihn habe an der Französischen Revolution vor allem interessiert, daß sie den ersten wirklichen politischen Prozeß der Geschichte gebracht habe. Die Revolution frißt ihre Kinder. Eine Erfahrung, die Schule gemacht hat. Einmal sagt Philipeaux: »Das ist ein politischer Prozeß. Und die Politik funktioniert nach einer Mechanik, die nichts mit Gerechtigkeit zu tun hat.« – »Hört zu! Hört mich an!« schreit Danton vor dem Revolutionstribunal. Man spürt die Sympathie der Zuhörer, hört verhaltenes Murren, doch am Ende ist die Mechanik des Terrors stärker als das Charisma des Volkstribunen. Einmal sagt Danton: »Ich brauche die Macht nicht, ich habe die Macht, die Macht der Straße«, doch als man ihn auf dem Karren zur Guillotine auf dem »Platz der Revolution« fährt, stehen die Menschen schweigend am Straßenrand.

In der Frühzeit des stalinistischen Terrors führten zwei Milizsoldaten einen Verhafteten ab, in den frühen dreißiger Jahren meldete ein GPU-Bericht wohlgefällig, heute lange ein Milizsoldat, um ganze Gruppen abzuführen, diese gingen ruhig mit, keiner versuche zu fliehen. Will man nach geschichtlichen Parallelen suchen, Wajdas Film als historische Parabel sehen, dann liegen Analogien zur Stalin-Zeit nahe. Gewiß, Danton wehrt sich, kann nicht wie die Angeklagten der Moskauer Schauprozesse zur Selbstbezichtigung genötigt werden. Doch sonst sind die Methoden einer Diktatur mit ziemlicher Vollständigkeit vertreten. Da ruft Danton, nicht mit jener gewaltigen Stimme, die ihm die Legende zuschreibt, sondern mit einer, die heiser und brüchig geworden ist: »Das Volk hat überhaupt nur einen gefährlichen Feind, das ist die Regierung.« Doch die Protokollanten des Gerichts sitzen untätig über ihren Pulten, den Journalisten hat man das Anfertigen von Notizen verboten, nichts soll überliefert werden, am Mythos eines Märtyrers ist niemand gelegen, am Ende schließt man die Angeklagten von ihrem Prozeß aus. Die Opfer verschwinden in einem Abgrund des Schweigens. Hernach verscharrt man sie an einem unbekannten Ort. Von einem griechischen Tyrannen wird erzählt, er habe seine Herrschaftsmethoden an einem Kornfeld illustriert, auf dem alle Ähren mit einem Schlag auf die gleiche Höhe gebracht werden. So rollen denn in allen Despotien die Köpfe.

Wajda hat, wo es eben ging, seinen Film an den Originalschauplätzen gedreht. Sehenswürdigkeiten gewinnen ein gespenstisches Leben, etwa die Conciergerie, jenes Gefängnis an der Seine, in dem Hunderte auf ihre Exekution warteten. Dort oder im Palais Luxembourg sind sie zusammengepfercht, die heutigen Opfer und die einstigen Täter, dort begegnet Danton jenen, die er unter die Guillotine hatte bringen wollen, ein absurder Totentanz.

Aus der Froschperspektive hat der Kameramann Igor Luther die Guillotine aufgenommen, eine konventionelle Sicht, doch dann sieht man das Mordinstrument von unten, sieht, wie der Boden mit fast idyllisch wirkendem Stroh ausgelegt wird, auf das hernach

Ströme von Blut rinnen werden, deren Rot mit den fahlen gefühlsarmen Farben dieses Films so auffällig kontrastiert.

Ein kunstvoller Film, aber auch einer über die Kunst. Noch ist auf einem Monumentalgemälde Davids eine Figur zu sehen, doch die hat sich mißliebig gemacht. So wird die tatsächliche Geschichte korrigiert. So wie man aus den Fotos, die die Russische Revolution dokumentierten, Trotzki wegretuschiert hat, so verschwindet jener einstige Held der Revolution von der Leinwand. Stilistisch hat sich Wajda an den streng und klassisch komponierten Bildern Davids orientiert, doch die Kunst hat hier mit der Moral nichts gemein, David war ein Charakterlump, und als Danton auf dem Karren zum Schafott gefahren wird, sitzt David ungerührt auf einer Fensterbank und zeichnet. Am Ende hat er sie alle überlebt, jener Opportunist, jene Gestalt, nach deren Aktualität man nicht fragen muß.

Einige Exegeten haben in Wajdas Film Anspielungen auf die gegenwärtigen polnischen Verhältnisse sehen wollen. Doch das wäre für Jaruzelski, jenen Machthaber von Moskaus Gnaden, denn doch der Ehre zuviel, wollte man ihn mit dem Titanen Robespierre ins Verhältnis setzen. Sehr zu Recht hat Wajda eingewandt, die Französische Revolution sei ein einzigartiges Ereignis gewesen. Zuerst und vor allem ist dies ein Film über Georges Danton und über eine Revolution, die eine große Idee von der Freiheit, der Gleichheit und der Brüderlichkeit mit den Widrigkeiten des Alltags nicht mehr in Übereinstimmung bringen konnte, ein Film mithin über utopische Verheißungen und gegenwärtigen Terror, ein ausgetüftelter Kostümfilm, den man als perfektes historisches Spektakel sehen kann, ohne daß sich Assoziationen an die jüngere Vergangenheit oder an die Welt, in der wir leben, prinzipiell verböten.

Unter dem gräßlichen Fatalismus der Geschichte fühlte sich Büchner vernichtet, als er die Geschichte der Revolution studierte. Wajda mag sich das anders vorgestellt haben, aber auch er nährt jene Gefühle der Ausweglosigkeit als den Ausdruck einer Zeit, in der die heroischen Visionen, die pathetischen Ideen, die Glücksverheißungen und revolutionären Utopien ihren Glanz eingebüßt haben. Georg Büchner hat in einem Brief geschrieben: »Wenn man mir übrigens noch sagen sollte, der Dichter müsse die Welt nicht zeigen, wie sie ist, sondern wie sie sein sollte, so antworte ich, daß ich es nicht besser machen will als der liebe Gott, der die Welt gewiß gemacht hat, wie sie sein soll.« Ein Realist im Büchnerschen Sinne ist auch Wajda. Doch fielen Idee und Wirklichkeit jemals zusammen, es bedürfte der Kunst nicht mehr.

Reportagen und Essays

1. Mai, Ost

»Oje, der Opa legt los«, höhnte ein Jüngling mit schulterlangen Haaren, zerzaustem Bart und einem modisch geflickten Jeansanzug. Der Opa war ein Mann in mittleren Jahren, Oberst der Nationalen Volksarmee, Dirigent, der auf der Freitreppe vor dem Ost-Berliner Fernsehturm mit einer Militärkapelle allerlei schmissige Märsche intonierte. »Wer sind denn die komischen Dunkelgrünen?« fragte ohne sonderlichen Respekt ein anderer und meinte eine sowjetische Militärkapelle, die am 1. Mai beim »Großen Volksfest« rund um den Alexanderplatz musizierte. Das Spektakulum nannte sich »Konzert der Waffenbrüder«. »Ist nichts für mich«, befand da einer nach knapper Hörprobe, sprach's und stiefelte einer jungen Dame hinterher.

Sie flanierten zu Hunderten über den Alexanderplatz, jene jugendlichen Zeitgenossen, die ihr Verhältnis zur Welt über Kostüm und Haartracht regulieren. Gewiß ein vertrauter Anblick, aber keiner, den man in der DDR erwartet hätte. Ein Internationalismus besonderer Art. Nichts hat die DDR-Führung so in die Defensive gedrängt wie die »subkulturelle« Ikonographie des Westens. Im Grunde schon resignierend, haben die Parteioberen ein paar Nachhutgefechte geführt und schließlich die Aufgabe so gut es ging ideologisch abgesegnet. Blue jeans seien ja schließlich ursprünglich die Kleidungsstücke der amerikanischen Unterschicht gewesen, hieß es da, und die Kapitulation wird zum Ausweis gestandener Weltläufigkeit uminterpretiert. Wer in Berlin am Radio dreht, gerät bei Musiksendungen in Schwierigkeiten, noch unterscheiden zu können, ob er dem SFB oder der »Stimme der DDR« lauscht. Die größte Attraktion beim Volksfest am Alexanderplatz waren die spärlich bekleideten Damen einer brasilianischen Tanzgruppe von mäßigem Niveau. Ein aparter Beitrag zur Konvergenztheorie. Hier wie dort der gleiche leicht rüde, leicht muffelnde Widerstand gegen die etablierten kulturellen Standards. Ein in seinen Ausdrucksformen nahezu identischer rebellischer Gestus, eine Haltung des »Ohne mich«, die Uniformierung des Protests. Phänomene, die man politisch nicht überschätzen, aber auch nicht unterschätzen sollte. Immerhin ist es der DDR in dreißig Jahren nicht gelungen, die hausgemachte und hausbackene Jugendkultur durchzusetzen. Da hilft das eifrigste Abgrenzen nichts. Weiß der

Himmel, wie man in der DDR an amerikanische Militärjacken, an Sterne und Streifen kommt, aber man hat sie, trägt sie mit dem Stolz dessen, der der Konfektionsnorm opponiert. Es ist freilich wohl auch ein Indiz für eine gewachsene Flexibilität, für politischen Verstand, daß man hier gewähren läßt. Eine Reise in ein fremdes Land? Ja und nein.

Schöne Tabus

Vor vielen, vielen Jahren geschah es anläßlich der Frankfurter »Experimenta«, daß eine Theateraufführung geradezu unglaublichen Zulauf fand. Das Stück war, dem eigentlichen Sinn dieser »Experimenta« konträr, vollkommen verständlich. Was geschah? Eine Dame entledigte sich ihres Bademantels, sprang unbekleidet in die Fluten eines Stadtbads, verließ das Wasser und schlüpfte zurück in ihren Bademantel. Diese Inszenierung mußte wiederholt werden, weil Hunderte von theaterbegeisterten Frankfurter Bürgern sich an den Scheiben des Bades die Nasen platt drückten, so sie nicht unter Aufbietung aller körperlichen Kräfte versucht hatten, sich Einlaß zu der Premiere dieses Stückes zu verschaffen. Die »Nackte« war fraglos der Hit der »Experimenta«.

Nur mit Wehmut gedenken wir jener Tage, in denen paradiesische Nacktheit noch solch allgemeiner Aufmerksamkeit sicher sein konnte. Die permissive Gesellschaft oder das, was man sexuelle Revolution nennt, haben solch schuldig-unschuldigen Vergnügen den Garaus gemacht. Ob Film, Theater, Fernsehen: nicht ob die Hüllen fallen, ist heutzutage die Frage, sondern wann. Keine Inszenierung ohne blanke Brust, lautet die Devise, von dem Hang der Werbewirtschaft zur Freikörperkultur nicht zu reden. Die Nackten sind unter uns. Damit sind den Bürgern dieser Republik jene sublimen Genüsse verwehrt, die nur eine puritanische Gesellschaft zu offerieren in der Lage ist. Besser haben es da unsere Landsleute im Osten. Die Monatszeitschrift »Magazin« zeigt in Ost-Berlin eine Auswahl ihrer schönsten Aktfotos, und, welch beneidenswerter Zustand, der Andrang zu der Ausstellung ist exorbitant. In der Ost-Berliner Zeitung heißt es dazu in allerschönster Prosa: »Männerherzen schmelzen wie Eis in der Sonne, Männernasen sind plattgedrückt wie Schneeverwehungen auf der Fahrbahn, Männeraugen leuchten wie Autoscheinwerfer bei Nacht und Sprühregen.«

Während hierzulande die Menschen bei den neuesten Filmabenteuern von »Graf Porno« das Gähnen ankommt, wissen die Menschen »drüben« den Hauch von Verruchtheit noch zu schätzen. Man sieht, die Menschen in der DDR haben es besser. Wer gibt uns die Tabus zurück?

Eine ernste Sache

Kulturpessimisten haben der Menschheit schon vor Jahrzehnten eine gewisse Rastlosigkeit bescheinigt. Sie konnten freilich beim besten Willen nicht ahnen, daß einmal die Mehrzahl der Menschen damit beschäftigt sein würde, einen Ball zu treten, zu werfen oder ihn mittels eines darmsaitenbespannten Ovals über ein Netz zu schlagen.

Ein antiquierter Mensch ist heute zu nennen, wer in seinem Keller nicht mindestens einen Expander, eine Sprossenwand und ein Standfahrrad sein eigen nennt. Gelinde gesagt nicht auf dem laufenden ist jener, dem ein Dynamit-Trainer und ein Laufband-Ergometer fehlen. Die Ruhe ist nicht länger erste Bürgerpflicht, Bewegungslosigkeit gilt als Missetat am Körper, als perfider Anschlag auf die Gesundheit, auf Herz, Kreislauf und den Stoffwechsel. Wer länger leben will, muß länger laufen.

Der Bewegungszwang äußert sich anfangs eher harmlos. Der Aufzug bleibt unbenutzt und schämt sich, der Mensch erklimmt die Treppen. Einmal der Bewegungshilfen entwöhnt, die böse Techniker zum Schaden des Wohlbefindens ersonnen haben, strebt der Mensch nach mehr. Dies war die Geburtsstunde des »Jogging«. Das lang anhaltende Traben hatte unter dem alten deutschen Wort Dauerlauf ein unscheinbares Dasein gefristet; auch verriet das deutsche Wort noch zuviel von der relativen Ödnis dieser Beschäftigung. Als Import hat es seinen Siegeszug angetreten.

Wer auf sich hält, läuft schon längst nicht mehr vor der Haustür. Er fliegt freitags nach New York, hetzt samstags zweiundvierzig Kilometer durch die frischgelüfteten Straßen der Stadt und kehrt sonntags mit dem beruhigenden Gefühl zurück, seinem Körper Gutes getan zu haben, während der Nachbar bei Kaffee und Kuchen auf dem Balkon der Gesundheit Schaden zugefügt hat.

25 Millionen lauffreudiger Zeitgenossen soll es allein in den Vereinigten Staaten geben. Destruktive Engerlinge haben gelegentlich vor den schädlichen Folgen dieses Dauerlaufs gewarnt. Doch wie sollte man eine Menschheit, der man das Rauchen nicht abgewöhnen kann, vor der Gesundheit warnen können. Keine Frage, wir sind Augenzeuge einer Gesundheitsepidemie. Jeder schnorchelt heute so gut er kann, steht mit zwei Beinen auf einem Rollschuh

oder wirft einen Ball mit erstaunlicher Ausdauer an eine Wand, um ihn beim Rückflug wieder zu erhaschen. Die Epidemie spart niemanden aus. Nicht die Jungen, nicht die Alten, nicht hoch, nicht niedrig. Wo in der fitnesslosen alten Zeit zwei würdige Herren im gemessenen Tempo einander im Park begegneten, artig den Hut lüfteten, eilen sie heute aneinander vorbei, allenfalls zum Gruße die Trainingsjacke lupfend.

Sosehr im allgemeinen die klassische Bildung gelitten hat, so auffällig ist es, daß der Fitnesswelle das lateinische Zitat nicht fehlt. »Mens sana in corpore sano«, ruft es im Chor, wo es gilt, die Ertüchtigung des Körpers in das milde Licht der Tradition zu stellen. Nörgler zweifeln gelegentlich an der gleichzeitigen Gesundung von Geist und Körper. Sie wenden ein, es sei heutzutage weit weniger peinlich, seinen Goethe nicht zu kennen, als über den Unterschied zwischen Squash und Surf im unklaren zu sein. Da diese Miesmacher gewöhnlich bleich, flachbrüstig und muskelarm sind, wird man sie leicht als Neider enttarnen können.

Nein, die Sportmanie wird man rückhaltlos bejahen können. Sportfreunde haben sich immer etwas zu sagen. Wo die Gespräche zwischen gewöhnlichen Menschen leicht ins Stocken geraten und eine unangenehme Stille aufkommt, braucht der Gastgeber um Gesprächsstoff für seine Bekannten aus dem Tennisklub nicht besorgt zu sein. Immerzu kommen neue Schläger auf den Markt, die Mode muß bedacht werden und auch der beklagenswerte Zustand des Klubhauses. Wie nichts sonst entspricht der Bewegungsdrang auch dem Selbstbild einer mobilen Gesellschaft. Geschwindigkeit ist alles. Die Industriegesellschaften haben den historischen Sprung geschafft. Sie sind umstandslos vom Fortschritt zum Fortlauf übergegangen.

Sport nannte man einst die herrlichste Nebensache der Welt. Darin lag unangemessene Geringschätzung. Manche nahmen die Mitgliedschaft im Handballverein nur als Vorwand für Zechgelage. Mit diesem Unernst hat es ein Ende. Vor längerer Zeit führte ein Mitbürger ein Fernsehteam nicht ohne Stolz in seine gute Stube. Die Wände waren übersät mit Plaketten, die der Mann in penibler Kleinarbeit bei Hunderten von Volksläufen redlich erworben hatte. Spaß ist Spaß und Sport ist Dienst.

Der sportliche Trieb hüllt sich in mancherlei Gewand. Eines ist jene Art zu tanzen, wie sie heute in Diskotheken zu beobachten ist. War früher der Tanz ein mühsamer Umweg in dem Bemühen, einen Menschen anderen Geschlechts kennenzulernen, so ähnelt er heute der Körpergymnastik. Stürzte früher, sobald die Musik nur etwas schleppend wurde, alles auf die Tanzfläche, so leert sich diese heutzutage schlagartig, wenn langsame Rhythmen den potentiellen Fitnesswert des Tanzes zu vermindern drohen.

Sportlich aussehen ist alles. Früher hätte sich ein Kommis geschämt, mit sonnengebräuntem Gesicht seine Ärmelschoner abzuwetzen. Schließlich hätte das bedeutet, er habe zuviel freie Zeit. Heute will jeder so aussehen, als sei er das ganze Jahr im Urlaub.

Wem kein Lauf zu lang, kein Berg zu hoch, kein Brett zu dünn, kein Weg zu weit ist, den belohnt die Statistik. Fast vier Jahre, so locken die Zahlen, lebt ein Dauerläufer länger. Hernach wird man sagen: Laufe in Frieden.

Die imaginäre Kunst

Für die Mehrzahl der Menschen war der Ölpreis-Schock das Schlüsselerlebnis der siebziger Jahre. Den achtziger Jahren ist ein neues Entsetzen zu prognostizieren. Der Talent-Schock. Dann werden wir nämlich erkennen, daß weltweit mit den künstlerischen Begabungen, den überkommenen wie den gegenwärtigen, allzu sorglos umgegangen worden ist. Die wenigen guten Bilder sind beispielsweise völlig unsinnig über die Erde verteilt worden. Die kleineren Museen hatten das Nachsehen. Jener Kunst-Darwinismus verdankte sich einem überholten Originalitätsbegriff. Überholt deshalb, weil der Besucher eines Museums den Unterschied zwischen dem Original und einer trefflichen Kopie ohnehin nicht merkt. Das beteuerte jedenfalls dieser Tage treuherzig ein deutscher Museumsdirektor, der einen alten Kopf von einiger Berühmtheit wochenlang durch eine Kopie ersetzen ließ, ohne daß sich Widerstand gerührt hätte.

Was liegt also näher, als überall in der Welt reichhaltig ausgestattete Kopiemuseen zu errichten? Selbst Osnabrück könnte sich dann die Mona Lisa leisten. Man mag einwenden, die Menschen wollten von der Aura des geniegetränkten Originals nicht lassen. Auch dies wäre kein Problem, wenn man die Museumsbesucher nur vollkommen im unklaren darüber ließe, wo jenes nun eigentlich hängt. So wäre es nur von Belang, daß dem Kunstfreund das Gefühl belassen wird, gerade dies könnte das Original sein. Auch möchte so den ständig steigenden Preisen im Kunsthandel entgegengewirkt werden. Kleinere Museen würden einen Pool bilden, zusammen, sagen wir, einen Rembrandt erwerben. Davon zehn gute Duplikate anfertigen lassen, so wäre allen geholfen. Warum sollte die Idee der multiplizierten Graphik nicht auch bei den Ölbildern Anwendung finden? Schließlich zeigt das Beispiel der Fotografie, daß sich Menschen durch die Reproduzierbarkeit keineswegs davon abhalten lassen, irgendeinen Fotoabzug als Kunst anzubieten.

Das imaginäre Museum löst freilich allein noch nicht das Kreativitätsproblem der achtziger Jahre. Die imaginäre Oper muß hinzutreten. Sie schafft nicht nur Arbeitsplätze, sie erfreut Auge und Ohr zu gleichen Teilen. Davon konnte in der herkömmlichen Opernaufführung betrüblicherweise nicht immer die Rede sein.

Da paarte sich oft genug Sangeskraft mit Leibesfülle, was den innigsten, den lyrischen Partien viel von ihrer Wirkung nahm. Künftig kann man die Dicken mit der gewaltigen Stimme hinter die Bühne stellen oder mittels des Playbackverfahrens die zarten Rollen einer Mozart-Oper auch mit zarten Frauenzimmern besetzen, die nur noch den Mund auf- und zuzumachen hätten. Der Ohrenschmaus käme vom Band. Wie viele Opernhäuser könnten unsere vom Terminstreß geplagten Starsänger fortan gleichzeitig besingen! Anfangs hätte man vielleicht noch mit der lästigen Erinnerung des Publikums zu kämpfen; ja, mein Gott, wie hat sich die Nilsson verändert, könnte dieser oder jener Besucher sinnieren, aber diese Irritation verlöre sich bald. Irgendwann einmal könnte die vernünftige Trennung von Stimme und Körper so perfektioniert sein, daß den wirklichen Gesangsheroen kein Sterblicher mehr zu Gesicht bekäme.

Wäre dies zu beklagen? Ganz im Gegenteil, es wäre ein Stück praktischer Demokratie, wenn sich der Bundeskanzler nicht zu schade ist, televisionär ins kleinste Dorf zu kommen, wird man den hochbezahlten Sängern ihr elitäres Dasein in großstädtischen Opernhäusern nicht länger gewähren können. Dietrich Fischer-Dieskau in Aumühle oder doch zumindest seine Stimme, sind das nicht schöne Aussichten?

Beerdigung einer öffentlichen Existenz
Szenen vom Leichenbegängnis Jean-Paul Sartres

Die letzte Fahrt des Jean-Paul Sartre bestimmte noch einmal jenes unauflösbare Dilemma einer öffentlichen Biographie: sich selbst gehören zu wollen und vielen gehören zu müssen. Am Samstagnachmittag wurde die öffentliche Existenz Sartres zu Grabe getragen. So, als sollte im Augenblick des Todes dieser Widerspruch im Leben eines großen Mannes noch einmal grell beleuchtet werden, wird Sartre ein doppeltes Begräbnis zuteil. Die vielen Tausend, die ihn zum Friedhof Montparnasse begleiteten, wurden gleichsam Zeuge seiner öffentlichen, provisorischen Bestattung. In zwei Tagen wird sein Sarg zum legendären Friedhof Père Lachaise gebracht. Dort wird der Leichnam Sartres verbrannt, dann werden, wenn man so will, die sterblichen Überreste des Privatmannes Jean-Paul Sartre zu ungenannter Stunde auf dem Friedhof Montparnasse endgültig ins Grab gesenkt.

Die erste, die öffentliche Beerdigung, begann am 19. April 1980 um 14.15 Uhr in der Rue Didot, einer schäbigen Pariser Vorortstraße. Einige tausend Menschen hatten sich dort eingefunden. Sartre, dem Gruppenrituale immer fremd gewesen waren, wurde auch am Ende organisierte Trauer nicht zugemutet. Einzeln waren sie gekommen, beileibe nicht nur die Jungen, man sah keine Transparente, keine Fahnen, keine Blocks, viele waren in jenes Schwarz des Existentialismus gekleidet, das an diesem Tage doppelte Bedeutung hatte.

Kalt und abweisend stand der Backsteinbau des Hospital Broussai. Die riesige, grau gestrichene Eisentür, die einem Gefängnis angemessen gewesen wäre, war geschlossen, dann folgte eine Szene von zufälliger Theatralik: Das Tor öffnete sich und heraus fuhr ein Wagen, der turmhoch mit jenen verwirrend bunten Blumengebinden beladen war, die man letzte Grüße heißt. Jene unansehnliche Straße, von der aus der Trauerzug seinen Ausgang nahm, war dem Leben dieses Mannes, dem Bescheidenheit eigen war, auf vollkommene Weise angemessen. Nichts war da zu spüren vom inszenierten Pomp eines Staatsbegräbnisses, es war bewußt eine letzte Fahrt in bürgerlichem Maßstab, ein Begräbnis ohne Extravaganzen, das sich vom Herkömmlichen nur dadurch unterscheiden sollte, daß auf eine knappe Notiz hin 25 000 Menschen das Geleit gegeben hatten. Im Zeitalter der Medien verfing diese Absicht freilich nicht. Die Fotografen und Kameraleute machten jenes Aufheben, das dem demütig gemeinten Begräbnis so merkwürdig fremd war. Zu Dutzenden umlagerten sie den Wagen, in dem Simone de Beauvoir und ihre Adoptivtochter Arlette Elkaim samt den sterblichen Überresten Jean-Paul Sartres fuhren. Die öffentliche Biographie forderte ihren Tribut, was half es da, daß die Hinterbliebenen den Blick starr geradeaus richteten, die Augen der Kameras forschten sie aus, ließen ihrer Trauer nicht einmal den Schein der Privatheit.

Unendlich langsam zog der Trauerzug durch das 14. Arrondissement, vorbei an jenen Lokalen, »Le Dôme«, »La Coupole«, wo Sartre so lange verkehrt hatte, bis er der Gaffer, die dieser Umstand angelockt hatte, endlich überdrüssig geworden war, vorbei an seiner letzten Wohnung in der Rue Edgar Quinet, es waren sehr, sehr viele, die da mitgingen, man sah Françoise Sagan, Claude Mauriac, die Schauspieler Yves Montand und Simone Signoret, Michel Foucault, Michel Rocard, man sah den ehemaligen Studentenführer Geismar, der Sartre vor vielen Jahren einmal einen Toten ohne Begräbnis genannt hatte, aber es war wohl am Ende nicht das Volk von Paris.

Ungeduldige Autofahrer hupten verärgert über ihre säumige Heimkehr, die Geschäfte am Rande der Boulevards gingen weiter, auf den Balkonen standen dicht gedrängt die Amateurfotografen, es war in vielem so wie bei einer ganz alltäglichen Demonstration der Linken, es war ein Leichenzug ohne Würde. Einmal salutierte ein Polizist dem vorüberziehenden Sarg, dies war eine rührende Geste aus einer anderen Zeit.

Auf dem Friedhof Montparnasse geriet die Beerdigung vollends zum Chaos. Was sich dort abspielte, war der gelebte Surrealismus. Auf den dem Grab Sartres umliegenden Steinen hockten wie Geier Dutzende von Fotografen, den Monumenten der Toten der Familien Pineau-Duportal oder Marvy eine aberwitzige Funktion verleihend. Von einer Minute stillen Gedenkens konnte die Rede nicht sein, die voyeuristische Natur brach sich rüde Bahn, die Enge war drangvoll, Simone de Beauvoir kniete am Grab, warf eine Rose und mußte am Ende erschöpft, von der Masse bedrängt, zum Auto zurückgeschleppt werden.

Auch diesen Augenblick registrierten die Kameras mit professioneller Unberührtheit, den Fotografen wurden daraufhin ihre Apparate weggeschlagen, der Unmut über diese Neugier wuchs von

Minute zu Minute, es begann eine Schlägerei, der Haß gegen die Kameraleute, deren Selbstbild das Gefühl für die Würde des Moments vollkommen auszuschließen schien, war förmlich spürbar. Neben den Gräbern lagen jene, die bei dem Gedränge um den besten Platz schwer verletzt worden waren. Auch sie wurden abgelichtet. Dies sei seine Arbeit, sagte ein Fotograf, der angegriffen wurde, seine Arbeit, nun ja, mag sein, daß man auch einmal über einen Ehrenkodex in diesem Beruf nachdenken muß.

Das Ende eines Philosophen war so laut und vulgär wie das Leben selbst. Simone de Beauvoir verließ fluchtartig das Grab, Krankenwagen kamen auf den Friedhof, ein Grabstein brach zusammen, Polizisten kamen, um jenes Mindestmaß an Ordnung zu gewährleisten, das die Trauergemeinde nicht hatte bewerkstelligen können. Ein Mann fiel ins Grab.

Dennoch, all dies konnte nicht vergessen machen, daß hier das Begräbnis eines Intellektuellen eine öffentliche Anteilnahme gefunden hatte, die man nur in Frankreich zu gewähren bereit ist. Als das Chaos schließlich ein Ende fand, defilierten Hunderte am Grab vorbei, legten Blumensträuße auf die Grabplatte, zeigten jene Betroffenheit, die mit Neugier nichts gemein hat. Gewiß, der Tod Sartres war vielen ein Anlaß intellektuellen Leichenschmauses. Artikel über Artikel, Diskussionen in Radio und Fernsehen, der Tod als Anlaß eines Jahrmarkts der Eitelkeiten, und doch war es einzigartig, wie hier ein Land einen Mann geehrt hatte, dessen Sache das Anpassen nie gewesen war.

Hinter dem Grab stand martialisch ein ornamentiertes Gitter, ein junges Mädchen näherte sich schüchtern, schob eine Rose zwischen die Eisenstäbe, eine rührend symbolische Tat, die die grausigen Züge dieses Endes einer öffentlichen Biographie beinahe vergessen machte. Nun liegen auf dem gleichen Friedhof, jenem Friedhof Montparnasse, der Widerstandskämpfer Jean-Paul Sartre und der Ministerpräsident während der Okkupationszeit, Pierre Laval.

»Man stirbt«, heißt es in Sartres Stück »Bei geschlossenen Türen«, »immer zu früh – oder zu spät. Aber das Leben ist nun einmal zu Ende; der Strich ist gezogen, es gilt, die Rechnung abzuschließen, du bist, was dein Leben ist.« Draußen vor dem Friedhof entfalteten zwei Jungen ein Transparent. Darauf stand: »Marcuse, Barthes, Sartre, Platz für die Jungen«.

Die Letzten

Es ist Napoleons letzte Garde. Einmal im Jahr kommen sie zu des Kaisers Todestag nach Paris. Da steht dann ein unscheinbarer Bus vor dem Invalidendom, heraus steigen Männer, an deren Mienen die Bedeutung des Moments unschwer abzulesen ist. Sie tragen Uniformen jener, die mit Bonaparte 1814 von Elba aufgebrochen sind, sie sind qua eigener Setzung die Erben von Napoleons liebster Garde. Dann stehen sie mit ihren Bärenfellmützen, ihren blank geputzten Messinghelmen, ihrer Kürassierpanzerung vor dem Invalidendom, neuzeitlicher Schlendrian will sich breit machen, doch mit barscher Stimme ruft der Kommandeur die Seinen zur Ordnung. Man ist hier schließlich nicht zum Vergnügen.

Die Garde nimmt Aufstellung. Vorne ein Winzling mit einem Zweispitz auf dem Kopf, für dessen Neigung zu Napoleon die Psychoanalyse gewiß wohlfeile Erklärungen hätte, dahinter Männer, in deren Gesichtern einiges von den Widrigkeiten des Lebens geschrieben steht, die Gewehre werden geschultert, die Fahnen stolz gen Himmel gereckt. »Wagram« hat man auf die Trikolore gestickt und auch Jena, Austerlitz, Madrid, Berlin, Moskau, mag sein, daß jenes halbe Hundert Männer, das da kostümiert aus dem belgischen Charleroi gekommen ist, in diesem Augenblick nicht mehr weiß, ob nicht sie selbst die großen Schlachten geschlagen haben. Dumpf werden die Trommeln geschlagen, im Gleichschritt geht es dem Portal des Doms entgegen, die Polizisten salutieren, spätestens hier hat Napoleons letzte Garde die Grenzen zwischen Sein und Schein verwischt, die Grenadiere und Kürassiere stehen um die Marmorbalustrade der Krypta.

In einer Vertiefung steht das Ziel ihrer Sehnsucht: jener Sarkophag aus rotem Porphyr, in dem der Leichnam des Kaisers in sechs ineinandergestellten Särgen ruht. Von »unserem Kaiser«, vom großen Eroberer ist dann die Rede, ein Blumengebinde aus roten Nelken wird niedergelegt, dann ist diese Lektion in gelebter Geschichte, die gelegentlich glauben machen konnte, dem Dasein hafte Vergänglichkeit nicht an, beendet. Die kaiserliche Garde aus Charleroi hat Napoleon I. aus Anlaß der 159. Wiederkehr des Todestages die Ehre gegeben. Wie ärmlich nimmt sich dagegen das Los einer Prinzengarde auf dem Rosenmontagszug aus.

Le Grand Vladimir
Catcher beim Kampf des Jahres

Der Bösewicht hörte auf den Namen »Le Grand Vladimir«. Nicht einmal Reste von Haar zierten seinen massigen Schädel, sein Gewicht wurde mit zweihundertsiebzig Pfund angegeben. Ein ansehnliches Bäuchlein hing in einem Trikot, das an die Badeanzüge von anno dazumal erinnerte, dann und wann verzog er das Gesicht zu einer höhnischen Fratze, brüllte martialisch, mit dem Lebensprinzip des »Seid nett zueinander« hatte er denkbar wenig im Sinn. Wie in jedem guten Hollywood-Film gab es auch den »good guy«, einen Herrn mit dem guten flämischen Namen Franz van Buyten. Auch dies war kein Schwächling, aber dem Vladimir reichte er kaum an das Brustbein. Das freundliche Gesicht des guten Franz tat ein übriges, daß dem Publikum kein Zweifel blieb, wem es seine Gunst schenken solle.

Angekündigt war eine Weltmeisterschaft in einem Bereich körperlicher Betätigung, dessen Sache gezierte Bescheidenheit nicht ist: dem Catchen. Ein Titelkampf, zwei Vorkämpfe, dann ein Gefecht, in dem sich vier Frauen an die Gurgel gingen, ein nationaler Meister war immer dabei.

Natürlich war auch dies wieder der »Kampf des Jahres«, zu merkwürdiger Stunde freilich. Nachmittags um vier mußten sich die Heroen zwecks Erreichung des Titels auf den Ringboden schmettern, abends wurde dieses Etablissement in jenem tristen Pariser Stadtbezirk, wo Touristen sehr zu Unrecht raffinierte Erotik vermuten, wieder für eine Nuditätenshow gebraucht. Von Andrang konnte trotz wohlfeiler Eintrittspreise denn auch nicht die Rede sein, das Milieu war proletarisch, für die feine Gesellschaft ist Catchen nicht mehr en vogue. Das Auditorium war fachkundig.

Catchen ist das Theater des Volkes. Bei jedem Auftritt sind die Rollen schon vergeben. Kein Kampf soll das verehrte Publikum gleichgültig lassen. Es ist die Stunde trivialster und deshalb auch durchschlagender psychologischer Erkenntnisse. Mit jenem mausgrauen Alltag, in dem die Konturen verschwimmen, hat das Catchen nichts gemein. Hier ist die Welt noch in Ordnung, hier gibt es Gute und Böse, Täter und Missetäter, Helden und Feiglinge, das Leben der Akteure ist von Tragik umschattet, denn wer einmal den Bösewicht mimt, muß ihn immer geben. Wie sollte es auch anders sein, denn hier ist die moralische Wertigkeit den Ringkämpfern schon ins Gesicht geschrieben, verschlagen sehen die Übeltäter aus, brutal, nach Sozialisationsschwierigkeiten wird hier nicht umständlich gefragt, der Schöne kann nicht böse, der Häßliche nicht gut sein, so einfach ist die Welt des Catchens.

Drei schlechte Menschen traten auf. Der erste war ein Giftzwerg, dessen eitle Kleidung und tückisches Gehabe unvorteilhaft abstachen von dem guten Gesicht seines Gegners, dem die Zuneigung des Publikums ganz gehörte. Die beiden balgten sich, warfen sich wie Mehlsäcke aufeinander, versetzten sich Fausthiebe von maßvoller Durchschlagskraft, der Böse knotete dem Guten das Ringseil um den Hals, die Zuschauer konnten sich vor Wut nicht mehr fassen. Das Faszinierende am Catchen ist, daß alle vom theatralischen Charakter dieser Rangelei wissen und dieses »als ob« flugs vergessen. Einer vergaß die Inszenierung so schnell, daß er zum Ring rannte und dem Bösen einen fürchterlichen Hieb auf den Fuß versetzte. So hatten sich die Veranstalter die Teilnahme des Publikums indes nicht vorgestellt, und mit dem Rausschmiß mußte jener Mann büßen, daß ihm die Grenzen zwischen Sein und Schein verwischt worden waren.

Catchen ist wie Kino. Immer wieder kann in der Reklame für eine Eiscreme auf den illusionären Charakter des Films verwiesen werden, öffnet sich dann die Leinwand, ist alles vergessen, man verliert sich in dem magischen Binnenraum des Films. Catchen: das ist eine Inszenierung von meisterhafter Klarheit, die gewiß mehr Zuspruch verdient hätte. Wohl will der Mensch, daß die Seinen obsiegen, tun sie dies aber immer, verliert er den Sinn für die Größe des Erfolgs. Also verlor im ersten Kampf der positive Held, obendrein um den Sieg gebracht durch das Fehlurteil eines Ringrichters, den man seinem Habitus und seiner Gestik nach den Eschweiler des Catchens nennen könnte, ein Ringrichter, der sichtlich dafür entlohnt wurde, daß er allen Haß dieser Welt auf sich zog. Das Gejohle und Gepfeife nahm apokalyptische Dimensionen an, der erste Akt war ein Erfolg.

Der zweite Akt war retardierender Natur. Ein ausnehmend schöner Mensch mit einem klangvollen italienischen Namen besiegte in einem Kampf mit eher ästhetischen Zügen seinen Gegner, einen Farbigen, der, welch Zufall, John Black sich nannte. War das erste Feindbild mit einem einfachen Widerling besetzt, so war der Neger schon eine Steigerung, wenn auch das Publikum, nicht ohne Sinn für Selbstironie, den Ringrichter, der den Schwarzen nachhaltig zu fairem Kampf ermahnte, einen Rassisten nannte.

Hier kamen die völkerpsychologischen Klischees gewissermaßen zur Vollendung. Nach dem Neger Vladimir: der kahlköpfige Tatar. Für den Titelverteidiger Franz van Buyten, dem das Publikum nicht zuletzt durch fortwährende Spenden von zehn Francs seine Liebe bewies, begann die Existenz zwischen den Seilen fatal. Wie donnerte ihn der Tatar auf die Bretter, wie würgte er ihn, knotete ihn zwischen die Seile, preßte ihn auf den Boden, sogar Blut war zu sehen, woher es kam, mag das Geheimnis des Veranstalters bleiben, ins Jammertal mußten die Zuschauer mit ihrem Helden gehen, das Gefühl der Niederlage fast auskosten, der Held wankte, zeigte Schmerz mit jener schauspielerischen Grundausbildung, die den ordentlichen Catcher auszeichnet, doch das »Happy-End« ließ nicht auf sich warten.

Neue Kräfte erwuchsen dem wackeren Franz, Schlag auf Schlag versetzte er dem riesigen Vladimir, jetzt war man mitten drin in einem Film mit Bud Spencer und Terence Hill. Der Kleine klopfte dem Großen auf den Rücken, als der sich lethargisch umdrehte, bekam er einen Kinnhaken verpaßt, Vladimir fiel nach vorne, wurde wieder zurückgestoßen, fiel wieder nach vorn, wurde wieder zurückgestoßen, dann machte Franz einen eleganten Schritt zur Seite, und »Le Grand Vladimir« knallte wie ein Brett auf den Boden; die Inszenierung des sportlichen Ereignisses war zu einer gewissen Vollkommenheit gelangt.

Eine Stunde dauert so ein Kampf, ein vorzeitiger Sieg ist möglich, doch hier, wo das Geld dem Publikum so locker nicht sitzt, hat auch das Schauspiel seine Gesetze. Undenkbar wäre es, daß sich einer schon nach wenigen Minuten auszählen läßt, und wenn sich die Kombattanten auch nicht recht weh tun mögen, laufen müssen sie, und wenn sich der »bad guy« nach fünfundfünfzig Minuten schließlich auf die Schultern legen darf, hat er seine Ruhe wohlverdient.

Catchen: Das ist eine merkwürdige Mischung aus altfränkischem Arbeitsethos und billiger Theatralik, es ist für den Zuschauer ein Weg zurück in die Kindheit. So hat er damals den ahnungslosen Kasper vor der bösen Hexe gewarnt, so hat er mitgelitten mit dem guten Königskind, nun ist er alt geworden, aber beim Catchen vergißt er es.

Am Ende freute sich Franz wie ein Schneekönig. Jetzt ist er Weltmeister im Schwergewicht. Bis zur nächsten Woche. Dann gibt es wieder den »Kampf des Jahres« mit vertrautem Personal und vertrauten Gesichtern. Das Leben mag lästiger Wandel bestimmen, Catchen ist die konservative Beschäftigung schlechthin.

Der Gedenktag

Die Feier war vorbei. Generäle, Politiker schritten in Paris die Treppe des Panthéon herab, vorbei an einer salutierenden Ehrenformation der Armee, die Staatskarossen fuhren vor, Adjudanten öffneten den Wagenschlag, eine Polizeieskorte fuhr herbei, ein bis zur Vollkommenheit perfektioniertes Ritual staatlicher Selbstdarstellung. Dort im Panthéon liegt Jean Moulin, der erste Präsident des Nationalrats der Résistance, hier feierten die Spitzen der Gesellschaft an diesem 8. Mai die Geschichte und sich selbst. Die blankgeputzten Limousinen hatten den Ort der großen Inszenierung schon verlassen, zurück blieb jener schäbige Kleinwagen, der sich zwischen den feinen Fahrzeugen fremd und merkwürdig ausgenommen hatte.

Drei Männer kamen aus dem Panthéon. Sie hatten derbe, wilde Gesichter, trugen verschlissene, die Erfordernisse der Eleganz absichtsvoll mißachtende Kleidung, wirkten in all dem Pomp wie die armen Vettern vom Lande. In den Händen hielten sie trotzig Fahnen. Nicht irgendwelche, sondern solche, die von Leiden und Mut zeugten, es waren die alten Fahnen der Résistance, es waren die alten Kombattanten der Résistance, die sich an jenem Tag, an dem sich der Sieg der Alliierten zum fünfunddreißigsten Mal jährte, selbstbewußt unter jene Honoratioren begeben hatten, die ihnen im Alltagsleben so sehr entrückt sind. Sie hatten sich nicht angepaßt, hatten ihr Anderssein, ihre proletarische Herkunft geradezu ostentativ betont.

In jenem Augenblick wurde sichtbar, warum den Bemühungen des Staatspräsidenten, den »8. Mai« in den Geruch des Anachronismus zu bringen, so bescheidener Erfolg beschieden ist. An jedem 8. Mai tritt eine verborgene Elite ins öffentliche Bewußtsein, erinnert an ihre historische Leistung und auch an die Egalität, die ihre Voraussetzung war. Inzwischen haben die alten Strukturen längst wieder obsiegt, die hellen und die dunklen Zimmer sind verteilt; doch als schließlich die Fahnen im verbeulten Kleinwagen verstaut waren, war nicht der große Tag im Leben eines kleinen Mannes zu Ende, es war der Schluß einer Manifestation, deren warnender Unterton schwerlich zu übersehen war.

Morrison darf nicht sterben

Das eigentümliche Grab eines Pop-Idols auf dem Pariser Friedhof »Père Lachaise«

Wer auf dem Pariser Friedhof Père Lachaise die von Bäumen beschatteten Wege entlangschlendert, vorbei an anmutig Trauernden, die da in Stein gemeißelt stehen, auf der Suche nach dem Grab von Proust, von Balzac, Oscar Wilde oder der Colette, mag ein Grabhaus finden, auf das mit ungelenker Schrift der Name JIM aufgemalt ist. Ein Pfeil zeigt die Richtung, ein paar hundert Meter geradeaus, dann links, dann rechts, mit einem Mal steht man vor einem Grab, nein, eigentlich weiß man nur, hier muß es irgendwo sein, zu dem jener, die Würde eines legendären Friedhofs so leichthin mißachtende Wegweiser hatte führen wollen.

So reich der Père Lachaise an Merkwürdigkeiten ist, dieses Grab übertrifft alles. Mit den freundlichen Worten der Bestattungsunternehmer hat es nichts gemein. Jedenfalls zögert man, es eine letzte Ruhestätte zu nennen. Es ist winzig, auf ihm steht nicht, wie üblich, ein Grabhaus, der Illusion Nahrung gebend, der Verblichene sei nur umgezogen; von gärtnerischen Bemühungen ist auf der lehmigen Erde nichts zu erkennen, es findet sich keine Grabplatte, keine Skulptur; verloren ragt am Kopfende ein fingerdickes Stahlstück aus einem steinernen Fundament. Einstmals mochte es eine Marmorplatte, einen Grabstein getragen haben, was immer es war, es ist abgebrochen worden. Verlorengegangen wäre damit auch jeder Hinweis, wer unter diesem tristen Stück Erde liegt, gäben darüber nicht Hunderte von Graffitis auf den umliegenden Grabsteinen Auskunft: »Der Tod«, heißt es da hoffnungsvoll, »macht aus uns allen Engel. Jim Morrison. 1943-1971.« Oder auch: »Es wird niemals wieder einen geben wie dich.« Der, dem da in unzähligen Inschriften die fortwährende Anhänglichkeit bezeugt wird, ist selten allein. Ein halbes Dutzend junger Leute, oft auch mehr, umlagern sein Grab, lassen die Rotweinflasche kreisen, rauchen, essen, tun all das, was man auf einem Gottesacker nicht tut. Sie benehmen sich höchst ungeniert, lassen jede Ergriffenheit vermissen und damit auch den Hauch falscher Gefühle, sie sind einfach da, wenn man so will, zu unformellem Besuch bei einem Mann, der tot ist und auch wieder nicht.

Es wäre töricht, wollte man aus der saloppen Attitüde auf mindere Betroffenheit schließen. Das Gegenteil ist der Fall. Sie kennen alle Lieder des Jim Morrison, kennen die Details seines bizarren Lebens, diese paar Stunden auf dem Père Lachaise, so beiläufig sie arrangiert scheinen, sind schon etwas, sind ein sentimentaler Ausbruch aus einem mausgrauen Alltag. Alles an diesem Grab opponiert unseren liebgewordenen Wertvorstellungen. Wo wir den Schmutz, die Verwahrlosung mit Desinteresse in eins setzen, gilt hier das Umgekehrte. Die unendlich vielen Zigarettenkippen, Colabüchsen, Bierdosen, leeren Weinflaschen, die diesem Grab den rauhen Charme einer Müllkippe geben, entsprechen jener burschikosen Haltung auch und gerade dem Tode gegenüber, die einen dieser ungebärdigen Besucher an den nächst erreichbaren Sandstein hat schreiben lassen: »Take it easy.« Ja, leicht nehmen sie's, jedenfalls nach außen, doch man irrte, wollte man aus dieser nekrophilen Partyatmosphäre auf eine Armut an Gefühlen schließen. Neun Jahre ist Jim Morrison, Leadsänger der legendären Rockgruppe »The Doors«, nun tot, keine Abordnung legt an seinem Todestag einen stattlichen Kranz nieder, aber Stunde um Stunde verharren an diesem skurrilen Grab Menschen und erinnern sich seiner so, wie es diesem unordentlichen Leben auf vollkommene Weise angemessen ist.

»Wir sind«, hatte Morrison damals, als die Revolte der Studenten von Berkeley Blütenträume reifen ließ, »Politiker der Erotik. Wir sind für alles, was mit Revolte, Chaos und sinnloser Betäubung zu tun hat.« Gegen die Schönheit setzten Jim Morrison und die Doors die Häßlichkeit, gegen die Anpassung die Aggression, gegen die Liebe den Sex, gegen die Vernunft den Rausch, das war alles ein bißchen kindisch, hirnverbrannt, mindestens illusorisch, die Vorstellung einer Gegenkultur war allenfalls ein schöner Traum, aber es war eben doch auch jener Ausbruch von Irrsinn, von Obsessionen, ohne den die Leichenstarre einer verwalteten Welt scheinbar nicht zu ertragen ist.

Von William Blake stammt das Wort, es gäbe Dinge, die bekannt seien, und solche, die unbekannt seien, dazwischen gäbe es Türen. Türen (Doors) nannte sich diese amerikanische Gruppe, zwischen Bekanntem und Unbekanntem, zwischen politischer Agitation und Mystizismus pendelte sie getreulich hin und her, »american prayer« nannte man Morrison, und Beobachter erinnerten die Besucher seiner Konzerte gelegentlich an eine Gemeinde, die sich unter der Last ihrer Sünden windet. Morrison war, wie Jimmy Hendrix, wie Janis Joplin, eine Kultfigur, wie diese starb er im Zenit seines Ruhms, Vermutungen nährend, ein genialisches Leben sei unvollendet geblieben. Morrison hat seiner eigenen Legende nie im Wege gestanden.

Damals, in den späten sechziger Jahren, stand er in engen, schwarzen Lederhosen auf der Bühne, dunkle, gelockte Haare, den Blick melancholisch verhangen, eine luziferische Erscheinung, ein Mensch, der sich planmäßig zerstörte, zu Lebzeiten fast schon ein Toter, denen, die ihn sahen, wie eine Allegorie des Todes erscheinend. In einer fast leeren Halle gab er in einem Konzert einmal sein Letztes. Seine Frau schalt ihn dafür. »Man weiß nie«, antwortete er, »wann man seinen letzten Auftritt hat.« Er, der einmal bekannte, er wolle die Grenzen der Realität testen, hatte seinen letzten Auftritt am 3. Juli 1971. In Paris, wo er an einem Filmprojekt arbeiten wollte, starb er an, wie es beschwichtigend hieß, »plötzlichem Herzversagen«.

Dies war das Ende und auch wieder nicht, denn jener kühnen Behauptung »Jim Morrison lebt«, die da in blutroter Farbe auf einem Grabstein, dem anderes zugedacht war, verewigt wurde, ist die Wahrheit nicht rundweg abzusprechen. Was sich in diesen Graffitis, wie spielerisch auch immer, äußert, ist ein merkwürdig verbogenes Bedürfnis nach Religiosität, ist jene Hoffnung, das Leben möge mehr sein als ein irdisches Jammertal, ein vergängliches Wechselspiel von Kauf und Verbrauch. »This is not the end, my friend«, tröstet eine Graffiti-Inschrift den, der da zu Staub zerfällt, »this is the end, my friend«, hält ein anderer trotzig dagegen.

»Gott gibt es nicht, aber dich gibt es, Jim«, hat einer geschrieben und ein anderer: »Hallo, ich lieb' dich, willst du nicht zurückkommen?« Das mag man Kitsch nennen, aber es ist nicht der Kitsch einer Industrie des Schönen, es ist jener, der aus einem unaufhebbaren Mißverhältnis zwischen der Sprache und dem Gefühl resultiert.

Die Entfremdung der Generationen wird oft genug beklagt, ein Satz wie »Du hast solch einen kleinen Platz hier, Jim, aber den größten Platz in unserem Herzen« zeigt, daß die Gartenlaubenprosa der Großeltern unversehrt in den Herzen der Enkel nistet, eine Erkenntnis, die Tröstliches hat. Auf dem Grab liegt eine Puppe, und dies wohl schon lange. »Seit du tot bist«, hat ihr jemand mit englischen Worten auf die Stirn geschrieben, »will ich auch nicht mehr leben.« Täte man dies als Phrase ab, würde man es sich zu leicht machen. Es ist Ausdruck einer grenzenlosen Identifikationsbereitschaft, der nur noch die Kunstwelt der Unterhaltungsindustrie Nahrung gibt.

An einem Grabhaus steht mit einem Datum aus dem Jahre 1971: »Wir wollen die Welt, und wir wollen sie jetzt.« Hendrik, der Holländer, der da am Grab seines Idols herumtrödelt, sagt resigniert: »Wenn du eine Flasche Wein hast, dann hast du auch Freunde.« Dazwischen liegen neun Jahre oder eine Ewigkeit.

Ratten

Der erste Eindruck war akustischer Natur. Entsetztes Quieken, hysterisches Kreischen drang ans Ohr, dann sah man Zeitgenossen vorzugsweise weiblichen Geschlechts, aufgeregt zur Seite springen, ganz zuletzt wurde man des perfiden Übeltäters gewahr. Es war ein Clochard. Reichlich angeschmuddelt stand er vor der Pariser Oper, die Jacke hatte einmal bessere Tage gesehen, die Hose nicht mal die, unrasiert war er, ungekämmt, doch was das ärgste war, im Gesicht hatte er ein satanisches Grinsen. Aus gutem Grund. Denn die feinen Damen und Herren brachte er zum Kreischen, nicht durch sein Äußeres, sondern mittels einer Ratte, die er mit eminenter Geschicklichkeit über die Hand laufen ließ, um sie dann, am Rattenschwänzchen gehalten, jenen Damen vor die Nase zu halten, die er mit dem Kennerblick einer Psychologie des Alltags ausgesucht hatte. Die Ratte war aus Holz. Dem grandiosen Illusionstheater tat dies freilich keinen Abbruch. Geradezu jeder saß dieser fingierten Empirie auf, nahm für Sein, was doch nur Schein war.

Dabei ging der Penner mit der Natur eher willkürlich um. Weil ihm das Fiepsen einer Ratte denn doch zu uneindrucksvoll war, begleitete er den Ausflug der Holzratte mit exorbitanten Brechgeräuschen, die einen Zoologen hätten lachen lassen, die Passanten freilich kreischen machte. So gab es eine hübsche Lektion in Sachen menschlicher Wahrnehmung. Weil der Clochard zur Ratte paßte, hatte dies boshafte Spiel die Wahrscheinlichkeit für sich, weil dem Menschen die Ratte als besonders widerwärtiges Tier gilt, war es vollkommen folgerichtig, daß eine Ratte sich übergibt, weil der Stadtmensch sich der Natur so nachhaltig entfremdet hat, stieß diese Düpierung auf keinerlei Hindernisse.

Die Getäuschten zeigten sich freilich von der besten Seite. Sie lachten über ihre Einfalt, blieben stehen, um nicht ohne Genuß zu verfolgen, wie die Hinterlist des Penners auch bei anderen gutgläubigen Parisern ihre geräuschvollen Erfolge zeitigte. Das Spektakel dauerte immerhin zwei Stunden. Der Clochard erlahmte nicht, die Zuschauer langweilten sich nicht, was immerhin zeigte, daß der Witz von allen Ausdrucksformen am wenigsten der Abwechslung bedarf. Jedenfalls jener nicht, der auf dem Prinzip der Schadenfreude basiert. Wie wären jene Zeitgenossen, die sich da über die

Torheiten ihrer Mitmenschen so ausgiebig freuten, wohl in der Tierfabel dargestellt worden? Als Ratten?

Nichts vergessen, nichts gelernt

Das Symbol der Restauration – die Sühnekapelle in Paris

Im geschäftigen achten Arrondissement, unweit des Boulevard Haussmann, steht die ungeliebteste Sehenswürdigkeit von Paris: La chapelle expiatoire, die Sühnekapelle. Sie steht dort, wo sich einstmals eine der Gruselkammern der Französischen Revolution befand, jener berüchtigte Friedhof Madeleine, wo im Schutze der Nacht die Opfer des jakobinischen Terrors verscharrt worden waren. Dort liegen die Soldaten der Schweizergarde, die 1792 in den Tuilerien niedergemetzelt worden waren, dort sind Charlotte Corday und Philippe Égalité unter die Erde gebracht worden, dort liegen die Opfer und die Täter, die zu Opfern wurden. Wer heute den schnurgeraden Weg auf das Portal der Kapelle zugeht, zur Linken und zur Rechten mit zierlichen Sträuchern bewachsenen Rasen, dahinter die Galerie der Grabsteine, die das Chaos des Todes in eine geometrische Ordnung zwingt, mag sich nur mit äußerster, unmenschlicher Phantasie vorstellen können, daß an diesem idyllischen Ort vor fast zweihundert Jahren 1343 Köpfe und 1343 Körper in ein schauriges Massengrab geworfen worden waren.

An Orten wie diesem sterben Menschen den zweiten Tod. Hier soll die Erinnerung an sie ausgelöscht werden, dies ist kein Platz des Gedenkens, sondern des Vergessens. In der fürchterlichen Anonymität dieses Grabes mochten sich die Mörder vor ihren Alpträumen geschützt glauben und auch vor der Gefahr, einem der Toten sei als Märtyrer ein heikles Weiterleben gestattet. Denn merkwürdig genug: der jakobinische Terror gestattete denen, die im Karren zur Guillotine gefahren wurden, die Feigheit so gut wie die heroische Pose. So geriet denn der triste Zug von der Conciergerie über die Seine, die Rue Honoré hinauf bis zum Revolutionsplatz, wo zwischen Tuileriengarten und dem Denkmal der Freiheit das Blutgerüst stand, oft genug zum letzten großen Auftritt der zum Tode Verurteilten. Nur die Toten verfolgte die Revolution mit besessener Konsequenz, im seelenlosen Kalkül der Macht und der Gewalt waren sie ein zu unberechenbarer Faktor.

Auf dem Friedhof Madeleine ging es nicht würdeloser zu als auf den anderen Schindackern der Revolution, dem Garten von Picpus, dem Park Monceau und an der Rue Pigalle, und doch kommt dem Friedhof Madeleine symbolischer Rang zu, weil hier Ludwig

XVI. und die Königin Marie Antoinette verscharrt worden waren. Zweiundzwanzig Jahre lang hat das glücklose Königspaar dort gelegen, dann befahl Ludwig XVIII. eine makabre Exhumierung. In einer Grube, die Ungleiches gleich machte, wurde nach den Spuren königlicher Körper gesucht, nicht mehr wissend, als daß der Konvent befohlen hatte, die Leichen mit ungelöschtem Kalk zu überschütten. Man gräbt, stößt auf ein halbvermodertes Strumpfband. Das der Marie Antoinette? Der Dichter Chateaubriand überliefert der Nachwelt: »Ich erkannte den Kopf der Königin an dem Lächeln, das dieser Kopf mir einst in Versailles zugewandt hatte.« Eine der Legenden, an der die Epoche der Restauration so überreich war.

Was immer da exhumiert worden war, es wurde am 21. Januar des Jahres 1815, dem Jahrestag der Hinrichtung des Bürgers Capet, in die königliche Nekropole nach St. Denis überführt. Die rechte Feierlichkeit, so erzählen uns Zeitgenossen, habe bei dem Leichenzug nicht aufkommen wollen. Die spalierbildenden Truppen hätten Ergriffenheit vermissen lassen, und als sich am Tor von St. Denis die Stoffbespannung des hohen Trauerwagens an einer Laterne verhakelt habe, hätten die Menschen »An die Laterne« gerufen.

Jene Kapelle, die sich heute über dem einstigen Massengrab erhebt, war nie Ausdruck versöhnlicher Erinnerung. Sie war und ist Symbol der Rache, des Versuchs, eine Nation an ihre Schuld zu erinnern. Sie ist das Mahnmal einer Dynastie, von der Talleyrand sagte, sie habe nichts vergessen und nichts gelernt. So war es nur folgerichtig, daß die wieder an die Macht gelangten Bourbonen den Bau dieser Sühnekapelle mit besonderem Eifer betrieben. Dabei war es nicht einmal Ludwig XVIII., dem an diesem Sinnbild der Reue sonderlich viel gelegen war. Er hatte der drohenden Hinrichtung seines Bruders aus egoistischen Motiven denkbar wenig entgegengesetzt, ihm, dem die Abgründe einer Seele wohlvertraut waren, war dieses Monument eines moralischen Rigorismus eher unheimlich. Diese Kapelle, die ein Volk in seiner historischen Schuld erdrücken sollte, wurde mit Unerbittlichkeit von der Herzogin von Angoulême verlangt, die Friedrich Sieburg den »Racheengel der Restauration« nannte und von der er schrieb: »Sie ist die ›Überlebende von Temple‹, ihr Gesicht und ihre Erscheinung sind von den tragischen Umständen ihres Lebens geprägt. Wenn sie mit männlichen Schritten daherkommt und mit ihren oft vom Weinen geröteten Augen eisig die Menschen mustert, als ob sie auf deren Händen Spuren vom Blut ihrer geköpften Familie suche, breitet sich Unbehagen aus, das auch den harmlosesten Leuten ein schlechtes Gewissen verschafft. Ihr verewigter Schmerz, dem nachzulassen sie nicht erlaubt, ist der Schreck aller Menschen, die mit ihr zu tun haben. Ihr Durst nach Rache ist unstillbar.«

Die Franzosen fühlten sich freilich kollektiv nicht schuldig, noch weniger individuell, und so ist diese kleine Kapelle am Platz Ludwig XVI. auch Ausdruck der Unmöglichkeit, die Lebenslust einer Nation zu brechen, die zu asketischem Büßertum ohnehin denkbar ungeeignet scheint. Was damals stattfand, war ungeachtet aller anachronistischen Begleitumstände etwas ganz und gar Modernes: es war der Versuch, nicht die formale Subordination, sondern die psychische Unterwerfung zu erzwingen. Die Bourbonen hatten aus der Französischen Revolution Lehren gezogen, aber die falschen.

Die Geschichte dieser Sühnekapelle zeugt von der Vergeblichkeit des Bemühens, einem Land ein fortwährendes Schuldgefühl aufzunötigen. Im Dezember 1815 schlug der Vicomte Sosthène de la Rochefoucauld ein Gesetz zur Errichtung eines Sühnemonuments vor. Er forderte den König auf, den 21. Januar, den Tag der Hinrichtung Ludwig XVI., zum kirchlichen Feiertag zu erklären, und um »das Verbrechen dieses unglücklichen Tages zu sühnen, soll ein Denkmal Ludwig XVI. auf einem Platz der Hauptstadt errichtet werden, im Namen und auf Kosten der Nation, auf dessen Sockel die Worte geschrieben stehen: ›Das freie Frankreich für Ludwig XVI.‹ «

Dies war indes den eifrigsten Ideologen der Restauration nicht genug. Ihnen schwebten zwei Monumente vor. Ein Denkmal des Königs am Ort seiner Hinrichtung, der Place de la Concorde, und eine Totenkapelle auf dem alten Friedhof von Madeleine. Der König stimmte zu, doch zogen sich die Arbeiten für das Königsdenkmal so lange hin, daß es bis zur Julirevolution des Jahres 1830 nicht fertig war. Immerhin, vier Jahre zuvor war die Sühnekapelle eingeweiht worden, doch der Bürgerkönig nahm als erstbesten Vorwand den Tod des letzten Kaplans, um dort keine Gottesdienste mehr abhalten zu lassen. Ein Ende fanden auch die Zeremonien zur Erinnerung an die Hinrichtung des Königspaares. Das Monument rückte an die Peripherie der Erinnerung, bis sich die Commune seiner erinnerte und den Abriß der Kapelle forderte. Die Geschichte ließ der Commune nicht die Zeit, das Vorhaben auszuführen, doch in den achtziger Jahren wurde in mehreren Sitzungen der Nationalversammlung über die »chapelle expiatoire« debattiert, von der es hieß: »Mitten in Paris befindet sich ein düsteres Monument des Hasses gegen die Revolution, ein Monument, das seit sechzig Jahren eine dauernde Schmähung der Gefühle und der Ziele des republikanischen Frankreichs darstellt.«

Doch auch jetzt obsiegte der Pragmatismus, jene Ahnung von der taktischen Fragwürdigkeit des Bildersturms. Dem Monument war ein schlimmeres Schicksal beschieden, man vergaß es. So ist es bis heute geblieben. Selbst an Tagen, an denen Paris vollkommen überlaufen ist, kann man dort in gespenstischer Ruhe die Marmorgruppen von François-Joseph Bosio und Jean-Pierre Cortot betrachten, kunstvolle Arbeiten, die einen Besuch lohnen. Wer nach dem Weg zu dieser Kapelle fragt, stößt auf Unkenntnis, und wo Wissen vorherrscht, wird eher unwillig Antwort gegeben. Marie-Antoinette, die »Österreicherin«, ist heute noch so unbeliebt wie vor zweihundert Jahren, eine merkwürdig fortwährende Abneigung, aber auch ein Indiz für ein faszinierend gegenwärtiges Verhältnis zur Geschichte.

So als sollte dieser Widerspruch zwischen Absicht und Erfolg, zwischen einem pathetisch gemeinten Monument und seiner gegenwärtigen Nichtbeachtung besonders grell beleuchtet werden, werden die raren Besucher Augenzeuge einer verfremdenden Szenerie. Sie treten an ein Kassenhäuschen, entrichten den vergleichsweise bescheidenen Obulus und blicken dabei auf ein bürgerliches Genrebild. Die Frau des Muscumswärters bügelt, der Sohn widmet sich dem Fernsehen, der Mann, der da in dunkelblauer Uniform inmitten seiner häuslichen Gewöhnlichkeit sitzt, verkauft eher lustlos die Karten. Inmitten dieser bürgerlichen Wohnkultur steht ein Ständer mit Postkarten, auf denen abgebildet ist, wer einmal eine Nation beherrschte: Ludwig XVI. und Marie Antoinette.

So ungeliebt dieses Bauwerk ist, so schön ist es. Hoch unter der gläsernen Kuppel, die den Innenraum der Kapelle in ein der Absicht der Erbauer vollkommen konträres lebensfrohes Licht taucht, sieht man ein eindrucksvolles Relief, das die Erinnerung an jenen Tag beschwört, an dem der Leichenzug zur Nekropole von St. Denis gezogen ist. Dort, zeigen zwei Marmorgruppen: Ludwig XVI. mit verklärtem Gesicht, dem ein Engel den Weg ins Paradies weist, und Marie Antoinette, die sich hilfesuchend an eine Statue der Religion klammert, die die Züge von Madame Elisabeth, der Schwester Ludwigs XVI., trägt. Es sind Arbeiten von eher dezentem Pathos, und doch verfehlen sie die Wirkung, weil sie nicht zum Mitleid mit dem geschundenen Menschen auffordern, sondern den Tod verklären. Jenes Bewußtsein vom Gottesgnadentum königlicher Herrschaft, das die Revolution auf den Müllhaufen der Geschichte verbannt hatte, suchen sie in einem Akt tragischer Auflehnung gegen den Lauf der Zeit noch einmal zu beschwören. Hier wird nicht Barmherzigkeit verlangt, sondern das Eingeständnis eines Sakrilegs.

In der Conciergerie, jenem fürchterlichen Gefängnis der Revolution, das »Vorzimmer des Todes« genannt wurde, gibt es noch die Zelle, in der Marie-Antoinette ihre letzten Tage verbracht hat. Ein dunkles, niedriges, modriges Verlies, das selbst dem Abgebrühtesten eine Ahnung menschlichen Leids vermittelt.

Doch auch hier wurde im Zeitalter der Restauration das Leid veredelt, das winzige Zellenfenster erweitert und mit blauen und gelben Glasscheiben versehen und der Kerker der Marie-Antoinette in eine Kapelle verwandelt, so als könne man das Rad der Geschichte noch einmal zurückdrehen.

Von David gibt es eine anspruchslose Zeichnung, die Marie-Antoinette auf dem Wege zum Schafott zeigt, eine verhärmte, vorzeitig gealterte Frau, ein ergreifendes Bild, von dem die Verfechter der Restauration nichts wissen wollten. Dies war ihr Irrtum, und deswegen liegt die Sühnekapelle heute so unendlich verlassen in einem Park voller Leben.

Gemütsteilung

Der Wunsch klingt uns noch im Ohr: »Guten Rutsch.« Jetzt halten wir uns daran; schlittern über vereiste Straßen, die eine impertinente Stadtverwaltung nur maßvoll mit Salz bestreut hat. Als Autofahrer sind wir aufgebracht. Was heißt hier, die Bäume litten unter dem vielen Salz, verkümmerten gar. Schließlich stecken wir im Stau. Im Herbst sind wir über die Alleen spaziert und in trübsinnige Gedanken verfallen. Der Raubbau an der Natur erschien uns doch zu arg, die gelben, verhutzelten Blätter dünkten uns ein Bild des Jammers, und empört lesen wir, ein unverantwortliches Stadtreinigungsamt habe dies alles mit Tonnen von Salz bewirkt. So sind wir. Sitzen wir im Auto, schimpfen wir über die lahmen Fußgänger; sind wir Fußgänger, lamentieren wir über die rüden Autofahrer; Kinder mögen wir alle, aber nicht vor unserem Fenster; soll eine Straße ausgebaut werden, opponiert eine Bürgerinitiative; ist sie fix genug, wandert das Projekt in die nächste Straße, dann weiter, bis irgendwann einmal in einer Straße keine belehrenden Lehrer und keine justizerfahrenen Rechtsanwälte wohnen. Dort geht es dann vierspurig zu, und das ist richtig so, denn ins Grüne wollen wir zügig fahren. So haben wir uns an diese funktionelle Gesellschaft fabelhaft angepaßt. Wir haben ein arbeitsteiliges Gemüt bekommen.

Alcatraz
Ein Zuchthaus ohnegleichen

Wen die Götter quälen wollen, den stürzen sie in die Unterwelt und lassen ihn dort ewigen Hunger und Durst leiden. In einem See, der zurückwich, wenn er trinken wollte, stand Tantalus: über ihm hingen Zweige mit Früchten, die zurückschnellten, wenn er nach ihnen griff.

Jene, die man in Alcatraz einsperrte, stöhnten, nichts habe sie so sehr gequält wie die unbarmherzig nahe Silhouette von San Francisco. Wie ein ewiges Glücksversprechen lag die Stadt über der Frisco Bay, Symbol einer Freiheit, die nah und unerreichbar war. Manchmal schob sich eine mildtätige Nebelwand zwischen die Gefangenen und ihre Fata Morgana, gab ihnen einen Augenblick Ruhe, doch dann tauchte das Häusermeer wieder auf, eine Sehnsucht nährend, die niemals ihre Erfüllung finden konnte.

Ein Zuchthaus ohnegleichen. Einer, der dort war, konnte nur noch stammeln: Alcatraz ist Alcatraz. Die Einzigartigkeit dieser Insel hatte in der Tautologie ihren vollkommenen Ausdruck gefunden. Eine unwirtliche Felsenlandschaft und oben drauf ein Gewirr aus Beton und Eisen, Wachtürme, Zäune, Stacheldraht. Ein Schlachtfeld der Neuzeit. Wer gegen wen? »The most incorrible incorribles«, die Unbelehrbarsten der Unbelehrbaren gegen das »super maximum security prison«, das ausbruchsicherste Gefängnis der Welt. Die Reduktion des Lebens auf zwei Gedanken. Wie dieser Hölle wieder entrinnen – und wie dies verhindern? Alvin Karpis, Kidnapper, Ausbrecherkönig, tönte, kein Gefängnis könne ihn halten. Nach einem Vierteljahrhundert entließ man ihn aus Alcatraz wegen guter Führung.

Die Gästeliste war illuster. Al (Narbengesicht) Capone, Gangsterkönig aus Chicago, Arthur Doc Barker, Kidnapper und Bankräuber, Basil Banghart, genannt die Eule, Maschinengewehrschütze der Touhy Gang, Clyde Johnson, Bankräuber, Kidnapper, Public Enemy Number 1, Bernhard Coy, Bankräuber, zweimal aus anderen Gefängnissen ausgebrochen, in Alcatraz bei einem Gefangenenaufstand erschossen. Auch noch Sam Shockley, Ralph Roe, Robert Stroud, die Creme der Unterwelt, Männer von der Art, die hernach im Kino gerne zur Legende verklärt werden.

Während draußen ihre Taten und Missetaten über die Leinwand

flimmerten, wuschen drinnen die Kinohelden die Hosen und Jakken amerikanischer Soldaten. Soldaten rühmten sich in ihren Briefen, Al Capone reinige ihre Wäsche. Selbst in diesen Sätzen schwang noch soviel Bewunderung mit, daß man das Narbengesicht fortan die Toilette putzen ließ. Denn dies war das Ziel: Jenen, die einmal allmächtig gewesen waren, Stunde um Stunde ihre Ohnmacht vor Augen zu führen, ihnen ihre Einzigartigkeit, ihren Stolz und ihren Nimbus zu nehmen. »Keine Bogarts oder Cagneys«, sagte denn auch einer achselzuckend, die bleichen Gestalten in ihren mausgrauen Overalls in Augenschein nehmend.

Alcatraz oder die Geometrie des Terrors. Vier gleich große Zellenblocks; 336 Zellen, eine wie die andere. Die Rückseite betoniert, die Seitenwände stählern, eine Toilette, ein Waschbecken, ein Regalbrett, ein Bett. Gleichheit bis zum Exzeß. Nicht einmal Spuren von Privatheit, von Individualität. Keine Fotos, keine Bilder, nichts, was einen Häftling hätte daran erinnern können, daß es auch ein Leben außerhalb dieses Käfigs gab. Jeden Tag, jeden Monat, jedes Jahr eine öffentliche Existenz, immer den Blicken der Wächter preisgegeben, immer wieder gezählt, beobachtet, in Einzelzellen hockend, die keine Türen, sondern Gitterstäbe hatten. Block B und C liegen einander gegenüber, in der Mitte ein gepflastertes Stück Weg, von den Gefangenen ironisch »Broadway« genannt. Dort war nie Ruhe, dort konnte der eine dem anderen ins Verlies schauen; die einzig in Alcatraz mögliche Karriere war, in einen Trakt zu kommen, in dem man wenigstens nur der Neugier des Wachpersonals ausgesetzt war. Den Gang, an dem die Dunkelzellen lagen, nannten die Häftlinge »Sunset Boulevard«, einen »Times Square« gab es und einen »Michigan Boulevard«, rührende, wohl auch vergebliche Versuche, diese Anonymität mit Erinnerungsspuren erträglicher zu machen.

Alltag in Alcatraz. 6.30 Uhr. Licht an. Zählung. Dann wurden alle Türen zugleich entriegelt. Raustreten, im Gänsemarsch zum Frühstücksraum, Rückkehr in die Zelle, im Gänsemarsch zur Arbeit, Rückkehr in die Zelle, Zählung, Mittagessen, wieder zur Arbeit, Abendessen, Rückkehr zur Zelle, Zählung, um halb zehn ging das Licht aus, am nächsten Morgen um 6.30 Uhr ging es wieder an, Tag für Tag, nur sonntags gab es zwei Stunden Freizeit, eine karge Abwechslung, die bald zur Routine verkam. Eine quälende Monotonie, die Wiederkehr im Immergleichen, jahraus, jahrein, Duschbad Dienstag abends, einmal im Monat Haareschneiden, ganz selten Besuch, ein passables, aber sich unbarmherzig wiederholendes Essen, tödliche Langeweile, Stillstand der Geschichte. Einem nahmen sie eine winzige Feile ab, gut genug, sagte ein Wächter zu ihm, um ein Eisengitter durchzufeilen, wenn man genug Zeit hat, und du wirst viel Zeit hier haben.

In den letzten Tagen der Französischen Revolution wurde ein Karren mit Todgeweihten beladen. Einen hatten sie übersehen, der lief hinterher, schrie, man habe ihn vergessen, man zog ihn hoch, dann begriff er, begann herzergreifend zu weinen, der jakobinische Terror war nicht über ihm, er war in ihm gewesen. Roy Gardner, Posträuber, kam nach Alcatraz als Ausbrecherkönig. Dort verbesserte er die Sicherheitsvorkehrungen, schlug vor, einen Lagerraum zu vergittern, der einem Ausbruchversuch durchaus förderlich gewesen wäre.

Es war ein ganz und gar modernes Gefängnis. Die Wächter, oder doch eher die Vollzugsbeamten, waren sorgfältig zusammengesucht worden, auf drei Gefangene kam einer, sie waren unbestechlich, unnahbar, korrekt, seelenlos. In Atlanta hatte Al Capone, seine zusammengemordeten Millionen im Rücken, noch Hof gehalten, dicke Zigarren geraucht und große Reden geführt, in Alcatraz mußte er mit wulstigen, ungelenken Fingern seine Zigaretten drehen, er, der den Mund nicht halten konnte, mußte sich hier einem fürchterlichen Schweigen unterwerfen, verstieß er dagegen, gab es keine Prügel, nicht einmal den Hauch körperlicher Gewalt, es gab neunzehn Tage Dunkelzelle bei Wasser und Brot. Alcatraz war die Hölle für den Suppenkasper. Wer nicht aufaß, verschwand für jene unendlich lange Zeit in einem schwarz gestrichenen, lichtlosen Loch, wer seine Zelle nicht aufräumte, dem war das gleiche Los gewiß, wer laut sprach, wurde bestraft, wer aufsässig war, nicht weniger, da gab es kein Handeln und kein Feilschen, keine Ausflucht und keinen Protest, es war ein Angstapparat aus Kalkül, eine ins Unmenschliche getriebene Gerechtigkeit, eine Herrschaft der Bürokratie auf einer Insel, die manche Menschen Hellcatraz nannten.

Am Abend des 22. August 1934 kamen die ersten Gefangenen, dreiundfünfzig an der Zahl, an Händen und Füßen gefesselt, in zu großen Hosen und schnurbändellosen Schuhen auf die Insel, alles in allem waren 1576 Männer, die dort litten und auf die winzige Chance der Flucht hofften. Neunundzwanzig Jahre bewahrte dieses Reformgefängnis besonderer Art seinen Nimbus, am 21. März

1963 wurde es, längst zum Anachronismus geworden, geschlossen. Siebenundzwanzig Männer, zusammengekettet, verließen die Teufelsinsel für immer. In neunundzwanzig langen Jahren versuchten neununddreißig Männer auszubrechen, sechsundzwanzig wurden wieder eingefangen, sieben erschossen, einer ertrank, fünf blieben verschollen. Sind sie im eiskalten Pazifik entkräftet ertrunken, haben sie es geschafft? Niemand wird es mit Gewißheit mehr sagen können. Denen, die die tollkühne Flucht wagten, gehörte, merkwürdig genug, die Sympathie der Menschen. Denn Alcatraz war keine Strafe, es war ein Zweikampf. Dort angekommen, schienen die Verbrechen wie ausgelöscht, es begann die Auflehnung des Menschen gegen die Maschine, gegen ein perfektes System, das nur mit äußerstem Raffinement zu gefährden war.

Vielleicht hat Frank Morris die ungleiche Auseinandersetzung gewonnen. Mit einem Löffel grub er sich durch die Rückwand seiner Zelle, stieg durch den Ventilationsschacht auf das Dach des Gefängnisses, die Wächter täuschte er mit einer Puppe, die er statt seiner ins Bett legte; eingewickelt in Regenmantelstoff ging er in den bitterkalten Ozean. Clint Eastwood hat diesen Morris in dem Film »Flucht aus Alcatraz« gespielt.

Heute ist Alcatraz verlassen. Für fünfundzwanzig Cents kann man von Fisherman's Dwarf mit einem Fernrohr auf die Insel schauen und sich vorstellen, was jene empfunden haben mögen, die vor dreißig Jahren in eben jener Vergrößerung auf das mythische Eiland blickten. Alcatraz ist heute ein Nationalpark. Dreizehn Minuten braucht wie eh und je das Boot vom Festland zur Insel. Früher war das eine Ewigkeit. Für ein paar Dollar kann man sich gruseln.

Eine Dame mit breitkrempigem Hut steht an der Anlegestelle. Man geht einen gewundenen Weg hinauf zur linken Ruine, dann, gelb gestrichen, der Haupteingang, darüber der amerikanische Adler. Messe, Duschen, dann die Einförmigkeit der Zellenblocks. Bis zur halben Höhe in grellem Grün gestrichen, dann blaßgrün. Die Toiletten stehen noch, die Betten, als sei die Zeit spurlos an diesem Ambiente vorübergegangen, dann die ernüchternde Erklärung, dies alles sei jener Filmgesellschaft zu verdanken, die hier, am Originalplatz, »Flucht aus Alcatraz« gedreht habe. Viele zieht es in die Zellen, für einen Moment nur wollen sie nachvollziehen, was 1576 Männer über Jahre fühlten. Es gibt Orte, die verraten nichts mehr von ihrer ursprünglichen Bewandtnis, hier hat sich alles begeben, sagen sie lakonisch, den Rest muß man sich hinzudenken.

Alcatraz ist anders. Die knappe Mitteilung, in dieser Zelle habe Al Capone gesessen, macht schaudern. Eine Sehenswürdigkeit, wenn auch keine anheimelnde. Mit wichtiger Miene entriegelt die Dame, die da Touristen durch das Haus des Schreckens geleitet, die Türen, alle gehen, unerträglich lärmend, zur selben Zeit auf, die Grenzen zwischen Traum und Wirklichkeit werden fließend. Beklemmung greift um sich. Wer will, heißt es, könne sich in eine Dunkelzelle begeben, für Ängstliche freilich sei dies nichts: Die Türen schließen sich, nachtschwarz wird es, eine Angst, die aus dem Unterbewußtsein kommt, bemächtigt sich des Eingesperrten. Alles ist nur Spiel – oder doch nicht? Erleichtert hastet man zum Boot, kauft bei Clarence Carnes, der einen Großteil seines tristen Lebens auf Alcatraz verbrachte, grelle Andenken und begreift, warum einer, der auf Alcatraz eingesperrt war, hernach auf den Jahrmärkten mit einer Schau herumreiste, die den Titel hatte: »Verbrechen lohnt sich nicht«.

Der amerikanische Mythos verblaßt

Das Verhältnis der Deutschen zu den Amerikanern hatte einen konkurrenzlosen Höhepunkt. Als einst John F. Kennedy die Bundesrepublik besuchte, schienen für einen winzigen Augenblick zwei Nationen zu einer einzigen verschmolzen. Das war damals weit mehr als die Visite eines fremden Staatsoberhauptes, dem höflich applaudiert wurde, es war eine Triumphfahrt ohnegleichen, in der ein unstillbares Bedürfnis nach lichten Heldengestalten in der Politik zur Erfüllung kam.

Keiner der nachfolgenden amerikanischen Präsidenten vermochte noch einmal solche Gefühle an sich zu binden, während des amerikanischen Engagements in Vietnam verdunkelte sich, jedenfalls bei einem nicht unbeträchtlichen Teil der jüngeren Generation, das Amerika-Bild dramatisch, nach der Aufdeckung der Watergate-Affäre kam ein Gefühl moralisch-besserwisserischer Überheblichkeit hinzu – eine Attitüde, die den politischen Beziehungen zwischen der Bundesrepublik und den Vereinigten Staaten ohnehin nicht fremd ist. Die gescheiterte Geiselbefreiung in Iran wurde weithin mit einer Mischung aus Mitleid und Amüsement registriert, und jetzt sind im Zusammenhang mit der Rüstungsdebatte wieder amerikakritische Töne zu vernehmen. Gibt es in diesem Land starke Ressentiments gegen Amerika? Die demoskopischen Untersuchungen aus den letzten Jahren stützen diese Vermutung nicht. Vieles spricht dafür, daß die punktuelle Kritik an der amerikanischen Regierung, dem hektischen Wechsel der Stimmungen im Medienzeitalter entsprechend, das generell positive Amerika-Bild der Deutschen nicht hat verändern können.

Gelegentlich wurde angemerkt, die Flitterwochen seien halt vorüber; dieser geschmeidige Vergleich umreißt die Situation präziser als der einschüchternde Begriff Antiamerikanismus. Zu beobachten ist eine Normalität, die deswegen auffällt, weil sie sich von Jahren voller Sentiment unterscheidet. Urteile und Vorurteile über andere Länder werden nicht zuletzt von persönlichen Begegnungen geprägt. Für viele, die nach dem Krieg in der amerikanischen Besatzungszone aufwuchsen, waren die Vereinigten Staaten verkörpert in Soldaten, die freigebig mit Schätzen wie Kaugummi und Schokolade umgingen. Amerika: das waren Care-Pakete und Rosinenbomber.

Für jene, die die Nachkriegszeit bewußt erlebt haben, wird der Traum vom besseren Morgen immer mit der amerikanischen Art zu leben verknüpft bleiben. Das alles mag für die heutigen Jugendlichen, die ohnehin wenig geneigt sind, die historischen Bedingungen ihres Daseins zu akzeptieren, wenig gelten. Und den anderen, den Älteren, mag die Erinnerung verblaßt sein, doch gewiß nicht so sehr, als daß diese Erlebnisse nicht einen schlechten Nährboden für Ressentiments abgäben.

Doch nicht nur im Materiellen wurzelt die besondere Beziehung der Deutschen zur Neuen Welt. Dieses Land, geschlagen, zerstört, mit sich selbst uneins, lehnte sich nach dem Krieg wie selbstverständlich an die mächtigen, fast zur Legende verklärten Vereinigten Staaten an, versteckte sich gelegentlich auch hinter ihnen. Mit dem Prozeß der Selbstfindung, der Suche nach jener nationalen Identität, die einem geteilten Land nicht belassen ist, mußte, fast einer psychologischen Gesetzmäßigkeit folgend, eine teilweise Ablösung von dem übermächtigen Vorbild einhergehen.

Tatsächlichen Antiamerikanismus kann man derzeit am Beispiel Irans studieren. Dort gilt noch die letzte Coca-Cola-Flasche als Symbol eines teuflischen Imperialismus, wird der Kampf gegen westliche und im besonderen gegen die amerikanische Kultur mit einem Eifer ausgefochten, der die Grenze zum Irrwitz längst überschritten hat. Für Deutschland ist eine solche Besessenheit nur Erinnerung, etwa an jene hochgespielte Erbfeindschaft zwischen Deutschland und Frankreich.

Anders als in Großbritannien oder Frankreich gibt es hierzulande kein Aufbäumen gegen die Amerikanisierung der Kultur, der Städte. Amerikanische Filme, Bücher, Fernsehserien oder Restaurantketten werden angenommen, mindestens hingenommen. Gelegentlich wünschte man sich sogar mehr selbstbewußte Eigenständigkeit. Überkommene Deutschtümelei könnte man es gewiß nicht nennen, wenn in der Sprache auf viele der albernen, wichtigtuerischen Anglizismen verzichtet würde. Amerikanische Moden und Trends werden gelegentlich mit geradezu lächerlicher Eilfertigkeit kopiert, jedenfalls zeigt dieser Hang zur Imitation, daß die Faszination des »American way of life« ungebrochen ist.

So gesehen, hat eine Einrichtung wie das Amerika-Haus rührend antiquierte Züge. Die auswärtige Kulturpolitik der Vereinigten Staaten wird in Hollywood betrieben. Die amerikanischen Mythen, Legenden und Ideale sind längst die unseren geworden, die amerikanische Ikonographie ist uns vertrauter als die Silhouette deutscher Städte. Selbst das Bild des häßlichen Amerikaners ist uns aus amerikanischen Filmen bekannt. Das Merkwürdige, ganz und gar Besondere unseres Verhältnisses zu Amerika ist in dem Umstand zu finden, daß positive oder negative Affekte gar nicht erst haben entstehen können: die amerikanische Kulturindustrie hat sie exportiert.

Zu warnen ist deshalb auch nicht vor einem Antiamerikanismus, sondern davor, die Klischees einer Kunstwelt für bare Münze zu nehmen. Als vor Jahren Stipendiaten unter anderem nach ihrer Meinung zu Amerika befragt wurden, äußerten sich abfällig jene, die nie dort waren, geradezu enthusiastisch hingegen die, die das Land bereist hatten.

Die Frankfurter Oper
Ein Monument des Bürgerstolzes

Der Kampf ist vorüber. Die Bürger der ehemals Freien Reichsstadt Frankfurt am Main haben obsiegt. Sie haben ihre Alte Oper, wenn auch mit neuer Aufgabe, als Konzert- und Kongreßhaus, wieder. Einer, der dieses Bauwerk von klassizistischer Vollkommenheit über alle Maßen liebte, hat einmal gesagt, dies Gebäude sei selbst als Ruine noch das schönste Opernhaus in Deutschland. Dabei hätten es einige Ratsherren gerne belassen. Andere hatten diesem Meisterwerk des Berliner Architekten Lucae ein noch finstereres Schicksal zugedacht. Die Frankfurter oder mindestens jene, denen aus Sentiment und Bürgerstolz das Los dieses mehr und mehr verfallenden Gebäudes zu Herzen ging, haben die Rekonstruktion der Alten Oper einer widerborstigen, immer wieder nach Ausflüchten suchenden Verwaltung abgetrotzt.

So ist diese neue Alte Oper denn auch kein Bauwerk wie viele. Hier wird ein Lokalpatriotismus bezeugt, dem nichts Enges, nichts Spießiges anhaftet. Das Haus kündet auch von einem besonders liebenswerten Typus eines Bürgers, einem, der sich, ganz und gar frei von egoistischen Erwägungen, um die öffentlichen Obliegenheiten sorgt. Diese Oper wäre schließlich nie wieder aufgebaut worden, wäre es nicht gelungen, eine fast verlorengegangene Tugend wiederzubeleben: das Mäzenatentum. Gerade das hat Tradition in Frankfurt, wenn auch eine jäh unterbrochene, seit die Juden dieser Stadt gewaltsam vertrieben worden sind. So ist mit diesem Wiederaufbau mehr als Stadtkosmetik betrieben worden, er ist in Wesen und Erscheinung ein Stück Kontinuität, ein Rückbezug auf Geschichte, der gerade der Stadt Frankfurt so dramatisch verlorengegangen ist.

Frankfurts Alte Oper war ein Monument bürgerlichen Selbstbewußtseins. Als Lucaes Bau im November des Jahres 1880 eingeweiht wurde, ließ sich der eigens angereiste Kaiser Wilhelm I. vernehmen, so etwas könne man sich in Berlin nicht leisten.

Man wird die Irrungen und Wirrungen des Wiederaufbaus nicht verstehen können, wenn man die Vorgeschichte nicht ins Kalkül zieht. Denn diese Oper, wenngleich von maßvoller, dezenter Pracht, war ganz und gar unfrankfurterisch. Frankfurt war immer eine Stadt sparsamer Kaufleute, selbst zu Zeiten der Kaiserkrönungen scheute man sonderliche Aufwendungen, hielt nicht viel von kostspieliger Repräsentation.

Mit einem Mal war es aus mit der Herrlichkeit der Freien Reichsstadt, Frankfurt wurde von den ungeliebten Preußen annektiert, vorbei war es mit der stillen Gelassenheit dessen, der nicht zeigen muß, was er hat. So leisteten sich die Frankfurter denn eine besonders kostspielige Oper, übrigens wurde sie auch damals nicht zum geringsten mit Spenden finanziert, sie bauten ein Haus, das ein Symbol war, in dem das trotzige Aufbegehren gegen geschichtliche Ohnmacht seinen sinnfälligen Ausdruck fand. Die zerstörte Oper war, wenigstens für die, die des geschichtlichen Denkens mächtig waren, ein Stachel im Fleisch.

Jetzt erstrahlen die Kalksteine aus den Brüchen von Savonnières wieder in fast unwirklichem Weiß. Zur Linken türmen sich die Hochhäuser, nicht einmal die abscheulichsten, aber doch von einer Einfallslosigkeit der Gestaltung, die dem Betrachter Anlaß zum Verweilen nicht gibt. Zur Rechten stehen Häuser aus der Gründerzeit, schön ornamentierte Fassaden, die der Schmutz freilich um jede Wirkung gebracht hat. Vergebens hat die Stadt die Eigner dieser Gebäude gebeten, sie möchten das Ihre zur Verschönerung des Opernplatzes beitragen. Auch das ist ein Stück Alltag in diesem Land.

Ressentiments gegen den Musentempel

Epigonale Architektur haben nach dem Kriege Kunsthistoriker abschätzig auch diesen Opernbau genannt, so als hätte man nach der Zerstörung unseres Landes noch aus der Fülle eines architektonischen Erbes schöpfen können. Die Bürokraten haben sich diese kunsthistorischen Verdikte eilends zunutze gemacht. Sie haben in Frankfurt und anderswo die Städte zum zweitenmal zerstört, haben viel von dem, was der Krieg nicht hatte ruinieren können, abgerissen, die Trümmer, wie es so schön hieß, verwertet. So ist in Frankfurt ohne Not das alte Schumanntheater der Spitzhacke zum Opfer gefallen, auch die Jugendstilfassade des alten Schauspielhauses, man hat ungerührt der Zerstörung der Westendvillen zugesehen, hat auf Tradition ohnehin nichts gegeben. Man darf vermuten, Frankfurt wäre so übel beleumundet nicht, hätte man sich dieser Zerstörungswut enthalten.

So gesehen, hat der verbissene Streit um die Ruine nicht nur sentimentale Züge. Er ist auch Ausdruck eines tiefen Mißtrauens gegen die Hervorbringungen einer sich funktional gebärdenden Architektur. Die Geschichte des Streits um eine Opernhausruine ist mehr als ein Stück Lokalhistorie. In ihr spiegelt sich die Nachkriegsgeschichte der Bundesrepublik, das prekäre Verhältnis dieses Landes zu seiner Tradition und damit zu sich selbst.

Die Auseinandersetzungen begannen in den frühen fünfziger Jahren. Da wurde offenbar, daß es die in Frankfurt regierenden Sozialdemokraten nicht eben zum Erhalt der Ruine drängte. Doch so präzise die Argumente der Freunde dieses Hauses nachzuvollziehen sind, so dunkel blieben die der Gegner. Gewiß, es wurden Ressentiments gegen den Musentempel deutlich, doch von einer differenzierten ideologischen Auseinandersetzung konnte die Rede nicht sein. Die Ratsherren opponierten eher verdrückt, und gewiß wäre es ihnen am liebsten gewesen, die jedweder Verwaltung so nützlichen Sachzwänge hätten ihnen ein offenes Votum erspart. So ließ man nach dem Krieg erst einmal die Schrotthändler in die Ruine, ging mit dem Gemäuer auch sonst nicht pfleglich um und sprach dann mahnend von der Baufälligkeit, die des Bürgers Leib und Wohl bedrohe. Natürlich hatte man auch eine Lösung parat, mindestens eine halbe, man wollte den oberen Teil der zerstörten Oper abtragen. Der Taktik wohnte eine perfide Logik inne, der Täter suchte sich sein Alibi zu verschaffen. Darauf veröffentlichten Bürger einen Aufruf, der die Fronten vollends sichtbar machte. »Wir«, so stand da zu lesen, »deren Voreltern das Opernhaus aus Bürgermitteln errichtet haben, wollen nicht dazu schweigen, wenn wieder ein Stück echter und bester Bürgertradition kampflos geopfert wird.«

Unter dem Aufruf fanden sich die Namen alter Frankfurter Familien, Namen, die Kontinuität, nicht unbedingt aber Reichtum verbürgten. Der Aufruf machte die Sozialdemokraten der Sache nicht gewogener. Woher kamen die Aversionen? Schließlich widersprachen sie sozialdemokratischer Tradition. Friedrich Ebert hatte in seiner Eröffnungsansprache zur nach Weimar einberufenen Nationalversammlung noch den »Geist der großen Philosophen und Dichter« für die junge Republik beschworen und verlangt: »Wir müssen die großen Gesellschaftsprobleme in dem Geiste behandeln, in dem sie Goethe erfaßt hat.« Im Exil war das bildungsbürgerliche Erbe die einigende Klammer der politisch divergierenden

Gegner des Nationalsozialismus gewesen. Dann plötzlich gewann die Traditionsfeindlichkeit die Überhand. Gewiß hat dies auch mit dem besonderen Klima der Nachkriegszeit zu tun. Wo ein besiegtes Volk sich selbst die Stunde Null verordnet, wo es unsicher war, an welche Traditionen überhaupt noch anzuknüpfen wäre, wo Geschichtsferne sich einstellt, wird man auch den Respekt vor der Tradition, der immer auch ein Zwang zur Erinnerung ist, schwer ertragen können.

Doch der Verweis auf das Allgemeine kann das Besondere nicht vergessen machen: In Frankfurt ist das Überkommene besonders verbissen vernichtet worden. Hier fand im Kleinen ein Radikalismus Nahrung, der im Großen angesichts der Machtverhältnisse in der Bundesrepublik nicht zum Zuge gekommen war. Die Häuser waren die Opfer einer ohnmächtigen Wut, es wurden nicht Fassaden zerstört, sondern Symbole. Zur gleichen Zeit ist Frankfurt zur Wirtschaftsmetropole aufgestiegen, es war die Hauptstadt des Kapitals und die Hauptstadt antibürgerlicher Ressentiments, mit solcher Schizophrenie kann eine Stadt ein Selbstbewußtsein nicht finden. Der in Frankfurt lange übliche Kuhhandel, Ausnahmegenehmigungen für Hochhausbauten zu erteilen und sich dafür Zuschüsse zu Kindergärten oder Sozialstationen spendieren zu lassen, ist für diese Gebrochenheit, die von verlogenen Zügen nicht frei ist, ein sinnfälliges Beispiel.

Wie ging es weiter? Mit kleinen und großen Schikanen, Mahnungen, es gebe Dringlicheres, als ein großbürgerliches Relikt zu restaurieren, Hinweisen auf die Baufälligkeit der Ruine, erst Mitte der sechziger Jahre wurde einer deutlich. Rudi Arndt, damals noch Wirtschaftsminister des Landes Hessen, bot eine Million Mark, wenn die Ruine gesprengt würde. Dies hat ihm, dem späteren Oberbürgermeister, den bildkräftigen Beinamen »Dynamit-Rudi« eingetragen. Warum wurde da einer so grob? Mit Hinterhältigkeiten war es nicht mehr getan. Inzwischen war eine Bürgerinitiative gegründet worden, die binnen kurzer Zeit etliche Millionen an Spendengeldern hatte sammeln können. Man hatte aus der Geschichte gelernt, die gesammelten Millionen waren ein Sachzwang, der die Verwaltung nicht unbeeindruckt lassen konnte. Eine Bürgerinitiative aus Altruismus, nicht selbstsüchtige Ziele verfolgend, sondern um ein Vorhaben kämpfend, das allen zugute kommen sollte.

Immerhin: Der Wiederaufbau wurde beschlossen. Die Fassade

war gerettet, doch was sollte mit dem Inneren geschehen? Die Oper war andernorts errichtet worden. Also ein Konzertsaal. Nur ein Konzertsaal? Das wäre des Zugeständnisses zuviel gewesen. Schließlich sollte die Alte Oper nach dem Willen der Sozialdemokraten nicht nur den Privilegierten ein Refugium sein. Und da man sich in dieser Partei offenbar vorstellt, die Leidenschaft für klassische Musik steige proportional zu dem privaten Vermögen, sann man auf multifunktionale Abhilfe.

Solide Selbstdarstellung

Prosaischere Gebäude als die Alte Oper nennt man gern Mehrzweckhalle. So etwas Ähnliches sollte auch dieses Gebäude werden. Da reiste beispielsweise der kulturpolitische Arbeitskreis der SPD nach München und entdeckte dort die Citta 2000. Das gefiel ihnen so, daß sie die Mischung aus Blumenkübelkultur und Boutiquenschick gar zu gern in die Alte Oper hätten einziehen sehen. Man wollte ein Center, ein Haus, nicht nur für alle, sondern für alles mögliche. Eine besondere Art sozialdemokratischen Ablaßhandels begann. Man beging die Sünde, dieses Relikt des Großbürgertums, wie es gern genannt wurde, wieder aufzubauen, doch man suchte die Seele zu retten, indem man der Alten Oper allerlei attraktiven Schnickschnack aufbürdete. Ein Jugendtreff sollte rein, ein Beat-Keller, all das, was manchen als Gegenbild bürgerlicher Repräsentation gilt. Das Gebäude, so hieß es, solle besonders an den »Bedürfnissen der Jugend« orientiert werden. Ein törichtes Verlangen, das einem unsinnigen Jugendkult Tribut zollte, so, als sei nicht das Dilemma unserer Zeit, daß die Älteren nur ungern ihr Fernsehgerät allein lassen. Überhaupt wurde der Sündenfall, das Alte zu bewahren, mit modischem Jargon überkompensiert. Frankfurts Kulturdezernent Hilmar Hoffmann brachte mit einiger Beharrlichkeit seine Idee des »Kommunikationszentrums« ins Gespräch, ganz so, als sei das Anhören eines Konzerts eine eremitenhafte Beschäftigung.

Ist dies nur eine Frankfurter Merkwürdigkeit? Gewiß nicht. Allenthalben in diesem Land tut man sich schwer mit öffentlicher Repräsentation. Es scheint ein verdrückter Krämergeist zu herrschen, der in Mark und Pfennig ausrechnen will, was sich einer Rentabilitätsberechnung entzieht. Zum Selbstbewußtsein einer

Stadt, eines Landes gehört auch das Gefühl, sich Außerordentliches leisten zu können. Nur das Ungewöhnliche widerstreitet der Tendenz, die Welt zu vereinheitlichen. Es ist doch auffällig genug, daß jede Verschwendung, die Resultat übler Fehlplanung ist, mit resignierendem Achselzucken quittiert wird, während sich alle Kritik auf den Gestus solider Selbstdarstellung kapriziert. Da gibt es Milliarden in den Haushalten von Bund, Ländern und Gemeinden, die ohne Not eingespart werden können, doch wenn beispielsweise in Hamburg der Rathausplatz opulenter gestaltet werden soll, trifft dies auf erbitterte Kritik. Gelegentlich hat man das Gefühl, dieses Land geniere sich seines hart erworbenen Wohlstands, der privat bedenkenlos vorgeführt, öffentlich aber verschämt verheimlicht werden soll. Die Bundesrepublik kann auf Dauer kein Wirtschaftsverband bleiben. Sie muß, gerade wenn sie ihre Legitimation im nur Materiellen nicht mehr haben sollte, zur Identifikation taugen. Architektonische Symbole für die nationale Identität sind in einem geteilten Land wohlfeil nicht zu haben, um so wichtiger ist es, diesen Mangel an Staatlichkeit wenigstens im Kleinen, im Regionalen auszugleichen. Mit der nichtssagenden Glattheit jener Rathausbauten, Opern und Theater, die nach dem Krieg entstanden sind, ist jenem Mangel an politischem Gefühl nicht abzuhelfen.

Von dem großbürgerlichen Relikt der Alten Frankfurter Oper ist oft und abfällig gesprochen worden. Zugleich ist das Wort vom »mündigen Bürger« in inflationärem Gebrauch. Dies ist eine verhängnisvolle Unschärfe des Begriffs. So gesehen, ist der Bürger ein wünschenswertes Individuum, der Großbürger ist es nicht. Da wird ein Fetisch konstruiert, dem es an Konturen mangelt. Was soll dieser so abscheuliche Großbürger sein? Einer mit viel Geld, gar einer, der einem untergegangenen Bildungsbürgertum zuzurechnen ist. Das ist ein polemischer Begriff, dem wenig soziale Wirklichkeit innewohnt, und es ist vor allem einer, der niemanden betroffen macht. Denn dies ist doch das Dilemma dieses Landes, daß es den meisten an einem präzisen Bild von sich, von ihrer sozialen Rolle mangelt, wäre es anders, wäre die erschreckende Gleichförmigkeit unseres Landes in geringerem Maße zu beklagen. Ein Haus für alle soll die Alte Oper sein. Das ist ein Programm, einer Demokratie vollkommen angemessen: allen, die guten Willens sind, den Zugang zu einer Kultur zu ermöglichen, die ihnen in alten Zeiten verschlossen war. Doch das ist vielen verdrießlich, sie reden von Privilegierten, meinen aber, das bürgerliche Erbe insgesamt sei ein Verhängnis. Das Resultat ist eine aberwitzige Kombination von Konzertsaal und Beatkeller.

Die CDU, seit einigen Jahren in Frankfurt an der Macht, hat sich auf Kompromisse nicht eingelassen. Sie hat den Jugendtreff, dessen Sinn und Zweck ohnehin immer im Ungefähren geblieben ist, gestrichen. Die Sozialdemokraten hätten dies, beiläufig gesagt, auch so handhaben müssen, weil sich herausgestellt hat, daß Kongresse in einem solcherart multifunktionalen Haus nicht eben leicht zu veranstalten gewesen wären.

Frankfurts Oberbürgermeister Wallmann hat dieses Bauwerk sozusagen geerbt. Aber erst jetzt fügt es sich in ein sinnvolles Konzept. In eines, das den Bürgerstolz wecken will. Da wird ein aufwendiges Hallenbad gebaut, eine Eishalle, die mittelalterlichen Häuser auf dem Römerberg werden rekonstruiert, Prestigeobjekte nennen die Gegner diese Vorhaben und treffen damit zugleich das Geheimnis des Erfolgs. Denn die Frankfurter, selbst wenn sie sich wohl fühlten, hatten Schwierigkeiten, sich zu ihrer Stadt zu bekennen. Zu grau, zu häßlich war die Erscheinung. Für ihre wirtschaftliche Entwicklung hat die Stadt einen hohen Preis gezahlt, ihr Image, wie es neudeutsch heißt, war schlecht. »Das können sich nur die Frankfurter leisten«, hat einst der Kaiser gesagt, solche Worte nähren den Lokalpatriotismus, stärken die Verbundenheit mit einer Stadt. Täuschen die Anzeichen nicht, erheben die Frankfurter jetzt wieder ihren Kopf, gewinnen das Gefühl, es lohne sich, hier, gerade hier zu leben. Oder um es anders zu sagen: Wenn der Onkel aus Remscheid kommt, kann man ihm etwas zeigen.

So schön wie heut, so müßt es bleiben
Vis-à-vis mit den Stars der fünfziger Jahre

Es war alles wie früher, und es war alles anders. Die Hände führte er zum Mund, hauchte einen Kuß auf die Fingerkuppen, dann riß er die Arme weit auseinander, so als wolle er die ganze Welt oder doch mindestens sein Publikum umarmen, das er nicht zögerte »zauberhaft« zu nennen. »Hallo, Freunde!« rief er einigermaßen ergriffen seinen Zuhörern entgegen, und zweitausend Stimmen vereinigten sich zu dem Aufschrei: »Hallo, Lou!«

Gedankenverloren schaute er in die Höchster Jahrhunderthalle. Ja, hier sei er schon einmal mit dem »Goldenen Schuß« gewesen. Kein Wort der Erklärung war mehr nötig. Alle wußten von dem Ränkespiel der Moralapostel aus Mainz, die Onkel Lou wegen einer läßlichen Liebesaffäre vom sauberen Bildschirm verbannt hatten. Nein, mehr noch, sie hatten uns den freundlichen Onkel, der doch fast schon zur Familie gehörte, gestohlen. Jetzt haben wir ihn wieder.

Federnden Schritts bewegt sich Lou van Burg gerade nicht auf der Bühne. Sein nachtblauer Smoking hat in der Höhe des Bauchs eine unübersehbare Wölbung. Im Showgeschäft ist schwer altern. Denen, die nicht abtreten können, gehört oft nur das Mitleid. Sie sind nur noch die Parodie ihrer selbst. Doch Peinlichkeit ließ der mit allen Wassern gewaschene »Herr Wunnebar« erst gar nicht aufkommen. Er wagte den Ausfallschritt. »Als ich hier rausgekommen bin, haben Sie gedacht, Gott, ist der Junge dick geworden«, gab er, der Wahrheit gewiß nahekommend, zum besten. Doch so etwas denkt man selbstredend nur unter Freunden. Ein Fernsehkritiker, so Onkel Lou, habe ihn einmal »behäbig« genannt. Dem aufmüpfigen jungen Mann habe er es aber gegeben. »Lieber dick und lieb«, so des Holländers goldene Worte, »als dünn und doof.« Da hielten sich die Menschen vor Lachen ihre Bäuche.

Kinder, wie die Zeit vergeht. Doch niemand sang an diesem Abend: »Ich möchte noch mal zwanzig sein und so verliebt wie damals.« Vierzig Jahre waren wohl die jüngsten Zuhörer, nach oben waren die Grenzen offen, auch ein paar Kinder saßen mit nicht gerade vor Aufregung glühenden Gesichtern herum, sie sollten hören, was Papa und Mama vor vielen, vielen Jahren das Herz gewärmt hatte. Annonciert waren Evergreens, jene dauerhaften Lieder, die der Mensch, je älter er wird, desto lieber hört.

Auf der Bühne tummelten sich die Sangeshelden unserer Kindertage. Chris Howland, Gerhard Wendland, Illo Schieder, Jan und Kjeld, Rocco Granata. »So schön wie heut, so müßt es bleiben...«, war das Programm sinnfällig überschrieben. Es hieß eben nicht: »So schön wie gestern müßt es wieder werden.« Da saßen keine verzagten Träumer, die der verlorenen Zeit nachtrauerten. So gesehen war dies kein Konzert, es war eine Demonstration, auf deren einzigem Transparent hätte stehen können: Wir sind noch wer. Man rückte zusammen, badete in den gemeinsamen Erinnerungen, hakte sich unter, schunkelte und dachte wohl voll Mitleid an Söhne und Enkel, die zu dieser Stunde ihre mageren Körper in einer Diskothek durchschüttelten. Mit einem Mal war der törichte Jugendkult dieser Gesellschaft wie zerstoben, man verteidigte sein Eigentum: jene Erinnerung. Es war wie ein Klassentreffen.

So hatte Lou van Burg gut witzeln. »Nehmen Sie Ihr Fernglas runter«, mahnte er einen imaginären Besucher, »bewahren Sie sich Ihre Illusion.« Nein, wer in diese Halle gekommen war, machte sich über die Vergänglichkeit des Lebens keine Illusionen. »Jung bleibt man sowieso nicht, auch nicht mit Gewalt«, trällerte Onkel Lou, aber auch »Älter heißt noch immer jünger als alt«. Auf Falten reimt sich in solcherart deutschem Liedgut noch immer erhalten, wer wollte da noch behaupten, der Schlager habe mit dem Lebensgefühl der Menschen nichts gemein.

Erinnerungen. Doch nicht nur an die Schlager. Vielleicht am wenigsten an die. Eher an die eigene Jugend, an Glasmurmeln, Tip-Kick und Hula-Hoop-Reifen. Als wir mit mannhaftem Schritt den ersten Autoskooter bestiegen, piepsten im Hintergrund Jan und Kjeld ihr Lied vom »Banjo-Boy«, in der Milchbar, fast wie Erwachsene an einem Erdbeermixgetränk suckelnd, hörten wir »Mitsou, mein ganzes Glück bist du«, »Sieben Tage lang« schmetterte die Combo in jenem Tanzpalast, in dem wir versuchten, den Konsum des nicht eben wohlfeilen Herrengedecks über den Abend zu strecken. Diese Schlager sind wie Jahresringe, taugen für Assoziationen jeglicher Art, zerstören die Gegenwärtigkeit und stellen all das, was unwiderruflich vergangen ist, in das milde Licht der Legende.

Eine große Ehre und ein Glück sei es für ihn, Jacqueline Boyer begrüßen zu können, gestand mit gepreßter Stimme Lou van Burg. Es war wie eine große Verschwörung, wie eine gigantische Übereinkunft, an diesem Abend sich beharrlich der Erkenntnis zu verweigern, daß hier Künstler auftraten, die wohl eine Vergangenheit, keinesfalls aber eine Zukunft haben. Die Industrie des Schönen hat sie schon längst abgehakt. So tingeln sie von Betriebsfest zu Betriebsfest, wecken auf bunten Abenden nostalgische Gefühle, ziehen durch die Lande und nähren sich redlich. Sie sind Profis, wissen ihre Effekte zu kalkulieren, den Gefühlen ihrer Zuhörer zu schmeicheln. Gäbe es nicht Menschen, die sich weigern zu glauben, das jeweils Neueste müsse auch das Beste sein, wäre die Karriere zu Ende.

Eine künstlerische Entwicklung auch nur anzudeuten war diesen Damen und Herren bei Strafe verboten. Je oller, desto doller, je bekannter, desto besser. Es war die Stunde der Stellenhörer. Zwei, drei Takte genügten, um das Publikum in hellen Jubel ausbrechen zu lassen. Als eine Dame in einem André-Heller-Konzert den feinfühligen, selbstverliebten Künstler zum Vortrag eines wohlvertrauten Liedes nötigen wollte, ließ der sie aus der Halle entfernen. Wären die Heroen der fünfziger Jahre an diesem Abend nach der gleichen Maxime verfahren, man hätte die ganze Halle umstandslos räumen können.

Es ist kein Kunststück, in einem solchen Konzert lächerliche Züge zu entdecken. Da sang Rocco Granata, als wär's ein Stück von heute, »Volare«, und zweitausend gestandene Mannsbilder und reifere Frauen tönten »Oho«. Doch das war in all der Ungeniertheit auch anrührend, bezeugte die Unverdrossenheit einer Generation, die sich ihr Lebensgefühl nicht von modischen Erwägungen diktieren lassen will. Oder wie Evelyn Künneke anmerkte: »Besser nett und fett als dumm und garstig.« Es war schon köstlich zu sehen, wie der alberne Schlankheitskult ad absurdum geführt wurde. Da erzählte Illo Schieder, sie sei kürzlich bei einem Pferderennen gewesen, habe sich gebückt, um ihren Schuh zuzuschnüren, schon habe ihr jemand einen Sattel aufgelegt. Dann drehte sie sich, um die Plausibilität der Anekdote zu bekräftigen, herum und streckte ihr kapitales Hinterteil dem Publikum entgegen.

Von der Aura des Stars war jedenfalls nichts zu spüren. Die oben standen, waren nicht anders als jene, die ihnen zuhörten, nur ein bißchen anders. Die einen waren mal an der Spitze, die anderen ganz unten, jetzt traf man sich in der Mitte. Und merkte, wie nah uns diese Schlagerbarden schon immer gewesen sind. Denn da war nichts von jener Enttäuschung, die wir spürten, als wir die Fotos des verfetteten Elvis Presley sahen, der in seinem Bett thronte und unentwegt Süßigkeiten verzehrte. Elvis war ein Mythos, und der darf nicht ohne Not zerstört werden. Die Garbo versteckt sich heute. Wendland und die Seinen hüpfen wie anno dazumal über die Bühne. Was Wunder, ihre Fallhöhe ist geringer.

Was war es, das Menschen einen nicht geringen Obolus für dieses musikalische Museum entrichten ließ? Doch wohl nicht die Flucht in ein Wolkenkuckucksheim. Wer sich über den unerbittlichen Lauf der Zeit hätte betrügen wollen, wäre besser beraten gewesen, die alten Platten hervorzukramen und sich aus einer schäbigen Gegenwart hinwegzuträumen. Die hier zusammenkamen, wollten nicht so tun als ob, konnten es wohl auch nicht, der Augenschein war der grimmige Feind jeder Illusion. Es muß wohl so eine kleine Lust am Schmerz, an der Wehmut gewesen sein, die da lockte, eine angedeutete Melancholie, die freilich nicht vorhielt. Denn mindestens ebensosehr wollte man den Abstand spüren, sich jene Zeit vergegenwärtigen, die vergangen ist, seitdem man jenen, die beleibt und mit Atemnot die Erfolgstitel aus alten Tagen noch einmal wie Fossile in eine ganz, ganz andere Zeit hineinragen ließen, verfallen war.

Ein ungewöhnlicher Abend. Das Überreichen von Blumen gehört heute zum Ritual jedes Konzerts. Ob Peter Maffay, Howard Carpendale oder Udo Jürgens, da defilieren Dutzende junger Damen an der Bühne vorbei, reichen routiniert ihre Buketts nach oben. Bei diesem Veteranenkonzert war das anders. Ein Blümchen umklammerte ein älterer Herr tapfer, er stand auf, setzte sich wieder, seine Nachbarn drängten ihn, schließlich gab er sich einen Ruck, ging unsicheren Schritts zur Bühne, verehrte jener Dame, die er in seinen Maientagen gewiß einmal angebetet hatte, eine Tulpe, die ihren Kopf so hängen ließ, als habe auch sie zwanzig Jahre auf diesen Augenblick gewartet.

An Schmalz hat es dem deutschen Schlager nie gefehlt. »Liebe, die nie mehr vergeht«, wimmerte denn auch prompt Vittorio, die Melodien, die Gesten von gestern mit dem Gesicht von heute zu einem surrealen Kunstwerk verbindend, in das Mikrofon. Doch man brauchte nur die Mienen anzuschauen, um plötzlich gewahr zu werden, wie nah Kitsch und Wahrheit beisammenliegen.

Älter ist jünger als alt. In zwanzig Jahren wird auf dieser Bühne Udo Lindenberg stehen, über seine Leibesfülle, seine spärlichen Haare, seine Falten meditieren und mit schütterer Stimme singen:

»Bei Onkel Pö spielt 'ne Rentnerband den ganzen Abend Dixieland.« Und die Generation der Enkel wird ihm zuhören, sich nicht mehr mit dem Popidol identifizieren, sondern mit sich selbst. Das deutsche Publikum, so verkündete Lou van Burg, ist treu. So muß es wohl sein.

Porträts

Günther Anders
Menschen im Schattenreich

Am 6. Juli 1966 hat Günther Anders in sein Tagebuch eingetragen: »Ich komme von dem Orte, an dem zu sterben, an dem umgebracht und zu Müll verarbeitet zu werden, mir eigentlich bestimmt gewesen war – vor fünfundzwanzig Jahren hätte das sein sollen. Warum ich dem entgangen bin, warum nicht auch meine Schuhe Teile des Auschwitzer Schuhgebirges, nicht auch meine Koffer Teil des Auschwitzer Koffergebirges, nicht auch meine Haare Teile des Auschwitzer Haargebirges, nicht auch meine Brillen Teile des Auschwitzer Brillengebirges geworden sind und warum ich dort, wo andere vor fünfundzwanzig Jahren herumgegangen sind, erst gestern herumgegangen bin, und warum ich von dort auch wieder habe fortgehen können, ganz nach Belieben, ohne Überwachung, so als wäre ich Höss persönlich, das ist unbeantwortbar.«

Günther Anders, der moralische Philosoph, hat mit Ausdauer versucht, die Welt zu erklären, doch als es darum ging, die banalen Zufälle des eigenen Lebens in ein System zu bringen, hat er die Antwort verweigert. Günther Anders, dem Juden, ist die Gnade des Glaubens nicht gegeben, den Verweis auf den unerforschlichen Ratschluß Gottes läßt er nicht gelten. Jenes quälende Gefühl, was den Menschen in Auschwitz, in Hiroshima widerfahren ist, das hätte auch ihm widerfahren können, hat ihn nie mehr losgelassen. Die Radikalität seiner Verzweiflung ist Ausdruck jenes späten Erschreckens, wohl auch des Vermögens, die eigene Biographie im Konjunktiv zu sehen. Als er 1966 Auschwitz besuchte, kam ihm eine jüdische Gefährtin aus den Jugendtagen in den Sinn, auch sie habe wohl in einem der Züge gesessen, die da über die Brücke gedonnert seien. »Da hat es ihr nicht genutzt«, so sinnierte er damals mit grenzenloser Melancholie, »daß sie ihre westfälischen Schülerinnen in die deutsche Literatur eingeführt hatte. Und nichts, daß sie im Ersten Weltkriege, vierundzwanzigjährig, ihren Husserl im Stich gelassen und, um ihre vaterländische Pflicht zu erfüllen, deutsche Soldaten in einem Seuchenhospital gepflegt hat.« Solche Erfahrungen sind dem Idealismus so wenig günstig wie der Utopie. Die irdische Existenz hält Anders denn auch für ein »Gerade-Noch-Sein«, und den Menschen versagt er die imaginären Tröstungen.

Zu den Erkenntnissen dieses Lebens gehört, daß sich das gefällige Anschmiegen am Ende nicht lohnt. Der Vater, ein berühmter Psychologe, war, so erinnerte sich später der Sohn, besorgt, mit Ostjuden in Verbindung gebracht zu werden. Er war ein deutscher Patriot, einer, dessen Weltbild 1933 zusammenbrach, der verdrängt hatte, was aufzog. Immerhin: das jüdische Erbteil hat der Vater nie verleugnet, er hat sich geweigert, um einer reputablen Professur willen »eine kleine Formalität« zu erledigen. Würde und Stolz sind auch Günther Anders eigen, doch den Kinderglauben an das Gute im Menschen hat er wohl für immer verloren. Bei Gelegenheit hat sich Anders als »Avantgardist des Leidens« bezeichnet, hat jene Erniedrigungen in Erinnerung gerufen, die ihm, dem jüdischen Jungen, angetan worden waren. Jedenfalls fügte sich nichts in diesem Leben in ein gefälliges Schema. Dabei waren die Aussichten des Großbürgersohns eher günstig zu nennen. Früh promovierte er bei Husserl, war dann Kunstberichterstatter für die »Vossische Zeitung«, legte sich, sein ursprünglicher Name war Günther Stern, das Pseudonym Anders zu, wollte sich in Frankfurt mit einer musikphilosophischen Arbeit habilitieren, alles deutete auf ein ordentliches, erfolgreiches Leben hin. Paul Tillich und Karl Mannheim, die Lehrer in Frankfurt, sagten, jetzt kämen erst einmal die Nazis dran »für ein Jahr oder so«. Wenn die abgewirtschaftet hätten, würde man ihn habilitieren. Es war eine Zeit grotesker Illusionen, und man würde den abgrundtiefen Pessimismus des Günther Anders nicht verstehen, würde man die Gründe nicht auch in den Lebensdaten suchen.

Anders hat sich sozusagen selbst vom Kopf auf die Füße gestellt. Als Hitler am Horizont aufgetaucht sei, »da schien es mir, daß die Wendung, die Sokrates vollzogen hatte – denn Sokrates war ja ursprünglich Naturphilosoph gewesen –, auch von uns vollzogen werden mußte. Ich wurde also ›Moralphilosoph‹.« Im amerikanischen Exil pflegte er Umgang mit Brecht, Thomas Mann, Schönberg, Horkheimer, Döblin und Adorno, und in der Rückschau hat er verwundert festgestellt: »Ist es nicht absurd, daß es am Stillen Ozean eine solche Politisches, Soziologisches und Philosophisches diskutierende Gruppe gegeben hat, während in Europa Hitler wütete und in Auschwitz Millionen zu Asche verbrannten?«

Diese Gleichzeitigkeit von literarischem Salon und Massenmord, von philosophischem Diskurs und atomarer Bedrohung hat Anders von da an befremdet. Lakonisch hat er einmal angemerkt:

»Wenn atomare Sprengköpfe lagern, kann man sich nicht damit aufhalten, die Nikomachische Ethik zu deuten.«

Die Einzigartigkeit dieses Denkers, und dieser altmodische Ausdruck charakterisiert niemand besser als ihn, besteht in der souveränen Weigerung, sich dem Universitätsbetrieb, einer bürgerlichen Karriere anzubequemen. Von der Adornoschen Theorie, schwierige Gegenstände bedürften einer komplexen Sprache, hält er nichts. Die Diktion Günther Anders' ist von eherner Klarheit, er ist ein Aufklärer alten Stils, ein Mann, der verstanden werden will, weil es im »Gerade-Noch-Sein« verhängnisvoll wäre, unverstanden zu bleiben. Das hat ihn, was Wunder, in eine Außenseiterrolle gebracht. Jedenfalls steht seine Reputation in keinem Verhältnis zu seinem Genie; und seltsam, wie der Kulturbetrieb nun einmal ist, werden Autoren bejubelt, die doch nur denken, was Anders schon längst gedacht hat.

Nach Auschwitz, nach Hiroshima konnte Anders nicht mehr zur Tagesordnung übergehen. Er sei ein »Panikmacher«, hat er dann und wann eingeräumt und traurig hinzugesetzt: »Ja, glauben Sie, es sei ein Vergnügen, Tag für Tag, Jahr für Jahr ein Anti-Atom-Rufer zu sein? Nichts ist langweiliger als das!« Überbringer schlechter Nachrichten dürfen nicht darauf rechnen, geliebt zu werden. Sie müssen gewärtig sein, daß Menschen den Umgang mit ihnen meiden, und so verwunderte es nicht, daß Anders' Wirkung zyklisch war, daß für zehn, zwölf Jahre das »gebildete Publikum« sich seiner nicht mehr erinnerte. Anders war aus der Mode, auf einen neuen Zug mochte er freilich nicht springen; mag sein, daß er die Hoffnung auf den Triumph der Erkenntnis nicht aufgegeben hat, jedenfalls braucht man nach der Aktualität seines Denkens heute nicht umständlich zu fragen. »Ängstige deinen Nachbarn wie dich selbst«, hat er einmal gesagt und Nahrung für seine Furcht in Auschwitz und Hiroshima gefunden.

»Es ist gelungen«, so hat vor ein paar Jahren ein japanischer Museumsdirektor erklärt, »den Schatten des Todes originalgetreu wieder zu restaurieren.« Welche Exponate man sich in einem Museum vorstellen mag, keines kann grauenhafter sein. Was man hier restauriert hatte, war der Schatten eines sitzenden Mannes, der sich durch die unvorstellbare Hitzestrahlung der Atombombenexplosion von Hiroshima in die Steinstufen eines Bankgebäudes eingraviert hatte. Viele Jahre davor war Günther Anders in Hiroshima und Nagasaki. Dort hat er diese irrwitzigen Grabmäler des

Atomzeitalters gesehen. Schatten ohne Menschen, Schatten, die sich selbständig machen, jene Menschen, die in der Sekunde der Detonation verglühten, waren nur noch als Negative vorhanden. Und mit einer Schwermut, die die Tristesse des Augenblicks nahelegte, forderte er: »Das also wird bleiben vom letzten Menschen: seine Kontur auf dem Gegenstande, den sein Leib im Augenblicke des Blitzes zufällig schützen wird. Das wird das letzte Bild vom Menschen sein. Wenn man es ein Bild nennen darf. Denn Zeugen, die es finden würden oder die es erkennen könnten, die wird es ja nicht geben. Sondern nur andere Schattenbilder auf anderen Mauern. Aber die werden blind sein und einander nicht erkennen.«

Die Vorstellung, man könne einmal lernen, mit der Bombe zu leben, war Anders von jeher unheimlich. Illusionsloser als andere hat er an jenem Morgen des 6. August 1945 begriffen, daß von hier und heute tatsächlich eine neue Epoche der Weltgeschichte ausgegangen war. An diesem Sommertag begann das Zeitalter des Nihilismus, der nicht alles gleich nichtig, sondern gleich vernichtbar machte. Einigermaßen verwundert hat er das wiederaufgebaute Hiroshima betrachtet, hat diesen Versuch des Vergessen-Machens als zweite Zerstörung dieser Stadt bezeichnet, wohl auch verstanden, daß die Menschen weiterleben wollen, und doch beklagt, daß man nicht das ganze verwüstete Hiroshima aufbewahrt habe. Das Ganze als Symbol, aber auch als Anschauung dessen, was der Menschheit immerhin in Aussicht stehen könnte.

Günther Anders ist ein Schüler Edmund Husserls, seine Art der Wahrnehmung ist in einem weiteren Sinne als phänomenologisch zu bezeichnen, seine Reflexion bedarf immer auch der Anschauung, und er mag gelegentlich an der Aufgabe verzweifelt sein, den Menschen ihre Apokalypse-Blindheit auf dem Abstraktionsniveau eines Essays vorhalten zu müssen. »Die moralische Bedingung der Wahrheit«, so meint er, »ist heute die Vorstellung.« Er versucht ganz wie die Atomstrategen und doch deren Motiven gänzlich konträr das Undenkbare zu denken. Anders ist einer, der die Menschen ausschickt, das Fürchten zu lernen. Wir seien, so hat er geschrieben, »Analphabeten der Angst«, und jener vor bald dreißig Jahren geschriebene Satz verliert nicht dadurch an Wahrheit, daß der Angst heute alle Züge eines wohlfeilen Massenartikels anhaften. Wir seien, sagt er ohne Stolz, »die Herren der Apokalypse«, Titanen, nein, »die ersten Titanen und die ersten Zwerge«. Oder auch Pygmäen, »wie immer wir uns kollektiv befristete Wesen nennen wollen, die nun nicht mehr als Individuen sterblich sind, sondern als Gruppe; und deren Existenz nur bis auf Widerruf gestattet ist«. Die Bombe lösche das Mittel-Zweck-Prinzip aus, ihre Allmacht sei auch ihr Defekt, wer andere mit ihrem angedrohten Einsatz erpresse, erpresse sich selbst.

Man mag einwenden, gerade in dieser Selbsterpressung, der ständigen Gefahr der Selbstdestruktion liege das friedensstiftende Element dieser unmenschlichen Waffe begründet, und siebenunddreißig Jahre Frieden in Europa wären immerhin ein Indiz dafür. Doch Anders traut dem Frieden nicht, er traut nicht der Vorstellungskraft der Menschen, wohl auch nicht ihrem Vermögen, das überlebensgroße Gerät zu bändigen. So hat für ihn Goethes »Zauberlehrling« heute eine verteufelte Aktualität. Mit faszinierender Beharrlichkeit hat Günther Anders immer wieder die Diskrepanz zwischen Vorstellen und Herstellen besonderer Aufmerksamkeit für wert erachtet und gemahnt, fühlend seien wir kleiner als wir selbst. Er hat dieses Phänomen in einem bestechenden Bild »Die Antiquiertheit des Menschen« genannt; und wer vor nicht allzu langer Zeit im Fernsehen zwischen Ratespiel und Spätnachrichten jene zwei pausbäckigen amerikanischen Soldaten gesehen hat, die am Fuße einer Intercontinentalrakete standen, diese bewachten, aber auch in der Sekunde des Ernstfalls auf die tödliche Reise schicken sollten, der wurde gewahr – und dies gilt für die Silos in Sibirien oder den französischen Alpen gewiß nicht minder –, daß hier das Mißverhältnis von Mensch und Gerät einen gespenstischen Höhepunkt gefunden hat.

Dieser Maßstabslosigkeit ist Anders in Hiroshima auf die Spur gekommen. Dort waren die Opfer auffällig wortkarg, und er vermutete: »Das Ereignis war zu groß, als daß sie sich dessen hätten erinnern können, ja, als daß sie es hätten wahrnehmen können. Was von den Produzierenden und Verwendenden gilt: daß sie der Übergröße der von ihnen erzeugten Effekte geistig nicht mehr gewachsen sind, das gilt ebenso von den Opfern: Während die Produzenten nicht voraussehen konnten, was sie anrichteten, konnten die Opfer sich nicht erinnern, was ihnen angetan worden war.«

Diese Beschwörung der Apokalypse, dieser »idee fixe«, wie sie Anders, so als wolle er für einen Moment die Obsessionen, die ihn, dem Lust am Untergang fremd ist, quälen, ironisch brechen, steht im Zentrum seines Denkens. Alle anderen Beobachtungen sind diesem Thema eines Lebens zugeordnet. Und sie handeln allesamt von der Entmachtung des Menschen. Anders sagt: »Wir verfügen nicht, über uns wird verfügt.« Er behauptet die Asynchronisiertheit des Menschen mit seinen Produkten, sieht eine prometheische Scham, jenes Gefühl eben, der seelenlosen Vollkommenheit der Dingwelt nicht mehr gewachsen zu sein. Zerbomben könnten wir Hunderttausende, schreibt er in seinem Hauptwerk »Die Antiquiertheit des Menschen«, beweinen nicht. Die Geräte seien die Begabten von heute, der Mensch nur noch ein Objekthirte und am Ende wohl auch allenfalls ein »verderbliches Einzelstück«. Anders hat intelligent wie kein zweiter über die Verheerungen des televisionären Zeitalters geschrieben, darüber, daß Träume als Leben gelten und das Leben als Traum.

Unabhängigkeit ist das Schlüsselwort in Anders' Leben. Skeptisch hat er die Distanz zu allen Systemen, allen Denkschulen gewahrt und betont, ein Philosoph dürfe nicht mit dem Munde einer Machtgruppe reden. »Muß es nicht entsetzlich schwer sein, als Kröte nicht depressiv zu sein«, hat er in seinem jüngsten Buch »Ketzereien« gefragt und trotzig hinzugesetzt: »Im übrigen kann ich mich nicht erinnern, jemals etwas gesagt zu haben, was nicht zum Verzweifeln gewesen wäre.«

Luis Buñuel
Gott sei Dank, ich bin noch immer Atheist

In drei Szenen des Films »Viridiana« findet sich auf vollkommene Weise Luis Buñuels Bild dieser Welt. Man sieht erstens einen Hund, der so grausam kurz an einen Karren angebunden ist, daß er fast zu Tode geschleift wird. Dann wird diese geschundene Kreatur von ihrem Los befreit, doch schon die nächste Einstellung zeigt einen anderen Karren – und einen anderen leidenden Hund. Mitleid verfängt nicht angesichts des Ausmaßes an Elend. Es gibt, sagt Buñuel, keinen anderen Weg als den der Rebellion in dieser mißlungenen Welt. Daran gehalten hat er sich nicht. Das Schicksal dieser Hunde war ihm so erbarmungswürdig, daß er während der Dreharbeiten Fleisch kaufen ließ, um es an die vorbeikommenden Hunde zu verfüttern. Der Caritas mißtraut Buñuel, noch mehr aber jenen, die ihre Unmenschlichkeit mit dem Hinweis tarnen, der Misere sei mit der Güte des einzelnen nicht beizukommen.

»Ich bin der Meinung«, sagt Luis Buñuel, »daß ein Film, außer daß er der Unterhaltung dient, immer die Idee vertreten und indirekt vermitteln muß, daß wir in einer brutalen, scheinheiligen und ungerechten Welt leben. Und gerade das tut der Film höchst selten. Ich sage nicht, daß er diese Gedanken predigen oder als These vertreten soll. Aber mit seinen Situationen und Bildern soll der Film dem Zuschauer einen solchen Eindruck mitgeben, daß er sich beim Verlassen des Kinos sagen muß, daß wir nicht in der besten aller Welten leben.« Radikal sind die Filme Buñuels, weil sie den Menschen die imaginären Tröstungen versagen. Im tristen Leben gibt es keine Hoffnung für den Menschen.

Ob er, wie in Buñuels bestem Film »Los Olvidados«, das Gute oder das Böse will, die Geschichte treibt doch immer der Katastrophe entgegen. Mehr noch: diese moralischen Kategorien werden dort sinnlos, wo alle unrettbar in das Unheil verstrickt sind. Deshalb sind Buñuels Täter auch immer Opfer. Jaibo und Pedro, die Hauptfiguren von »Los Olvidados«, scheinen das Prinzip des Guten und des Bösen zu repräsentieren. Jaibo ist der Anführer einer Kinderbande in den Elendsvierteln von Mexico City, einer, der sich im Asphaltdschungel mit List, Tücke und Grausamkeit zu behaupten sucht; einer, der quält, ehe er selbst gequält wird; einer, der stiehlt und mordet und doch ein Mensch, in dem der Zuschauer seine eigene Angst und Einsamkeit wiedererkennen kann. In seinen letzten Worten »Allein, allein, allein« ist das Dilemma seines Lebens und das der Figuren des Luis Buñuel enthalten, und sterbend hat er einen Traum: Ein räudiger Hund läuft über ein menschenleeres Feld.

Pedro mag dem Zuschauer als positive Gegenfigur erscheinen. Er stemmt sich gegen den Sog des Schlechten, versucht, nicht in der Resignation des Alltags zu ertrinken. Am Ende stirbt auch er, wird von Jaibo getötet. Das Gute findet, anders als im Filmmärchen, in einer ungerechten Welt keine Belohnung. Jaibo und Pedro, das sind zwei Seiten der gleichen Medaille. Jaibo tötet, was er selbst einmal war, und Pedro wird ein Opfer dessen, was er selbst zwangsläufig einmal geworden wäre. Aus dem Labyrinth des Lebens gibt es kein Entrinnen. Anders als in den frühen surrealistischen Filmen Buñuels weist hier nicht einmal mehr die Phantasie den Weg in die Freiheit. Die Wirklichkeit muß sich nicht gegen das Traumbild einer Welt verteidigen, die frei sein könnte.

In diesem Meisterwerk hat Buñuels Geschichtspessimismus seinen vollkommensten Ausdruck gefunden. Es ist das düstere Denken eines Mannes, der im Innern hofft, er möge am Ende nicht recht behalten. Der versöhnenden Funktion von Kunst hat Buñuel von jeher mißtraut. Wo ihm Produzenten in dieser Industrie des Schönen den »Deus ex machina«, das »Happy-End«, verordnet haben, hat er diese Zumutung mit der List der Vernunft unterlaufen. Ganz folgerichtig gibt es in seinen Filmen so gut wie keine Figuren, in denen das bessere Morgen personifiziert wäre. Die Utopie Buñuels: Das ist der Blick zurück auf die Vorgeschichte der Menschheit, die Erinnerung an einen Zustand der Welt, in dem die Gefühle der Menschen von der Zivilisation noch nicht beschädigt waren. Der Humanität des Freitag kann Robinson Crusoe in Buñuels Verfilmung des Romans von Daniel Defoe erst ebenbürtig werden, als er den vollkommen sinnlos gewordenen Ballast überkommener Wertvorstellungen abwirft.

Buñuel hat seine Ablehnung des Bestehenden auf die Formel gebracht, was die bürgerliche Moral für moralisch halte, sei für ihn unmoralisch. Dieses Bekenntnis hat er autobiographisch begründet: »Meine Kindheit und meine Jugend standen unter den zerstörerischen Normen und Prinzipien dieser Gesellschaft; sie haben in mir ihr Erbteil hinterlassen; ein ganzes System von Verboten und Verdrängungen.« In einer Szene des Films »Susana« hat Buñuel die Verkehrung von Moral und Unmoral sinnfällig illustriert. Wir werden Zeuge eines Kusses, der eine Leidenschaft verrät, die der wohltemperierten Beziehung eines älteren Ehepaares auffällig fremd ist. Diese späte Begierde hat freilich eine junge Blondine entfacht, derer der alternde Galan nicht habhaft werden konnte. So hat dieser eheliche Kuß obszöne Züge, jene Vermutung bestätigend, das scheinbar Moralische sei in Wahrheit das Unmoralische.

Die überragende Bedeutung Buñuels für die Kunst dieses Jahrhunderts kann nur würdigen, wer sie in das angemessene Verhältnis zu den unsäglichen Arbeitsbedingungen setzt. Einen Großteil seiner Filme hat Buñuel in Mexiko, einem Land ohne Kinokultur, mit bescheidensten Budgets gedreht. Seine fintenreiche Taktik hat er am Beispiel von »El« beschrieben: »Bei ›El‹ habe ich es gemacht wie immer in Mexiko: Ein Film wird mir vorgeschlagen, und anstatt etwas völlig Belangloses zu akzeptieren, mache ich einen Gegenvorschlag – etwas, was immer noch kommerziell war, aber immerhin die Gelegenheit bot, einige Dinge zum Ausdruck zu bringen, die mir am Herzen lagen.« So gesehen, sind viele Filme Buñuels dem Typus des Autorenkinos nicht zuzurechnen. Sie sind innerhalb eines arbeitsteiligen Prozesses Kompromisse zwischen einer persönlichen Weltsicht und den Erfordernissen der Kulturindustrie. Gleichwohl hat Buñuel später dankbar bekannt, in Mexiko habe er sich zum professionellen Filmschaffenden entwickelt und auch: »Ich habe niemals einen Film gemacht, der im Widerspruch zu dem steht, was mir mein Gewissen und meine Anschauungen diktieren.«

Aus der Not hat Luis Buñuel eine Tugend gemacht, eine Lust am Widerstand, die den larmoyanten Nutznießern einer subventionierten Kultur beklagenswert wenig Vorbild ist. Wenn ihm ein Produzent die Freiheit gäbe, was ihm in den Kopf komme zu realisieren, fühle er sich mit einem Mal leer und ausgetrocknet. »Es kann auch anregend sein, gegen Verbote zu kämpfen; solche Situationen zwingen mich, nach Lösungen zu suchen, um die gleichen Dinge auf andere Weise zu sagen.«

Die Grenzverwischung zwischen Traum und Realität, Schein und Sein, Wahn und Wirklichkeit hat Luis Buñuel in fast manischer Besessenheit immer wieder zum Thema gemacht. Die Traumsequenzen sind seine persönliche Signatur, das Leitmotiv seiner Filme. In ihnen ist noch in den späten Jahren das surrealistische Erbe aufgehoben. Im Vorspann zu »Der andalusische Hund«, den Buñuel und Dali gemeinsam verantworten, hieß es, die Autoren »leiteten ihren Standpunkt von einem Traumbild ab, das wiederum andere Traumbilder auf die gleiche Weise prüfte, bis das Ganze eine kontinuierliche Form erhielt. Dabei ist folgendes zu beachten: Jedes Bild, jeder Gedanke, der in den Mitarbeitern aufstieg, wurde sofort verworfen, wenn er aus der Erinnerung oder aus ihrem Kulturmilieu stammte oder auch nur eine bewußte Assoziation mit einem früheren Gedanken hatte.« Die Bilder, versicherten Buñuel und Dali, seien ihnen nicht weniger geheimnisvoll und unerklärlich als dem Zuschauer. Kein Bild sei symbolisch zu verstehen. Die Verneinung des Symbolgehalts war eine Konsequenz der surrealistischen Theorie. Da Kunst in ihrer klassischen Ausprägung die symbolische Überhöhung des Lebens ist, die Surrealisten aber jede Abspaltung der Kunst vom Leben überwinden wollten, durfte es in ihren Werken auch keine symbolische Verschlüsselung geben. Daher ergab sich die Vorliebe der Surrealisten für den durch das Bewußtsein nicht mehr kontrollierten Traum und das vom Menschen unbearbeitete Fundstück, das »objet trouvé«. Die Begeisterung der Pariser Kulturschickeria für diesen Film irritierte Buñuel: »Was vermag ich gegen die törichte Menge, die ›schön‹ und ›poetisch‹ fand, was im Grunde nichts ist als ein verzweifelter, leidenschaftlicher Aufruf zum Mord.« Und doch blieb die surrealistische Theorie nicht Episode im Leben Buñuels. Er verließ die Gruppe, weil ihn deren Eskapismus verdroß, aber anders als Dali leugnete und schmähte er nicht dieses Erbe: »Es war eine Lektion für mein ganzes Leben, aber auch ein wunderbarer und poetischer Schritt in meiner Entwicklung.«

Während Breton die surrealistische Hinterlassenschaft verwaltete, verlebendigte sie Buñuel in seinen späteren Filmen. 1962, mehr als dreißig Jahre nach seiner surrealistischen Phase, erklärte Buñuel den Film »Der Würgeengel« so, daß die Geschichte stillzustehen schien: »Wenn der Film, den Sie jetzt sehen werden, Ihnen rätselhaft oder anstößig erscheint, so deshalb, weil auch das Leben es ist. Wie das Leben, so ist der Film voller Wiederholungen und vielfach interpretierbar. Der Autor erklärt, daß er keine Symbole geben wollte, zumindest nicht bewußt. Die beste Deutung von ›Der Würgeengel‹ ist vielleicht die, daß es von der Vernunft her keine Deutung gibt.« Als man rätselte, warum auf einer feinen Gesellschaft ausgerechnet ein Bär als ungebetener Gast erschien, ließ Buñuel mitteilen, weil er Bären möge. Immer hat er sich gegen den

Versuch gewehrt, die Bilder vorschnell auf bereits Gewußtes zu reduzieren. »Mich interessiert das Geheimnis.« Von André Breton gibt es den schönen Satz: »Das Wunderbare am Phantastischen ist, daß das Phantastische nicht existiert, alles ist wirklich.« Die Wirklichkeit des Phantastischen hat Buñuel in seinen letzten Filmen, zumal in »Der diskrete Charme der Bourgeoisie«, meisterhaft demonstriert. Dort schrecken nach den makabersten Szenen die Akteure aus tiefem Schlaf empor, alles, so erkennt der Zuschauer, war nur ein Traum. Nur ein Traum? Wir werden Zeuge einer Wirklichkeit, die so übermächtig ist, daß sie noch den Traum beherrscht. Buñuel liebt das Rätsel, die Verwirrung des Zuschauers.

Das Geheimnis ist auch ein Schlüsselbegriff in Buñuels merkwürdigem Verhältnis zur Religion. Gegen Glaube und Kirche hat Buñuel mancherlei ins Feld geführt, das bedenkenswerteste seiner Argumente ist wohl, der Glaube töte die Phantasie. Das Besondere des Films, jedes Kunstwerks liege im Mysterium. Und nur der Artefakt ist nach seiner Ansicht fähig, das Geheimnis zu bewahren. »Ja«, sagt er, »die Leute wollen immer eine Erklärung für alles. Das ist das Resultat einer jahrhundertelangen bürgerlichen Erziehung. Und für alles, was sie nicht verstehen, laufen sie dann zu Gott.«

Buñuel wirft der Religion vor, sie arbeite mit phantastischen Versatzstücken, mit Wundern, Legenden und Heiligengestalten, die sie am Ende dann doch wieder in ein rationales System integriere. Das Wunderbare wird erklärt. Einen Irrweg hat er den Glauben genannt und sich doch seiner Faszination nie entziehen können. »Was mich betrifft, so kann ich mich nicht ändern. Ich habe die Gnade, die der Glauben schenkt, nicht empfangen, was mich interessiert, ist das Leben mit seinen Unklarheiten und Widersprüchen... Stell dir vor, mein bester Freund – er ist schon recht lange tot – erschiene mir, berührte meine Ohren mit den Fingern, und diese gingen sofort in Flammen auf – selbst dann würde ich nicht glauben, daß er aus der Hölle käme; ich glaube nicht mehr an Gott als an die unbefleckte Empfängnis der Jungfrau Maria, ebensowenig wie ich glaube, daß die Jungfrau mir beim Examen helfen kann. Ich würde ganz einfach denken: Hier ist noch ein weiteres Geheimnis, das du nicht begreifen kannst.«

»Nazarin«, »Viridiana«, »Simon in der Wüste«, »Die Milchstraße«: die Religion hat Buñuel so oft thematisiert, daß jener Vermutung des italienischen Regisseurs Marco Ferreri die Wahrscheinlichkeit nicht abzusprechen ist: »Buñuel ist meiner Meinung nach ein Christ. Wenn er stirbt, wird er den Priester zurückweisen, er wird sterben in dem glücklichen Bewußtsein, seinen Ideen bis zum letzten treu geblieben zu sein, zugleich aber erfüllt von einer schrecklichen Furcht, in die Hölle zu fahren.«

»Gott sei Dank«, ließ sich Buñuel einmal vernehmen, »bin ich noch immer Atheist.« Vor sieben Jahren erhielt Buñuel den »Oscar«. Die Wahl, höhnte er, sei vollkommen demokratisch gewesen, »weil an der Abstimmung 2500 Idioten beteiligt sind, eingeschlossen beispielsweise den ›Assistant dress designer‹ des Studios, der als Mitglied Stimmrecht hat.« Der Oscar sei einer der übelsten Preise, murrte er und nahm ihn doch an: »Eine Geste, die einmal eine antigesellschaftliche Tat gewesen war, ist heutzutage nur noch ein öffentlicher Schauakt: Ich bin kein Marlon Brando.«

Resignation mit achtzig Jahren? Buñuel sinniert: »Als ich jung war, war ich sehr aggressiv. Der Surrealismus ist ins Leben übergegangen. Heute ist die Gewalttätigkeit überall. Es gibt Kriege, Revolutionen, Terrorismus. Die Gewalttätigkeit ist zu nichts mehr gut. Nichts skandalisiert mehr.« Die Epoche der Skandale ist vorbei.

James Dean
Die Unsterblichkeit des Filmhelden

»Wenn ein Mann die Kluft zwischen Leben und Tod überbrücken kann«, hat James Dean einmal gesagt, »wenn er nach seinem Tod noch weiterlebt, dann war er vielleicht ein großer Mann.« Wie kein anderer Schauspieler in der Geschichte des Films hat James Dean die Idee des Todes ad absurdum geführt. Denn wenn der Kult um Dean wahnhafte Züge hatte, so deshalb, weil in ihm die denkbar radikalste Opposition betrieben wurde: die gegen den Tod, gegen die Vergänglichkeit des Menschen. Noch Jahre nach jenem 30. September 1955, als James Dean an der Kreuzung der Autobahn 41 und der Staatsstraße 466 unweit von Paso Robles mit seinem Porsche in den Tod raste, wurden Briefe an den Star adressiert, diskutierten Boulevardblätter die Frage, ob James Dean denn wirklich tot sei.

So merkwürdig uns dieser posthume Irrwitz auch anmutet, er gibt selbst in der krankhaften Übersteigerung noch präzise Einsichten in das Wesen des Kinos. Ist doch der Film jene ästhetische Form, in der die Überwindung des Endlichen ihren natürlichsten und zugleich rührendsten Ausdruck findet. Der Film ist immer etwas Vollendetes und zugleich völlig Gegenwärtiges, er fördert die Illusion, mit Menschen einen stummen Dialog zu führen, die nicht mehr leben.

Auf der Kinoleinwand fallen Diesseits und Jenseits zusammen, entsteht eine Unsterblichkeit, deren Wesen nicht die verblassende Erinnerung ausmacht, sondern die Vitalität des Jetzt. Nur im Film arbeitet Zeit nicht mehr als Prinzip der Zerstörung, erscheint das verlorene Paradies noch einmal als wirkliches, weitet sich die Einmaligkeit des Augenblicks ins Immerwährende.

Seinen frühen Tod hatte James Dean selbst vorausgesagt. Als er schließlich ein Ende fand, das manche aus guten Gründen für einen verschlüsselten Selbstmord hielten, war er gerade 24 Jahre alt. Mit einem einzigen Film, Elia Kazans Steinbeck-Verfilmung »Jenseits von Eden«, hatte er sich in die Reihe der großen Hollywood-Stars gearbeitet. Sein dritter Film – die zwei Nebenrollen, die er in den fünfziger Jahren hatte, wollen wir ausklammern – war an jenem 30. September gerade drei Tage abgedreht; und auch Nicholas Rays »Denn sie wissen nicht, was sie tun«, in dem die archetypische Figur des James Dean ihren vollkommensten Ausdruck gefunden hatte, war noch nicht in den Kinos.

Gewiß nährt sich sein Mythos von jener Tragik, die wir spüren, wenn sich ein Leben zu früh vollendet, und auch an jenes, auf Alexander den Großen gemünzte Wort von denen, die die Götter früh sterben lassen, weil sie sie lieben, mag man denken. Aber wichtiger noch erscheint dies: Durch den frühen Tod und das Faktum, daß er nicht drei Filme, sondern einen Film dreimal gespielt hat, wurde jene Unendlichkeit, die wir als Wesen des Kinos erkannt hatten, noch zusätzlich akzentuiert. Weil er als Schauspieler keine Entwicklung hatte, weil er nie in den Zwang gekommen war, Altersrollen anzunehmen oder sich, wie die Garbo, vor der eigenen Legende zu verstecken, konnte er die Geschichte überwinden, als ahistorischer Fixpunkt im Fluß der Zeit zum Mythos werden. Einer mythischen Figur, zu deren Wesen von jeher die fehlende Geschichtlichkeit gehört.

Damit wird freilich nur das Wesen, nicht die äußere Erscheinung getroffen. Denn da war Dean ganz und gar ein Produkt der fünfziger Jahre und doch zugleich deren Überwindung. Ausdruck eines platonischen Traums der Jungen, der gegen eine phantasielose, stupide Gesellschaft gesetzt worden war, die eine unheilbare Vorliebe für das hohle Leben der Etablierten hatte. Eigentlich nur einmal im amerikanischen Film, in George Stevens »Giganten«, in dem James Dean einen Landarbeiter spielt, der zum Ölmillionär avanciert und daran zugrunde geht, spürt man, daß jene von Hollywood so favorisierte Geschichte von einem, den das Geld nicht glücklich macht, mehr als ein zynisches Melodram sein kann.

Es war gewiß kein Zufall, daß jener Schrei von Thomas Wolfe »Lost, Lost, Lost«, der dem intellektuellen Leben Amerikas nach dem Ersten Weltkrieg Konturen gegeben hatte, nach dem Zweiten Weltkrieg, durch den Film breiter fundiert, seine Renaissance erlebte. Die heroischen Illusionen waren verflogen, gegen die Vernunft, die Erfahrung, den Wirklichkeitssinn der Alten stellten die Jungen ihre Phantasie, ihre Unschuld, ihren Traum, versuchten die Welt, wie sie war, durch einen Akt der Imagination zu überholen. Alle Filme Deans sind von dem Widerspruch zwischen Idealismus und Merkantilismus bestimmt, und jener Aufschrei Deans »Sprich bitte zu mir, Mutter« wurde zum Paradigma seiner Zeit.

Es ist auffällig, wie der rebellische Grundgestus der Filme mit James Dean immer wieder mit der Suche nach einem geordneten

Kosmos in Widerstreit gerät. Insofern trifft jener Filmtitel »Denn sie wissen nicht, was sie tun« das moralische Dilemma. Niemals ging es um einen ziel- und mithin sinnlosen, gleichsam halbstarken Protest gegen die Welt der Erwachsenen, sondern noch in der störrischsten Rebellion war die Sehnsucht nach Geborgenheit, Sicherheit, wenn man so will, nach dem Schoß der Familie aufgehoben. Der pessimistische Grundton der Filme von James Dean kann nicht darüber hinwegtäuschen, daß in ihnen das Prinzip Hoffnung, wie beschädigt auch immer, noch enthalten war.

Seine Filme thematisierten den Verlust, aber in ihnen war auch die Hoffnung auf Wiedergewinnung zu finden, sie schilderten die Tristesse, die Einsamkeit, die Verlorenheit, aber als negative Folie waren stets auch Glück und Schönheit und die Idee der Liebe enthalten.

James Dean war eine romantische Figur und damit auch eine idealistische. Er verlegte das Schöne in den gesellschaftsfernen Bereich des Ideals und scheiterte, als er versuchte, den Traum in die Wirklichkeit zurückzuholen. Eine amerikanische Schauspielerin hat einmal gesagt, man habe immer das Bedürfnis gehabt, den Arm um ihn zu legen und ihn zu schützen. Und eine andere beschrieb ihr Gefühl mit dem Satz: »Sorge dich nicht, mein Kind, ich bin bei dir.« Gewiß war dies das Geheimnis James Deans. Aus jeder seiner Gesten sprach die ungestillte Sehnsucht, er war die Apotheose der Einsamkeit, ein Mann, den die Erinnerung an die verlorene Heimat quälte.

Er war verletzbar, naiv und zerzaust. Und er war, mit all seinen femininen, gefühlvollen, melancholischen Zügen, eine starke Verneinung jenes Bildes vom Mann, das der Film bis dahin geformt hatte. »Einen amerikanischen Farmerjungen mit den Augen eines verwundeten Tieres« hat man ihn genannt, und wenn der Wunsch, ihm zu helfen, die Empfindungen der Zuschauer bestimmte, so erklärt sich der Kult nach seinem Tode nicht zuletzt – hier dem Fall Marilyn Monroe überaus ähnlich – aus dem Schuldgefühl, versagt zu haben.

Merkwürdig genug, daß bei jenen beiden Schauspielern, deren kultische Bedeutung den Rahmen des Üblichen so sehr sprengte, die Augen eine so überragende Rolle spielten. An Rudolf Valentino war der »unirdische Blick« von magischer Bedeutung, weil er unendliche Traurigkeit signalisierte, und bei James Dean, der nicht wie Valentino schielte, sondern Brillenträger war, gehörte der suchende, irritierte, melancholische Blick eines Mannes, der die Welt so klar nicht mehr erkennen kann, zu seiner Legende.

Elia Kazan, der Dean nicht übermäßig gewogen war, weil er ihn für den Exponenten einer wehleidigen Generation hielt, hat die Identität von Figur und Rolle in »Jenseits von Eden« so charakterisiert: »James war Cal«. In dem Mosaik, das einen Mythos konstituiert, war die Authentizität des James Dean das gewiß nicht nebensächlichste Moment. Wenn er nicht identisch mit seinen Rollen war, so war er ihnen sicherlich doch stets sehr nahe. Er war einer jener Schauspieler, die die Kunstfigur des Stars humanisierten, weil sie den Rollen ihre Individualität aufzwangen, anstatt ihre Einzigkeit durch ihre Rollen zerstören zu lassen.

So war er das vollendete Symbol einer Traumfabrik und doch viel mehr als ein Artefakt. Denn James Dean war glaubwürdig, und in seiner Echtheit war er der äußerste Vertreter Hollywoods und zugleich dessen Überwinder. Der Kult, der nach dem Tode um ihn entstand, hatte gewiß pathologische Aspekte. Aus Teilen seines zerstörten Autos wurden Amulette gefertigt, die Industrie des Kitsches bemächtigte sich seines Andenkens, und ganz ohne Frage war da vieles talmihaft, verlogen, pure Ideologie.

Dennoch berührt solche Verwertung einer Legende die Sache selbst nicht. Die Krankheit des Kults kann nicht verdecken, daß hier eine Figur in drei bedeutenden Filmen auf der Leinwand erschien, die an die besseren Instinkte des Menschen appellierte. An sein Mitleid, seine Hilfsbereitschaft, seine Solidarität und seine Empfindsamkeit. Er betrog die Menschen nicht um ihre Trauer, aber er war auch kein Typus für verlogene Melodramen. Es war eine proletarische Tristesse und Melancholie, die er ausstrahlte, und mit ihr machte er Empfindsamkeit und Melancholie nicht mehr zu einem Privileg, sondern zu einem Allgemeingut.

Mit ihm verlor sich das übliche Bild des Helden, und die Welt, ihres Zentrums beraubt, wurde leer. Sehr zu Unrecht hat man ihn oft als Kopie von Marlon Brando abqualifiziert. »Was immer ich tat – er tat es auch«, hat Brando lamentiert. Ein Regisseur, der beide kannte, hat das Bild korrigiert: »Der größte Unterschied zwischen Brandos und Deans Verhalten lag darin, daß Brando oft nur Schau machte. Wenn auch die Leute das nicht merkten, so wußte es doch Marlon. Aber Dean war selbstzerstörerisch. Masochistisch. Bei ihm war es keine Schau – er war krank.« Mit Brando teilte James Dean die rebellische, trotzige Geste, mit Montgomery Clift die

Sehnsucht nach Hilfe, aber er war nicht Brando und nicht Clift, sondern etwas Drittes, völlig Eigenständiges und in der Geschichte des Films Einzigartiges.

Ideologiekritik, die in James Dean nur das Produkt einer Traumfabrik sieht, greift zu kurz. Sein Mythos nährte sich vom Glanz der Utopie, von der Ahnung der Menschen, daß ihr Zustand wenigstens der Tröstung bedürftig sei. Nicht die Art und Weise, wie hier legitime Bedürfnisse befriedigt worden waren, steht im Mittelpunkt, sondern jener Mangel, der sich in dem Mythos James Dean zu Gehör bringt.

Der Verlust an Menschlichkeit, an Geborgenheit, der das Wesen der Filme von James Dean ausmacht, wird auch nicht von den zwanzig Jahren, die seit dem Tod vergangen sind, berührt. Seine Träume sind nicht eingelöst. Wir freilich, die wir uns mit ihm identifiziert hatten, haben gelernt, mit dem Mangel zu leben. Auch das kann man Fortschritt nennen.

Alfred Eisenstaedt

Mit den Augen eines Unpolitischen

Früher hätte man dem Fotografen Alfred Eisenstaedt wohl nachgerühmt, er zeige Haltung. Jedenfalls läßt er sich keineswegs gehen. Seit Jahr und Tag steht er um 5.15 Uhr auf, fährt in der vollgepackten U-Bahn zum Gebäude des Time-Life-Verlags, bequemt sich in ein winziges, mit Fotos vollgepacktes Büro, sortiert, korrespondiert, nimmt Aufträge an.

Dann und wann hat man ihn einen »preußischen Juden« genannt. Das hört er so gerne nicht. Doch über die Tugend Pünktlichkeit gerät er ins Schwärmen, Fleiß, Disziplin, ein altmeisterliches Arbeitsethos lobt er ohne Zögern. Der Hinfälligkeit des Körpers opponiert er mit Fortüne und Ausdauer. 85 Jahre ist Alfred Eisenstaedt, einer der berühmtesten Reporter in der Geschichte der Fotografie. Er ist alles andere als eine massige, robuste Erscheinung, doch er hält sich so gerade, als stünde er noch, wie vor fast siebzig Jahren, auf dem Exerzierplatz des 55. Artillerieregiments. Fast beiläufig spricht er von der Endlichkeit des Lebens. Er sagt: »Wenn ich einmal da oben im Himmel bin«, er sagt dies ohne Koketterie, ohne Wehleidigkeit, er ist mit sich und seinem Lebenswerk im reinen.

Alfred Eisenstaedt ist kein Fanatiker, kein Missionar, kein Ideologe. Er sei, erzählt er mit Nachdruck, kein politischer Mensch. Er spüre Bilder auf. So haben seine Fotos denn teil an jener Wahrheit, die in den Sehnsüchten der Menschen verborgen liegt, der Sehnsucht nach Frieden, Glück und Harmonie. Die Bekenntnisse eines Unpolitischen mögen immerhin überraschen. Schließlich ist Alfred Eisenstaedt mehr als einmal Opfer jener Politik gewesen, die in seinen Bildern wahrzunehmen er sich beharrlich weigert. Nur ein Foto, vielleicht sein bekanntestes, macht da eine Ausnahme. Da hatte er im Garten des Genfer Völkerbundpalasts Goebbels aufgespürt. Der lachte, als er eines deutschen Journalisten ansichtig wurde, leutselig in die Kamera. Doch dann wurde er Alfred Eisenstaedts gewahr, sah einen Mann, der den mörderischen Vorstellungen der Nationalsozialisten vom jüdischen Menschen zu entsprechen schien. Bösartig, fast haßerfüllt blickte Goebbels in das Auge der Kamera. In diesem Foto aus dem Jahre 1933 ist das Unheil, das folgen sollte, in einzigartiger Weise vorweggenommen, und es ist die tragische Pointe im Leben des Alfred Eisenstaedt, der immer auf der Suche nach dem Schönen und Idyllischen im Alltag war, daß dort, wo er selbst eine Rolle spielte, das Häßliche, Bedrohliche, wenn man so will, das Politische die Illusionen brutal zerstörte.

Zwei Jahre vor Anbruch dieses Jahrhunderts ist Alfred Eisenstaedt im westpreußischen Dirschau geboren. Er war kleiner Leute Kind, die Eltern waren Juden, die des Kaisers Worte hinnahmen, als habe sie der liebe Gott gesprochen. Er war noch keine achtzehn Jahre alt, da mußte er den feldgrauen Rock anziehen. In Flandern, mit der ihm eigenen Akkuratesse setzt er hinzu, es sei um vier Uhr nachmittags gewesen, machten ihn Granatsplitter zum Invaliden. Im Lazarett, so erzählt er eher amüsiert über die Torheiten dieser Welt, habe man den Soldaten vor allem beigebracht, trotz ihrer Beschwernisse die Offiziere vorschriftsmäßig zu grüßen.

Das lange Leben des Alfred Eisenstaedt war nicht immer leicht, melancholischere Temperamente, als er es ist, wären darüber womöglich zu Menschenverächtern, Skeptikern, Zynikern geworden, doch er sagt: »Ich zeige die Leute nicht im schlechten Lichte.«

Sein Beruf: Reporter. Doch er nährt nicht der Menschen Gier nach Sensationen, Unappetitlichkeiten, die Grenze des Schicklichen hat Alfred Eisenstaedt nie überschritten. Er ist ein Mensch aus einer anderen, längst dahingegangenen Epoche. Fast trotzig bekennt er sich zu einem rührend antiquierten Ehrenkodex: »Ich stehle keine Fotografien.« Einer Sängerin, deren Mann bei einem Flugzeugunglück ums Leben gekommen war, habe er einmal versprochen, sie nicht weinend zu fotografieren. Er habe, erinnert er sich, hier wie auch sonst sein Wort gehalten, jedenfalls bediente er sich des voyeuristischen Mediums Fotografie mit Takt und der Noblesse des Bürgers.

Neben Erich Salomon und Felix H. Man war Eisenstaedt der bedeutendste fotografische Chronist der Weimarer Republik. Doch er hat nicht das Morbide, Dekadente, das Verführerische dieser Epoche ins Zentrum gerückt, er hat auch und gerade die kleinen Leute fotografiert, wie sie mit gestärkten Kragen auf dem Boden liegen und ihre Spielzeugeisenbahnen aufziehen. Auf vielen seiner Fotos obwaltet ein verhaltener Humor, doch nie gibt er jene, die er ablichtet, dem Spott preis. Da sitzen drei Väter in einem Neuköllner Krankenhaus. Auf ihren Knien liegen, als sei zum Appell aufgerufen, drei Neugeborene vorschriftsmäßig ausgerichtet. Eine deutsche Szene, die in ihrer Mischung aus Gemüt und Pedanterie, aus Gefühl und Pose mehr vom Nationalcharakter verrät als so mancher Essay. 1935 hat Eisenstaedt dieses Land verlassen. Als ehemaliger Frontsoldat konnte er noch einigermaßen arbeiten, doch er, der Unpolitische, erkannte instinktiv die Gefahr. Wäre er länger geblieben, sagt er heute fast erschreckend lakonisch, er wäre »verbrannt worden«.

Jahrzehnte später ist er in dieses Land zurückgekommen auf den Spuren nach der verlorenen Zeit. In den frühen dreißiger Jahren hat er Turnlehrer auf der Insel Rügen fotografiert. Blond, athletisch, dem körperlichen Ideal der Zeit ganz und gar genügend, setzen sie im Gleichklang der Bewegungen zum Speerwurf an. Fast fünfzig Jahre später besuchte Eisenstaedt seine alte Schule. Sie hieß nicht mehr Hohenzollern-Gymnasium, sondern Riesengebirgsoberschule, und in eher laxer Haltung schlurfen die Pennäler über den Schulhof. Eisenstaedt kommentiert: »So schauen junge Deutsche heute aus; man könnte meinen, man sei in Amerika.«

Nichts mehr ist da übrig von jenem Heroismus, der einst der Welt angst machte, die Ikonografie dieses Landes hat an bedrohlicher Faszination verloren, wo Eisenstaedt die Kontinuität suchte, fand er das andere. Zurückgekehrt in sein Heimatland, fotografierte er jenen Anhalter Bahnhof, von dem aus er 1916 als Kanonier im Zug an die Westfront fuhr: eine Ruine, eines der letzten Symbole für die Katastrophe eines Landes, das Geschichte im Wiederaufbau unsichtbar zu machen verstand.

Er blickt freilich ohne Zorn auf dieses Land. Er habe gemocht, was er gesehen habe. Die Gesichter der jungen Leute seien gut, und er habe auch das Gefühl, daß es sich mit den Gesichtern der Älteren ähnlich verhalte. Deutschland heute: man könne es nicht gerade schöner nennen, aber vielleicht ein bißchen entspannter. Und so steht denn Günther Grass in lässiger Pose vor seiner Haustür, während Gerhart Hauptmann, schon nicht mehr Mensch, sondern Monument, am Strand von Hiddensee spaziert.

Spurensuche: Max Schmeling steht, die eine Hand in der Hosentasche, die andere leger auf ein Geländer gestützt, vor einem Gummibaum im Treppenhaus eines Bürogebäudes, fünfzig Jahre vorher hat Eisenstaedt Schmeling fotografiert, als ihn der Bildhauer Thorak zum martialischen Ideal verklärte.

Vielleicht ist das Geheimnis seines ungeheuren Erfolgs die Demut. »Ich bin«, erklärt er, »kein guter Lehrer, ich möchte immer noch lernen«, und auch: »Ich will hören, was nicht gut war.«

Eberhard Fechner
Erinnerungen deutscher Bürger

Wenn uns das Ferne zu nahe kommt, entfernt sich das Nahe. Das Fernsehzeitalter charakterisiert, daß den Menschen die Welt in die Wohnstuben kommt. Und die Welt gibt sich zutraulich, ist mit scheinbar Vertrautem bevölkert, das durch und durch Künstliche nehmen wir für das Wahre, und das Wirkliche gerät uns aus dem Blickfeld. Sehr selten kann der Zuschauer die Bilder des Fernsehens noch auf seine Lebensumstände beziehen, teilen sich ihm Menschen mit, die bewahrenswerte Erfahrungen zu vermitteln haben. Das Fernsehen hat allmählich eine vitale Erzähltradition verkümmern lassen: wir reden über Gespräche, die andere geführt haben. Der Dialog als inszenierte Talk-Show, das Fernsehen als Ersatz für zwischenmenschliche Beziehungen. Mit den elektronischen Kunstfiguren stehen wir auf Duzfuß, den Wohnungsnachbarn kennen wir nicht. Jeder kennt Wim Thoelke, wer aber kannte Klara Heydebreck?

Eberhard Fechners Fernsehfilm »Nachrede auf Klara Heydebreck« zeigte: niemand. Fechner »auf der Suche nach einem Menschen, den es nicht mehr gibt«. Ein Film über eine Tote, ein Fräulein von 72 Jahren, eine Frau, die, des Lebens überdrüssig, sich mit Schlaftabletten tötete. Fechner fragt Verwandte, Bekannte, Nachbarn nach dem Leben der Klara Heydebreck. »Die kenn' ich ja gar nicht«, sagte man ihm oder auch: »Also im Haus selbst hat sie gar nicht Kontakt gehabt«. Sie sei »ziemlich einsiedlerisch, ein bißchen eigenbrötlerisch« gewesen, erzählt der Neffe, und vom Arzt hören wir: »Ist wohl 'ne Jungfrau, da mußt du achtgeben.« Taktlosigkeit, Unverständnis und ein rührender Abschiedsbrief an den Neffen: »Lieber Ernst, verzeih mir bitte, daß ich dir so viele Unannehmlichkeiten bereite.« Und sie schreibt auch: »Bin todunglücklich. Vergebt mir alle und seid gedankt.« Gedankt wofür?

»Nachrede auf Klara Heydebreck« war der erste von fünf Filmen, mit denen Eberhard Fechner ein Panorama der deutschen Gesellschaft dieses Jahrhunderts entwerfen wollte. Ein Film über das Hinterhaus des Lebens, einer über Schuld und Versagen. Und doch wird nie ein Zweifel daran gelassen, daß hier eine Frau ein Opfer der Opfer geworden ist, daß hier eine menschlichen Kontakt nicht gefunden hat in einer Welt, die diesen nicht mehr begünstigt.

Ein Film ohne dramatische Moral, unaufgeregt, fast lakonisch registriert er die Zerstörung eines Menschen. Den Versuch, sich das private Glück zu ertrotzen. Der Film verklammert obendrein das Besondere mit dem Allgemeinen, zeigt exemplarisch ein Stück deutscher Sozialgeschichte, klärt auf über die wirtschaftliche Grundlage eines tragischen Lebens, über die Kluft von Wunsch und Wirklichkeit, berichtet von Arbeitslosigkeit und schmaler Rente, von dem Versuch eines Menschen, sich zu behaupten, und wie er schließlich in der Resignation des Alltags ertrank.

Schon in diesem Film, der vor acht Jahren im Fernsehen zu sehen war, hat Eberhard Fechner seinen unverwechselbaren Stil gefunden. Er stellt Menschen nicht aus, sondern geht behutsam mit ihnen um, beläßt ihnen nicht nur ihre Individualität, sondern stellt sie her. Aus Filmmaterial, das für fünfzig, sechzig, siebzig Stunden reichen würde, schneidet er Filme von zwei, drei Stunden Länge. Der Versuch, die Wirklichkeit zu strukturieren, sich nicht von ihr überwältigen zu lassen. Gewiß birgt diese Verknappung, dieses Mosaik aus Rede, Gegenrede, eingesprochenem Kommentar die Gefahr der Manipulation in sich, doch es macht den Rang Fechners aus, daß er den legitimen Unterhaltungsansprüchen des Zuschauers ebenso genügt wie dem Anspruch seiner Gesprächspartner, angemessen wiedergegeben zu werden.

Eberhard Fechner ist ein Fernsehregisseur seltener Art. Er mißbraucht Menschen nicht zu dramaturgischen Mätzchen, er nimmt sich Zeit, nicht nur einem gleichsam altmeisterlichen Arbeitsethos folgend, sondern auch wegen der Anteilnahme an den Menschen, mit denen er spricht. Das mithin Frappierendste an den Filmen Fechners ist in dem Umstand zu finden, daß die Grundideen so nahe liegen, daß man sich nur wundern kann, daß niemand sonst diese Sujets aufgegriffen hat. Doch sollte man nicht unterschätzen, wieviel Energie und Beharrungsvermögen dazu gehören, Projekte dieser Art in öffentlich-rechtlichen Anstalten durchzusetzen. »Ich verzichtete«, sagt Fechner zu seinem Film »Nachrede auf Klara Heydebreck«, »darauf, auch nur die Andeutung eines Konzeptes, geschweige ein Drehbuch zu skizzieren, um vorgefaßten Meinungen und Absichten so weit wie möglich zu entgehen. Diese Konzeptionslosigkeit scheint auf den ersten Blick nicht weiter erwähnenswert. Für den Norddeutschen Rundfunk jedoch bedeutete sie ein Risiko, denn sie erlaubte keine auch nur halbwegs genaue Kalkulation des Unternehmens. Ich konnte weder die Länge der Drehzeit noch die Beschäftigungsdauer der Mitarbeiter, noch die Menge des zu verbrauchenden Filmmaterials und andere Ausgaben auch nur schätzen.« Es zählt zu den Aktivposten des deutschen Fernsehbetriebs, daß hier sozusagen die Ästhetik die Bürokratie hat überwinden können, ein Sieg freilich, der mit dem zunehmenden Erfolg Fechners, mit den Adolf-Grimme-Preisen und dem »Prix Italia« zunehmend leichter zu erringen war.

Noch einmal: Die Ideen lagen auf der Hand. Etwa jene des Fernsehfilms »Klassenphoto«. Der Abiturientenjahrgang 1937 eines Gymnasiums in Berlin-Wedding. Gestandene Männer erinnern sich an ihre Schulzeit, an den Krieg, an die Zeit danach. Was haben sie wahrgenommen, welche Lehren haben sie gezogen? »Erinnerungen deutscher Bürger« nannte Fechner seinen Film im Untertitel. Erinnerungen an eine Zeit, an die Menschen so gern nicht denken, die verschüttet, verdrängt, tabuisiert ist. Doch merkwürdig genug: in Fechners Film rekapitulieren die Vertreter einer geschlagenen Generation ihre Vergangenheit, so, als hätten sie schon lange darauf gewartet, einen Zuhörer zu finden. Die jeweils höchst subjektive Bewältigung der Vergangenheit. »Man kann über das Dritte Reich sagen, was man will... aber organisieren konnten die...«, »Schlimm, die Geschichte mit den Juden... aber diese Dinge hat es zu allen Zeiten und bei allen Völkern gegeben.« Die Rhetorik der Entschuldigung: »Man mußte ja« oder »Das hat uns alle überrollt.« Aufgeschlagene Erinnerungsklappen, verbaler Leerlauf, Floskeln, Selbstmitleid. Kein Indiz für eine Katharsis, kaum Zweifel, wenig Selbstkritik, Geschichte aus der Maulwurfperspektive, aber zugleich doch auch der Versuch, dem Sinnlosen wenigstens im nachhinein einen Sinn zu geben, in den besten Jahren des Lebens mehr zu sehen als Zufall, Chaos, Blut und Tränen. Auch dies eine Bewältigung, gewiß die falsche, aber eine, die man verstehen kann, aus der man lernen kann. Fechner klagt nicht an, und er entschuldigt nicht. Er denunziert jene nicht, die ihm Auskunft geben.

Gegen »Klassenphoto« und auch Fechners Kempowski-Verfilmung »Tadellöser & Wolf« ist gelegentlich eingewandt worden, sie zeigten nur den gewöhnlichen Faschismus, nicht die Barbarei. Aber die Bedeutung von Fechners Filmen ergibt sich erst im Kopf der Zuschauer. Sie sind gehalten, die Bilder zu dechiffrieren, sie mit ihren eigenen Erfahrungen und Vorstellungen zu vergleichen, sich selbst ein Urteil zu bilden – eine Freiheit, die einer Demokratie angemessen ist. Wer heute noch bei dem Wort Nationalsozialismus Autobahn und nicht Auschwitz assoziiert, dem ist wohl auch mit den Bildern des Grauens nicht mehr zu helfen. Die Filme Fechners lassen uns ahnen, was Hannah Ahrendt mit der Banalität des Bösen gemeint hat, sie zeigen uns nicht die Faszination des Verbrechens, sondern dessen Gewöhnlichkeit, den gewöhnlichen Faschismus.

Eberhard Fechner, Jahrgang 1926, Hospitant bei Strehler, vielbeschäftigter Schauspieler, Theaterregisseur, seit 1967, seit »Selbstbedienung«, ausschließlich für das Fernsehen tätig, versucht den Zustand zunehmender Entfremdung und Sprachlosigkeit mit den Mitteln des Fernsehens zumindest tendenziell wiederaufzuheben. Es sind in der Regel nicht die sensationellen Ereignisse, die er bebildert, sondern die alltäglichen, und wo er die Sensation aufgreift, zeigt er ihre alltäglichen Seiten. Dabei zieht er den spezifischen Charakter des Mediums Fernsehen ins Kalkül. Schließlich begünstigt das Fernsehen die Vorstellung des Zuschauers, was da ungebeten in die Wohnstube kommt, sei letztlich seinesgleichen. Es taugt nicht zur Heroisierung, und die Menschen in Fechners Filmen bekämen im Kino eine Überlebensgröße, die den Intentionen dieses Regisseurs gänzlich zuwiderlaufen würde.

»Alltagsgeschichten«. Die Erinnerungen eines Fuhrunternehmers, der im Sterben liegt, oder die eines Busfahrers, der gerade pensioniert worden ist. Was haben sie sich vom Leben erhofft, was ist ihnen geblieben? Auskünfte über »Lebensdaten«; der Dialog im Fernsehzeitalter. Menschen sprechen mit uns, erzählen uns aus ihrem Leben, reden von Hoffnungen und Enttäuschungen, auch wenn sie gezwungen sind, mit Hilfe eines Apparats das Gespräch mit uns zu suchen.

Private Bekundungen, die dennoch nie langweilig sind, weil sie uns mit der Vielfalt des Lebens konfrontieren. Unsere Wahrnehmung hat Grenzen. Wir sind eingezwängt in soziale Gruppen, in vorgegebene Strukturen. Die Filme Eberhard Fechners erweitern unseren Horizont, machen uns bekannt mit dem proletarischen Milieu, mit dem Mittelstand, mit den Lebensspuren Frankfurter Großbürger. Und sie überschreiten jene Gesprächsbarriere, die die Generationen zwischen sich errichtet haben, sie nehmen uns ein Stück unseres Eremitendaseins. Der Mensch in Fechners Filmen ist kein standardisiertes Serienwesen, sondern macht seine Individualität geltend.

Die Gesprächspartner, nach dem Prinzip des Zufalls ausgewählt, produzieren redend Literatur. Wir sehen nur die Spitze des Eisbergs, aber die vollkommene Beliebigkeit der Auswahl läßt uns sehen, wieviel Gleichartiges im dunkeln bleibt. Der Zuschauer beginnt zu ahnen, daß auch sein Leben einen Anspruch hat, dem Vergessenwerden entrissen zu werden, daß auch er mehr hat als nur eine numerische Individualität. Dies, so ist zu hoffen, stärkt sein Selbstbewußtsein.

Gewiß geraten Filme dieses Typs an Grenzen. Sie müssen oft bei der unbegriffenen Wirklichkeit stehenbleiben, müssen der Verlokkung zur Gestaltung widerstehen. Zwar beleuchtet Fechner die Ereignisse von verschiedenen Seiten, kontrastiert die Erinnerungen des einen mit denen des anderen, vermeidet so, daß Erinnerung zur puren Rechtfertigung wird. Auch so kann man sich der Wahrheit annähern, zum Wesen der Dinge muß der Zuschauer freilich selbst durchdringen.

Fechners Fernsehproduktionen kann man in ihrer Gesamtheit wohl in das Bild einer gut ausjustierten Waage fassen. Er entmythologisiert das Außergewöhnliche, zeigt, wie Biographien von gefeierten und legendären Sängern, den »Comedian Harmonists«, in bürgerlichem Mittelmaß enden, er zerstört den dämonischen Anstrich des Verbrechens (»Aus nichtigem Anlaß«), sagt: »Wir sind alle irgendwann mal kriminell. Egal, auf welche Weise, und zwar mehrmals in unserem Leben. Es ist doch Wahnsinn zu sagen, da ist eine Trennung, hier sind diese und hier sind die anderen.« Er geht gegen die Klischees an, stuft die »Geheimagenten« auf das menschliche Maß zurück, zeigt ungewöhnliche Menschen in gewöhnlichen und gewöhnliche unter ungewöhnlichen Umständen, so daß sie am Ende alle beileibe nicht gleich sind, mehr noch, äußerst individuelle und einzigartige Züge haben, aber doch gleich viel wiegen, gleich viel Aufmerksamkeit verdienen, nicht Illustrationen sozialer Tatbestände sind, sondern Menschen.

Eberhard Fechners Arbeiten bestimmen eine Kontinuität und stilistische Geschlossenheit, die in dem öffentlich-rechtlich verfaßten Fernsehen wohl einzigartig ist.

Hildegard Knef
Pardon wird nicht gegeben

Als das Konzert im Wiesbadener Kurhaus begann, blickten sich die Herrschaften auf den teuren Plätzen mit dem entgeisterten Blick von Kunstfreunden um, die bei einer Auktion aus der Ferne hoch bieten, um hernach erfahren zu müssen, daß bei der Versteigerung niemand sonst das Stück hatte haben wollen. Der marmorne Saal war reichlich leer, und dies ausgerechnet bei dem Auftritt einer Frau, der es an Publizität noch nie gemangelt hat: Hildegard Knef. Was dann folgte, wärmte dem Fähnlein der aufrechten Anhänger auch nicht das Herz. Merkwürdig verloren stand die Knef auf der Bühne, eingehüllt in ein bodenlanges weißes Gewand, gefrierendes Lächeln, die Arme fast mechanisch bewegend, Pose an Pose reihend, ein Auftritt mit unwirklichen Zügen.

Und kein Versuch, jenes Gefühl des Fremden, Unnahbaren mit wohlfeilen Mitteln zu durchbrechen. Kein Scherz, keine Anekdote, kein »Ich freue mich sehr, wieder hier zu sein«. Ihre Lieder sollten die Botschaft bringen. »Wo ist mein Lachen geblieben? Einst dröhnte und höhnte es doch. Was oder wer hat's vertrieben, mein Lachen, es war Teil von mir«, sang sie und auch: »Sie hatten sich nichts mehr zu sagen, stumm stand der Vorwurf in ihrem Blick, und eine Tür, die zugeschlagen, ließ den einen oder andren ohne Hoffnung zurück.« Fast alle Chansons klangen, als habe man die Wirtschaftsprognosen für dieses Jahr vertont. »Großvater hat sich umgebracht, letzte Nacht, letzte Nacht«, wer mag das an einem kalten Winterabend schon hören. Gilt nicht das eherne Gesetz, wonach in ernsten Zeiten den Menschen der Sinn nach Heiterem steht?

Das Schaugeschäft ist Fluchtburg und nicht Spiegel. Und doch: diese vollkommene Abwesenheit von raffiniertem Kalkül, von Publikumsmentalität hatte auch Würde, jenen trotzigen Gestus des »Nehmt mich, wie ich bin«. Schließlich ein grausamer Augenblick. »Von nun an ging's bergab«, sang sie, und was über Jahre Koketterie gewesen war, weil sie und ihr Publikum es besser wußten, war mit einem Mal unbarmherzige Wahrheit, es war ein trauriger, ganz und gar befremdlicher Abend.

Kann sie nicht anders oder will sie nicht anders? Sind diese gestanzten Posen Kalkül oder Ausdruck eines Verlustes an Unmittelbarkeit? Ein Star scheiterte. Denn das war sie wohl, mag man auch im nachhinein einwenden, sie sei immer überschätzt worden. Aus der Not hatte sie stets eine Tugend gemacht. Sie war gewiß keine begnadete Schauspielerin, sie spielte nicht, aber sie war auf der Leinwand als Typus präsent, sie war keine meisterhafte Stilistin, aber sie hatte in ihren Büchern etwas zu erzählen. Sie hatte keine große Stimme, aber ihre Liedertexte wirkten damals unverbraucht, authentisch, jedenfalls vom Schlagereinerlei denkbar weit entfernt. Sie hatte, was dem Niedergang erst Tragik gibt, die Fallhöhe. »Ich hoff' auf etwas Milde, hier steh' ich, eure Hilde«, bat sie, doch Pardon wird nicht gegeben in diesem Gewerbe, die »Welttournee«, von ihrem amerikanischen Astrologen sinnigerweise empfohlen, machte Station im fast leeren Kurhaus eines deutschen Bades: eine Groteske.

Ihr Mißerfolg ist symptomatisch. Dem Publikum ist sie vertrauter als irgend jemand sonst. Kaiserschnitt, Brustkrebs, Ehestreit, Gesichtskosmetik: ihr Krankenblatt lag auf jedermanns Nachttisch, ihrer seelischen Irrungen und Wirrungen brauchte man nicht einmal durch das Schlüsselloch ansichtig zu werden, sie taugt nicht zur Legende, weil um sie kein Geheimnis mehr ist. Heute sagt sie, man habe alle ihre persönlichen Krisen durch den Blätterwald geschleppt, doch war sie gewiß Täterin wie Opfer. »Wissen Sie«, verteidigt sie sich in einem Interview, »daß man in Deutschland seine Schauspieler oder Schriftsteller oder was auch immer, nennen wir es Künstler, sehr wenig liebt.« Sie beklagt die Schadenfreude, aber sie beschreibt doch eigentlich nur das Marktgesetz, wonach, wer viel verdient, auch viel leisten muß, wo Zuneigung und Abneigung dicht beisammen liegen, wo jedenfalls für Sentimentalität immer weniger Raum ist. Immerhin gibt es sie doch, die Zuneigung für Künstler, für einen Heinz Rühmann etwa, für Peter Alexander, für Udo Jürgens, für jene arglos-fröhlichen Zeitgenossen also, die charakteristischerweise mit der Tristesse des Alltags so auffällig wenig gemein haben.

Steht sie sich selbst im Weg oder steht sie uns im Wege? Im »Geschenkten Gaul« findet sich eine Chronologie ihrer Leiden: »Typhus, Gelbsucht, Kinderlähmung, Meningitis, Enzephalitis...« – eine Aufzählung ohne Ende; schließlich gesteht einer, er, der Hilde immer für ein »Musterbeispiel des deutschen Weibes« gehalten habe, erfahre nun, daß sie ein »Museum des Grauens« sei. Sie hat ein Schicksal, erinnert ihre Zuhörer an die Schattenseiten des Lebens, an Krankheit und Scheidung, wovon man schon nicht gerne hört, davon singt sie auch noch, ihr Anspruch auf Bewältigung ihres Leidens und die Seelenlage eines Publikums passen nicht zusammen.

Ihr Leben taugt zum Mitleid, wohl auch zur Bewunderung, wie da eine Frau mutig die Widrigkeiten ihres Lebens gemeistert hat. Nur: Mitleid und Starglamour schließen sich aus; wer einmal als Mensch akzeptiert worden ist, kann nicht mehr in die Ferne des Ideals entrücken. Von ihren Auftritten hat sie gesagt, das sei »wie Krieg«. »Da müssen Sie immer auch der Dompteur sein, dürfen sich, auch wenn es gutgeht, toi, toi, toi, nicht mitreißen lassen, müssen immer die Kontrolle behalten.« Dompteure dürfen Schwäche nicht zeigen, die aber hat die Knef gerade in ihrem Buch »Das Urteil« rückhaltlos bekannt – und damit den Machtkampf verloren.

Keine Frage, Hildegard Knef hat heute mit Aversionen zu kämpfen. Sie habe ihr Schicksal vermarktet, heißt es, gemeint ist damit, es gehe ihr besser, als es ihr im Rührstück des Lebens gehen dürfe. Irgendwie hat sie das Publikum um das tränenselige Ende betrogen, sie erinnert an einen armen Menschen, der, gerade beschenkt, hernach in einem Nobelrestaurant anzutreffen ist.

Ein törichter Vorwurf. Leiden, künstlerische Bewältigung und Profit sind durchaus gängige Kombinationen, doch vielleicht hat man sie zu sehr zum Ideal der »Trümmerfrau« stilisiert, als daß der Geruch der Geschäftstüchtigkeit ihr Bild nicht hätte tangieren können. Sie, die man in ihren frühen Tagen vielleicht sogar geliebt hatte, war später nur noch interessant und damit jenem Verschleißprozeß in einer Industrie des Schönen ausgesetzt, an dessen Ende das Vergessen stehen mag. Womöglich hat sie die Prinzipien des amerikanischen Showbusiness, trotz ihrer Hollywood-Erfahrungen, nicht vollkommen begriffen. Natürlich geben amerikanische Stars einiges, mehr jedenfalls als hierzulande üblich, von ihrer Privatsphäre preis, aber dieser Exhibitionismus beruht auf ausgetüftelten Spielregeln, ist weniger Bekenntnis als Inszenierung. Showstars haben eine öffentliche und eine private Biographie, die eine wird fleißig publiziert, die andere weitgehend versteckt.

Hildegard Knef scheint in der Illusion befangen, auch sie könne ihr persönliches und ihr künstlerisches Leben reinlich trennen. Sie habe, erzählte sie beispielsweise in einem Gespräch, Kinderlähmung gehabt, könne auf der Bühne nur mit Mühe stehen, und sagt zugleich, die Zuschauer sollten sie bei ihren Auftritten »prachtvoll sehen«. Man gebe doch kein Geld aus, »um jemanden zu sehen, der nicht stehen kann«. Dabei denken im Zeitalter des Medienverbunds die Zuschauer wahrscheinlich nur, sind solche Privatheiten erst einmal in die Welt gesetzt, wie gut die Knef trotz ihrer Kinderlähmung stehen kann.

Was sie vorführt, ist Illusionstheater mit vorheriger Führung durch die Kulissen, eine absurde, aber in ihrer Vergeblichkeit auch anrührende Veranstaltung. Dem Bedürfnis nach Illusion, wie sie es versteht, hat sie Tribut gezollt. Sie erklärt: »Ich bin ein Ästhet. Ich kann einem Menschen, der dreißig Mark zahlt, um mich zu sehen, nicht zumuten, daß dann da oben eine häßliche, alte Frau steht«, sie hat ihr Gesicht liften lassen. Alter ist dank der Schminke für Schauspieler ein relativer Begriff, gleichwohl hat man ihr die Gesichtskosmetik verübelt, jedenfalls den Rummel darum. Heute singt sie Lieder über ein 53 Jahre währendes Leben und Leiden mit einem Gesicht aus der Ära der Zeitmaschine. Die Kunst ist mit einem Mal authentischer als die Natur.

Was heißt für einen Star, mit Anstand zu altern? Altersrollen spielen wie Lauren Bacall, sich vor der eigenen Legende verstecken wie Greta Garbo oder das Gesicht verjüngen wie Hildegard Knef – und nicht nur sie. Alt werden ist in diesem Gewerbe kein unmerklicher Prozeß, alte Filme verlebendigen immer wieder Gewesenes, und bei der Knef mag hinzukommen, daß ihr Leben auch immer ein Kampf gegen die Hinfälligkeit des Körpers war. Auf die Frage, wie sie einmal sterben wolle, hat sie denn auch geantwortet: »Gar nicht.«

Désirée Nosbusch
Mehr als schiefgehen kann es nicht

Ja, sie hat Karriere gemacht, früh, aufs Ganze gesehen wohl zu früh. Ehe sie sich selbst gehören konnte, gehörte sie schon der Industrie des Gefälligen, ehe sie sich ein Bild von sich machen konnte, entwarfen andere ein Bild von ihr.

Désirée Nosbusch war als Hauptdarstellerin in der Menschen liebstem Rührstück ausersehen: der herzergreifenden Geschichte vom Mädchen aus kleinen Verhältnissen, das in einer Welt, in der jeder seines Glückes Schmied ist, den Weg von ganz unten nach ganz oben findet: Ihr Vater ist Lastwagenfahrer, sie ist in einem luxemburgischen Dorf aufgewachsen, das Mädchen vom Lande marschierte zum örtlichen Rundfunksender, aus Neugier, was sonst, jedenfalls blieb ihr Talent nicht verborgen, als Kind durfte sie schon in den Äther plappern.

Mit zwölf begann sie bei Radio Luxemburg Kinderfunk und dann auch Musik zu beplaudern, mit fünfzehn stand sie vor der Fernsehkamera als Moderatorin der »Musicbox«, war Talkmaster in »Désirée darf das« und hat nun, unterdessen siebzehn, auch schon drei Filme (»Nach Mitternacht«, »Der Fan« und »Super-Biester«) hinter sich.

Wen wundert es, daß sich dieser Erfolgsgeschichte jene bemächtigten, die den Tagträumen der Menschen Nahrung geben? Das Klischeebild war ihr angemessen, sie hätte sich, der Gunst des Schicksals dankbar, darein fügen können. Doch dieser Rolle mochte sie sich nicht anschmiegen, sie patzte, düpierte jene, die ihr Leben inszenieren wollten. Dem Widerstand fehlte gelegentlich die Maßstäblichkeit, doch er war nichts anderes als der Versuch, sich im schönen Schein nicht vollends zu verlieren.

Jene, die im Fernsehen die Unterhaltung verwalten, hat sie barsch als »Beamte, die keine Power haben« bezeichnet, ihre Sendung »Musicbox« als »einfallslose Glitzershow« abgetan, mit Artigkeiten geht die junge Dame sparsam um, sie ist nicht willfährig, nicht bequem, stemmt sich, so gut es eben geht, gegen die Hohlheiten des Amüsierbetriebs. Sie versucht, zugleich drinnen und draußen zu sein, das führt zu Widersprüchen, Ungereimtheiten, doch ein siebzehnjähriges Mädchen wäre ein Monstrum an Konsequenz, wenn sich Denken und Handeln bruchlos ineinander fügten.

Für den zerbrechlichen Nimbus eines Fernsehstars hat sie einen hohen Preis bezahlt. Der Aufstieg hat sie gekostet, was zum Privileg ihrer Generation zählt: die Freiheit. Die private und die öffentliche Biographie haben sich unentwirrbar ineinander verschränkt, was oft nur ein Tasten, ein Suchen war, erhielt ein Gewicht, das ihm nicht zukam. Das Geschäft hat Regeln, die hat sie absichtsvoll oder aus Lust an der Provokation verletzt. Solange die Aufmüpfigkeit ins Ungefähre zielte, war sie wohlgelittener Teil des »Image«, wo sie konkret wurde, traf sie auf bittere Reaktionen. Sie habe, so sagt ein Mädchen, das nach den Buchstaben des Gesetzes noch nicht einmal volljährig ist, wohl mehr Feinde als Freunde, werde von mehr Menschen gehaßt als geliebt.

Und sie könne doch nichts dafür, sagt Désirée Nosbusch, fast flehend, daß sie so lieb, nett und selbstbewußt aussehe, daß ihr Inneres so wenig zu ihrem Äußeren passe. Nichts sonderlich Auffälliges sei an ihr, sie sei ganz normal. Die Show ist freilich pure Illusion, die Stars müssen den Menschen entrückt werden, nur so taugen sie zum Objekt der Identifikation. Diesem Mechanismus beugt sich am Ende auch Désirée Nosbusch resignierend.

Sie hat Unglück im Glück. Man hat sie auf ein Podest gestellt, doch da oben begann sie zu frieren. Sie hat aus ihrem Herzen keine Mördergrube gemacht, hat die Ödnis, die mangelnde Professionalität der Zunft, der sie dient, attackiert, doch die einen haben diese Kritik mit dem Hinweis abgetan, dies alles sei sozusagen nicht auf ihrem Mist gewachsen, und die anderen haben mit der Boshaftigkeit des enttäuschten Liebhabers reagiert. Die Attribute waren jedenfalls schnell verteilt: frech, vorlaut und arrogant.

Sie hat Skandal gemacht, beispielsweise den bayerischen Ministerpräsidenten in einer Fernsehsendung daran erinnert, er leide nicht gerade unter Magersucht. Der Anlaß war prekär genug. Da war im Freistaat eine neunzehnjährige stark übergewichtige Dame nicht als Beamtin eingestellt worden. Vom Abspecken war die Rede bei Strauß, von Selbstdisziplin, der Widerspruch war jedenfalls augenfällig, und Désirée Nosbusch sagt, sie habe bis heute nicht begriffen, was an ihrem Einwand schlecht gewesen sein sollte, und auch: Mir ist eine dicke Nette lieber als eine dünne Eklige. Einmal auf den Geschmack gekommen, trieb sie in der »Seid-nett-zueinander«-Sendung des harmlosen Herrn Fuchsberger ihre Widerborstigkeiten weiter. Das Abstimmungsergebnis zum Thema Duzen stimme nicht, einer Sängerin riet sie, »zieh die Stöckelschuhe aus«, auf dem Fernsehschirm ging es im Sinne des Wortes »lebendig« zu. Das verdroß manche.

Diese Aufsässigkeit hatte ihr im recht zarten Alter denn auch den ersten Krach beschert. Den Anlaß nennt sie mit abschätzigem Blick den »sogenannten Kindertag« bei Radio Luxemburg. An dem ominösen Tag wurden etliche Knirpse in den Sender gebeten, die nahmen die Aufforderung, »den Sender auf den Kopf zu stellen«, wohl sehr wörtlich, einen Techniker verdroß der Lärm im Regieraum, die Kinder sollten weichen, das wiederum empörte die schlagfertige Désirée. Ein Wort gab das andere, das letzte hatte die Moderatorin: »So kinderfeindliche Menschen dürften nie geboren sein«, ließ sie die Hörer wissen, und war fortan auf den »fröhlichen Wellen« nicht mehr zu hören. »Ich finde es verlogen«, schimpft sie, »nach außen hin vorzugaukeln, man gebe den Kindern eine Chance.«

Die Erfolgsleiter ist Désirée Nosbusch dennoch hinaufgeklettert. Über das jeweils Zurückliegende hat sie bei Gelegenheit unfreundlich gesprochen. Es lange eben nicht, maulte sie über die Gepflogenheiten bei Radio Luxemburg, sich acht Platten zu greifen, ins Studio zu gehen und über das Wetter zu reden. Mit einer verstörenden Beharrlichkeit hat sie die Brücken hinter sich abgebrochen. Mag sein, daß sie damit auch ihre Neigung bekämpfen will, dann, wenn am Ende des Tunnels kein Licht mehr erscheint, dorthin zurückzukehren, wo sie hergekommen ist. Jetzt besucht sie in New York eine Schauspielschule, da habe sie, sagt sie mit einem ihr fremden Pragmatismus, etwas, was ihr niemand mehr nehmen könne.

Ob sie schon einmal daran gedacht habe, alles wieder hinzuwerfen? Sie habe, räumt sie ein, so eine Phase gehabt, »doch andererseits habe ich gedacht, wieso eigentlich, wieso soll ich wegen denen aufgeben?« Wegen denen: Das ist zum Beispiel die Filmproduzentin Regina Ziegler, die sie bei den Dreharbeiten zu der Verfilmung von Irmgard Keuns »Nach Mitternacht« so recht bemuttert habe und die hernach, um dem trägen Geschäftsgang des Filmes auf die Beine zu helfen, Fotos der unbekleideten Désirée, die in dem Werk dann tatsächlich nur eine bescheidene Rolle spielen, in einschlägige Zeitschriften lanciert habe. Durch Schaden wird man klug, freilich nicht immer, denn jetzt streitet sich Désirée Nosbusch in ähnlicher Sache mit dem Filmregisseur Eckhard Schmidt. Auch der setzte, wie soll es in einem deutschen Durchschnittsfilm auch anders sein, auf jene Mischung von Unschuld und Verderbtheit, die der Typus der Kindfrau dem Zuschauer allemal signalisiert, pflegte mithin in dem Schauerepos »Der Fan« mit Eifer die Freikörperkultur, tat dies aber, so beteuert jedenfalls Désirée Nosbusch, nicht, wie versprochen, edel verbrämt, sondern brutal, kurz so, daß die solcherart groß Ausgeleuchtete sich an einen »Edelporno« erinnert glaubte und gegen den Filmemacher prozessierte. Er berief sich in dieser Posse auf die Freiheit der Kunst. Der Streit hatte denkbar geringe Fallhöhe, über das Filmchen samt Begleiterscheinung wäre besser der Mantel barmherzigen Schweigens gedeckt worden. Immerhin, sie hat sich übertölpelt gefühlt, hat sich gewehrt, wollte wohl auch dem Eindruck entgegenwirken, sie sei nur ein Sexsternchen. Doch wie auch immer, mehr als eine bloße Torheit war es, daß just zu dieser Zeit neckische Bildchen der Désirée Nosbusch in einem Herrenmagazin widerspruchslos erscheinen konnten: schließlich ist das einzige Kapital in diesem ungleichen Kampf einer gegen alle die Glaubwürdigkeit.

Das beschwerliche Leben eines frühreifen Stars. Sie sei, sagt sie nachdenklich, eigentlich immer anders gewesen. Wenn andere spielen gegangen seien, habe sie gemalt, Cliquen, Diskotheken hätten ihr nichts bedeutet, und unübersehbar ist der Widerspruch zwischen der mädchenhaften Physiognomie und einem Hang zur Schwermut, der eher dem Abend eines Lebens zuzurechnen wäre. Viele Freunde habe sie nie gehabt, und vom Unterhaltungsgewerbe sagt sie mit brutaler Klarsicht: »Jeder kennt jeden, jeder duzt jeden, jeder sagt: ›Du bist mein Freund, ruf mich an, wenn du mich brauchst!‹ Doch wenn es einem schlecht geht, ist niemand da.« Mit siebzehn hat sie keine Träume mehr, keine Illusionen. Sie kommt, welch fremdartiges Thema, auf die Angst zu sprechen, erzählt, ihr liege nichts am Leben, sie habe keine Furcht vor dem Tod. Brigitte Bardot sagte, als sie vom Tod Romy Schneiders hörte, das Showgeschäft sei ein mörderisches, den Menschen zerstörendes Gewerbe: wer die tristen Bekundungen der Désirée Nosbusch hört, mag es glauben.

Einer, der sich auskennt, hat einmal gesagt, in diesem Metier quäle man die Opfer, aber man lasse sie am Leben. »Mehr als schiefgehen kann es nicht«, hat Désirée Nosbusch zu Beginn ihrer öffentlichen Existenz frohgemut verkündet. Prompt hat man sie mit dem zweifelhaften Lob bedacht, sie sei ein »perfekt funktionierendes Mediengeschöpf«. Sie ist alles andere als das. »Ich will«, erklärt sie, »kein Objekt sein, das man hin und her schiebt, für das man Prozente kassiert. Ich will immer wissen, woran ich bin.«

Leni Riefenstahl
Verführungen

Lange, sehr lange bleibt die Leinwand dunkel, dann sieht man den Reichsadler mit dem Hakenkreuz, in das Horst-Wessel-Lied drängt sich das Brummen eines Flugzeugmotors, über den dunklen, dräuenden, das banale Gewissen in magisches Licht tauchenden Wolken fliegt eine Propellermaschine, auf der Leinwand erscheint der Text: »Am 5. September 1934, zwanzig Jahre nach dem Ausbruch des Weltkriegs, sechzehn Jahre nach dem Anfang deutschen Leidens, neunzehn Monate nach dem Beginn der deutschen Wiedergeburt, flog Adolf Hitler nach Nürnberg«; Licht bricht durch die Wolken, das Flugzeug steigt vom Himmel herab, aus der Vogelperspektive sieht man die durch die alte Reichsstadt marschierenden Kolonnen, dann landet der Mann, der von oben zu den Menschen kam.

Leni Riefenstahls Film »Triumph des Willens« zeigt einen Hitler, der über das Maß des Irdischen bereits hinausgewachsen war. In keinem Film, der in den zwölf Jahren nationalsozialistischer Herrschaft entstanden ist, hat die Legende dieses Mannes einen vollkommeneren Ausdruck gefunden. Nirgendwo war jenem besonderen Vermögen der Nationalsozialisten, das Walter Benjamin die »Ästhetisierung der Politik« genannt hat, besser auf die Spur zu kommen. Leni Riefenstahl, die gelernte Tänzerin, muß fasziniert gewesen sein von der Theatralik, der Choreographie des Parteitags, von der suggestiven Wirkung der Aufmärsche, Paraden, Fakkelzüge, Fahnenweihen, Lichtdome und Totenehrungen. Politik wird da ganz und gar in Kunst verwandelt, einer einschüchternden, terroristischen Ästhetik dienstbar gemacht.

Die Sieger des Zweiten Weltkriegs haben »Triumph des Willens« im Giftschrank verschlossen. Sie ängstigte, auch als das »Tausendjährige Reich« schon längst in Trümmern lag, die suggestive, sinnenbetäubende Kraft dieses Films. Die Bänglichkeit war verständlich, weise war sie nicht. Denn des Phänomens Nationalsozialismus wird man nicht habhaft, wenn man seine gleisnerischen Selbstdarstellungen, jene ins Profane gewendeten Liturgien der Erinnerung entzieht. Luis Buñuel hat sich erinnert, er habe in den vierziger Jahren die Parteitagsfilme der Leni Riefenstahl so bearbeiten sollen, daß sie als Gegenpropaganda taugten. Das Ergebnis habe er René Clair und Charlie Chaplin vorgeführt. Chaplin habe sich vor Lachen gebogen und behauptet, Hitler sei nur eine schlechte Kopie des Tramps, doch Clair vermutete, die Bilder seien so effektvoll, daß die amerikanischen Zuschauer das Kino mit dem Gefühl verlassen hätten, Deutschlands Macht sei unwiderstehlich. Der Film wurde Präsident Roosevelt vorgeführt, der stimmte René Clair zu, der Film verschwand im Archiv.

Nach dem Desaster wurde hierzulande die Vergangenheit bewältigt. Zumeist so, daß das Gewesene verkleinert, ins Lächerliche gezogen wurde. Die Theatralik Hitlers, seine perfide Rhetorik wurden aus dem Kontext gerissen und dem Amüsement preisgegeben. Jenen, die diese Zeit nicht erlebt hatten, mußte Hitler wie ein geifernder, notorisch exaltierter Scharlatan erscheinen. So war am Ende ganz unverständlich, warum ihm Millionen in den Abgrund gefolgt waren. Über die »Banalität des Bösen« war viel zu lesen, doch die »Faszination des Bösen« ist für die Nachgeborenen nirgends sinnfälliger zu begreifen als in Riefenstahls Film »Triumph des Willens.«

Die Urheberschaft an diesem Meisterwerk des dokumentarischen Films hat Leni Riefenstahl viel Feindschaft eingetragen. Sie hat sich vorzugsweise mit dem Argument verteidigt, sie sei immer nur an Schönheit, an ästhetischen Effekten, nie an Politik interessiert gewesen. So hat sie Hitler, der ihr den Film über den Reichsparteitag persönlich angetragen hatte, geantwortet, sie könne nicht einmal die SA von der SS unterscheiden. So grotesk hat sie die Diabolik des Systems mißverstanden, daß sie nicht begriff, daß ihre schwärmerische Zuneigung zu Hitler, die politischer Naivität nicht widersprach, eine geradezu ideale Voraussetzung für den Film »Triumph des Willens« war. Statt dessen schlug sie Walter Ruttmann, den Regisseur des berühmten Films »Berlin – Symphonie einer Großstadt«, für die Aufgabe vor. Ruttmann, ein Mann, der in der Weimarer Republik den Kommunisten nahegestanden hatte, verfertigte denn auch einen Prolog, in dem der Aufstieg Hitlers, ganz materialistischer Geschichtsbetrachtung folgend, aus den ökonomischen Verhältnissen der Republik erklärt wurde.

Doch was Hitler wollte, war etwas gänzlich anderes. Er wollte die Geschichtsferne, die Weltentrücktheit, das große, demagogische Theater, das rauschhafte Erlebnis, er wollte im Film wie in der Wirklichkeit des Parteitags den überwältigten, geduckten Betrachter, der sich dem Mysterium der Macht ausliefert. Ruttmanns Prolog fand denn auch keine Gegenliebe, von Riefenstahls Film dagegen war Hitler begeistert. Beharrlich hat Leni Riefenstahl sich mit dem Hinweis verteidigt, sie habe nur gefilmt, was zu sehen war. Tatsächlich war sie Chronistin einer Inszenierung, doch sie war mehr als das. Raffinierte Kamerapositionen, ausgeklügelte Zwischenschnitte, Rhythmus, Montage und Musik überhöhen die Theatralik des Parteitages, eliminieren die Ödnis endloser Reden, Aufmärsche, Paraden, hier wird gerafft, verdichtet, hier wird dem Betrachter eine Omnipräsenz zugestanden, in deren Genuß niemand, der damals in Nürnberg gewesen war, gelangen konnte; erst im Film kommt das propagandistische Kalkül zur Vollendung.

Sie habe, sagte Leni Riefenstahl, die Wahrheit gefilmt und nichts als die Wahrheit, doch wo das Leben zur Lüge wird, gilt die Lüge als Leben. Goebbels rühmt denn auch, »Triumph des Willens« sei mehr als ein Propagandafilm, seinem Diktum folgend, auch eine ostentativ zur Schau getragene nationalsozialistische Gesinnung ersetze noch lange nicht den Mangel an wahrer Kunst. Kunst komme, so Goebbels, nicht vom Wollen, sondern vom Können. Aufs Ganze gesehen gibt es im nationalsozialistischen Film für diesen Anspruch jämmerlich wenig Entsprechungen. Leni Riefenstahls Filme waren die Ausnahme; mag sein, daß die offenkundige Brillanz, jener Hauch von Genie, der da elenden Zwecken dienstbar gemacht wurde, die endlosen Querelen vorzugsweise genährt haben. Obendrein hatten die Nationalsozialisten, nach Filmen wie »Hitlerjunge Quex« oder »SA-Mann Brandt«, schnell die Lust an der Verfilmung ihrer Legenden verloren, doch jeder, der blieb und weiterfilmte, hatte teil an den Trugbildern des Systems.

1974 hatte man Leni Riefenstahl zum Filmfestival nach Tellurid im amerikanischen Bundesstaat Colorado eingeladen. Es gab Proteste, und der jüdische Bürgermeister beschwichtigte, man ehre die Künstlerin, nicht das Individuum. Kann man Moral und Kunst so strikt trennen? Der Maler David war ein Opportunist, doch schuf er Meisterwerke. Kunst hat mit Redlichkeit gelegentlich verzweifelt wenig gemein, das Gesellschaftliche verschwimmt im Nebel der Erinnerungen, so bleiben die Werke, die ihrer vordergründigen Zwecke entkleidet sind. Leni Riefenstahl erlebt allmählich eine Renaissance. Vor allem im Ausland wird ihr, wie auch Wagner oder Ernst Jünger, eine geradezu kultische Verehrung zuteil, weil sie jenen Nimbus des Teutonischen, den Franzosen, Engländer,

Amerikaner so schwer missen können, geradezu ideal verkörpert. Auch Feministinnen zeigen sich nachsichtig. Für sie ist Leni Riefenstahl eine Frau, die sich in einer Zeit, die gänzlich andere Ideale propagierte, behauptete. Cocteau hat sie bei Gelegenheit ein »Genie des Films« genannt. Das wird jene verstören, die dort, wo Terror und Massenmord herrschen, keinen Raum für die Kunst sehen, für die Banalität und Barbarei zusammengehören.

Für Schiller war Schönheit »Freiheit in der Erscheinung«, Leni Riefenstahl hat die Unfreiheit verklärt, jenes Aufgehen in der Masse. Ihr Film »Triumph des Willens« ist eine Apotheose der Geschlossenheit, der Stärke, der Macht, hier wird die seelenlose Ordnung gegen das lebendige Chaos gesetzt, die Geformtheit gegen die Beliebigkeit, die Ausdruck von Freiheit ist, aber dieser Monumentalismus war nicht nur Konstrukt, nicht nur Ideologie, sondern Ausdruck menschlicher Sehnsüchte, die so sehr dem Sentiment der Zeit angehörten, daß auch Ausländer sich nicht unbeeindruckt zeigten.

Im nachhinein läßt sich über die Filme der Leni Riefenstahl leicht urteilen. In einer Inszenierung des »Théatre du Soleil« wurde Klaus Manns »Mephisto« mit Bildern aus Auschwitz kontrastiert, ein unhistorisches, unzulässiges Verfahren, mit dem auch gegen die Filme Riefenstahls polemisiert wird. Obendrein ein unnötiges. Denn selbst aus dem zeitlichen Kontext ihrer Entstehung sind die Filme keineswegs keusch und unpolitisch. »Triumph des Willens« war natürlich der Versuch, die Erinnerung an die Morde an den SA-Führern auszulöschen, eherne Geschlossenheit zu demonstrieren, die »Olympia-Filme« nährten die Illusion eines friedliebenden Deutschlands, den Filmen ist, wie verborgen auch immer, kein Widerstand gegen das jeweils politisch Opportune eigen.

Immerhin: wer seine Augen nicht verschloß, mochte aus den aggressiven Ritualen des Parteitags das nahende Unheil herauslesen. Freilich gibt es auch für das interessenlose Wohlgefallen der Leni Riefenstahl an Kraft, Schönheit und Anmut Belege. Im Olympia-Film wird dem Neger Jesse Owens gewiß mehr Aufmerksamkeit geschenkt, als es bornierten Rasseideologen lieb gewesen sein mag, doch ist es einigermaßen töricht, wenn dies heute unter sublimen Widerstand rubriziert wird. Nein, sie war schon Teil des Systems, ließ in einem Interview wissen, Hitler sei der größte Mann, der jemals gelebt habe, alle großen Deutschen, Nietzsche, Bismarck, hätten Fehler gehabt, nur er sei rein gewesen; sie hat manch schwärmerischen Unsinn von sich gegeben, war gewiß eine Parteigängerin, doch ihre Filme sind wohl weniger Ausdruck einer Gesinnung als eines ästhetisch reduzierten Verhältnisses zur Realität. Über ihre Arbeitsweise hat sie gesagt, sie habe überlegt, was komme am Anfang, was eigne sich fürs Ende, wo ist das beste Material, wo seien Steigerungen möglich. So hat sie nach den Bedürfnissen des Rhythmus und der Spannung die Reden der Parteigewalt genauso raffiniert mit Bildern von Zuschauern, vom Ambiente gemischt, wie sie die versiegende Kraft eines Marathonläufers mit Nahaufnahmen seiner schwerer werdenden Beine sinnfällig gemacht hat. Nie war die Sportreportage eindrucksvoller, nie das politische Ritual, sie habe, sagt sie, sich weder für Sport noch für Politik sonderlich interessiert, viel war da wohl Intuition, Gefühl, Willfährigkeit einer radikalen Ästhetin.

Vor 1933 hat Leni Riefenstahl Bergfilme gedreht, die vor Schicksalshaftigkeit und mystischen Geheimnissen dampften. In Filmen wie »Das blaue Licht« haben Kracauer und andere präfaschistische Züge entdeckt. Das war natürlich Unsinn, nicht anders als der Vorwurf, die Fotos, die sie vom Negerstamm der »Nuba« gemacht hat, hätten mit den schwarzen Uniformen der SS zu tun. »Mich fasziniert«, hat sie einmal gesagt, »was schön ist, stark, gesund, lebendig. Ich suche Harmonie.«

Sie war und ist eine radikale Ästhetin. Ihre Filme zeigen das Genie und die Grenzen dieses Trunkenseins von Schönheit, Glanz und Monumentalität. Nie ist die Verführungskunst der Nationalsozialisten kongenialer dargestellt worden als in den Filmen der Leni Riefenstahl. Fassbinder hat gesagt: »Der Führer war halt was Tolles für die Leute, was Grandioses.« Von der trügerischen Faszination der Diktatur handeln ihre Filme, deswegen haben sie teil an der Wahrheit – der halben.

Heinz Rühmann
Kleiner Mann ganz groß

Gelegentlich spricht Heinz Rühmann von seiner Angst. Dann verflüchtigen sich die Lachfältchen, die koketten, jungenhaften Gesten, und er erzählt mit leiser Stimme, wieviel Überwindung es ihn zuweilen koste, durch ein Lokal zu gehen, sich der unverhohlenen Neugier zu stellen, die Preis der Berühmtheit ist. Jenes verzweifelte Beharren auf Privatheit hat rührende, fast tragische Züge. Es ist pure Illusion. Denn die Einzigartigkeit dieses Schauspielers liegt in dem Umstand begründet, daß er den Unterschied zwischen Schein und Sein, Kino und Wirklichkeit vergessen macht. Die Rollen, die er spielte, greifen unmerklich ins Leben über, werden Teil der Alltagserfahrung der Zuschauer. Deswegen taugen die Kultbegriffe des Kinos für Heinz Rühmann nicht. Er ist kein Star im herkömmlichen Sinne, schon gar kein Idol, die Menschen empfinden ihn als ihresgleichen, als einen guten Bekannten, dem man sich ohne Demut, ohne Scheu und ohne Ehrfurcht nähern kann. Was Wunder, daß dann und wann einmal einer Rühmann zutraulich auf die Schultern klopft, ihn treuherzig duzt. Kann man einem Schauspieler, einem Mann, der etwas darstellt, bei dem Dasein heißt, eine Rolle zu spielen, ein größeres Kompliment machen?

Komiker haben es schwer. Von ihren Verletzlichkeiten mag niemand etwas hören. Zuzeiten hielten sich die hohen Herren einen Hofnarren, der sie auf höchsten Befehl gefälligst zu amüsieren hatte. Die Tradition wirkt nach. Doch den Hofnarren, die Ulknudel mag Heinz Rühmann nicht spielen. Er könnte es auch nicht. Einem Regisseur, der mit ihm gearbeitet hat, war aufgefallen, daß sein Hauptdarsteller, sobald das Auge der Kamera seine Mimik nicht mehr unbarmherzig registrierte, nicht mehr lachte. Er begriff das Geheimnis des Heinz Rühmann nicht. Dieser hat sich in seinen Memoiren, die lakonisch »Das war's« überschrieben sind, einer sehr charakteristischen Begebenheit erinnert. Als blutiger Anfänger war er am Provinztheater von Hannover engagiert. Die Rollen waren für einen jungen Mann, der davon träumte, im Fach des jugendlichen Helden zu reüssieren, nicht eben üppig. Doch der Tiefpunkt war das Ansinnen, die unscheinbare Rolle eines Kellners zu spielen. Rühmann schickte sich nicht in sein Los, sondern gab den Kellner so grantig, so wenig seinen Verdruß verbergend, daß die

Chargenrolle unversehens ins Zentrum der Aufführung geriet. Das ist es, was man noch in den durchschnittlichsten seiner Filme spürt: jenen Kampf zwischen einer Persönlichkeit und einem Kinoklischee. Der Industrie des Schönen ist Rühmann nie vollkommen willfährig gewesen. Er ließ sich nicht eine öffentliche, fugenlose Biographie anmessen, ließ sich nicht zur Kunstfigur degradieren, die das Wesen eines Menschen negiert und den Star, wenigstens nach außen, jeder irritierenden Privatheit entkleidet.

Spaß ist bei Rühmann Arbeit, Verwandlungskunst, wohl auch Ausdruck des immerwährenden Versuchs, die Widrigkeiten des eigenen Lebens im Spiel zu überwinden. In der flüchtigen Rückschau mag da viel wie die Wiederkehr des Immergleichen wirken, doch schaut man genauer hin, sieht man die Nuancen, die entstehen, wenn ein Schauspieler nicht sein Lebensgefühl, eine angeborene Fröhlichkeit, auf eine Filmfigur überträgt, sondern jedesmal von neuem um das Lachen kämpfen muß.

Redselig ist Heinz Rühmann nicht. Schon gar nicht zu Journalisten. Die Taktlosigkeit einiger anläßlich des Todes seiner zweiten Frau Hertha Feiler bedrückt ihn noch heute, das sei unerhört gewesen, doch dann stockt er, mag nicht weiter darüber sprechen, versinkt für einen Moment in seinen Erinnerungen, wechselt das Thema oder doch nicht, denn er erzählt von einem Kollegen, der eine Journalistin nach Hause geschickt habe, die nur gefragt habe, was ohnehin in jedem Archiv nachzulesen war.

Nein, da saß in einem Münchener Hotel kein Medienbubi, der um der Publizität willen zu allem bereit ist, sondern eine imponierende Gestalt in einer Zeit, deren Zauberwort Public Relations heißt. Kein Exzentriker, kein Angeber, sondern ein Mann, der nach achtzig Lebensjahren Bilanz zieht. Und dies ohne Selbstgefälligkeit. Über seine Vorkriegsfilme spricht er mit einer Herablassung, die den Gedanken verbietet, hier wolle einer Widerspruch provozieren. Der Schwejk sei seine liebste Rolle gewesen, den »Hauptmann von Köpenick« läßt er gelten, auch den »Jugendrichter«, die Fernsehspiele »Der Tod des Handlungsreisenden« und »Der Zug nach Manhattan«. Da wird ein Lebenswerk ohne Pose abgeurteilt, gewiß zu streng bewertet. Mag sein, daß da noch das deutsche Dilemma zutage tritt, das Leichte als leicht zu machen einzuschätzen: jene unausrottbare Sehnsucht, im Hamlet und nicht im »Raub der Sabinerinnen« aufzutreten.

Ein Prototyp des selbstbewußten Komikers ist Rühmann wohl

nicht. Nicht zufällig kommt er, wenn er von seiner Sehnsucht spricht, auf den Clown zu sprechen, nein, eigentlich nicht auf den Clown, sondern auf den Bajazzo, der mit wundem Herzen die Menschen zum Lachen bringt. Absichtsvoll hat er in seinem Erinnerungsbuch Otto Falckenbergs Definition der Komik zitiert: »Komik muß man als Ganzes einsetzen. Vor allem aber muß beim Komiker das Tragische als Gegengewicht vorhanden sein. Ein Komiker ohne die Umschaltung des Tragischen wird nie ein Menschendarsteller sein können, bestenfalls ein Spaßmacher.«

Heinz Rühmann hat viele Gesichter. Sie verschwimmen im Nebel der Erinnerung. Nur ein Bild bleibt: das des allen Mißlichkeiten des Lebens trotzenden Stehaufmännchens. Ganz zu Anfang seiner Filmkarriere hat Rühmann einen Feigling gespielt, einen Mann, der den Kriegsdienst verweigerte. Die Rolle war mit Rühmann falsch besetzt, und dennoch ist gerade hier eine Eigenheit der Rühmannschen Figuren vorweggenommen: Er war ein notorischer Zivilist. Selbst wenn man ihn in eine Uniform steckte, wie in Fred Sauers »Der Stolz der 3. Kompanie«, ihn einen Musketier spielen ließ, führte er mit treuherzigem Gesicht, mit jener ihm eigentümlichen Mischung von Naivität und Kalkül, das militärische Reglement ad absurdum. Zum teutonischen Helden ist er nicht geschaffen. Die Nationalsozialisten, kaum an die Macht gekommen, ließen den Film wegen »Zersetzung des Wehrgedankens« verbieten.

Rühmann hat feine Pinkel und arrogante Schnösel gespielt, die erst das Drehbuch lehrte, daß Hochmut vor dem Fall kommt, doch alle diese Rollen sind in der Erinnerung wie weggewischt. Die Figur, deren wir uns entsinnen, ist der schüchterne, kleine Mann, der selbst dann, wenn er anderen Arges zufügt, dies mit einem befreienden Augenzwinkern tut. Rühmann hat sie »den kleinbürgerlichen Menschen in seinen Sorgen und Nöten« genannt.

Vielleicht ist dieser Typus, den Heinz Rühmann in seinen Filmen verkörperte, nie schlüssiger gebündelt worden als in Ladislao Vajdas »Ein Mann geht durch die Wand«. Buchsbaum heißt der kleine Held, ein Beamter dritter Klasse ist er, gleichwohl sitzt er zu Beginn des Films in einem Lehnstuhl und sinniert: »Im Grunde genommen bin ich ein zufriedener Herr.« Er sagt nicht, er sei zufrieden, er sagt, er sei es ihm Grunde genommen, nach bürgerlicher Kaufmannsart die Relativität des eigenen Glücks gegen ein denkbares Unglück aufwiegend. Sein Chef mag ihn, bei seinen Kollegen ist er beliebt, an die säumigen Steuerzahler schreibt er artige Briefe, nein, er habe keine Luxuswohnung, aber eine, die ruhig und gemütlich sei. Hier hat sich einer mit dem Gleichmaß des Lebens abgefunden, hat die Begrenzungen des Daseins akzeptiert, Neid ist ihm fremd und auch Anspruchsdenken. Wie viele Rühmann-Filme illustriert auch dieser populäre Spruchweisheiten: »Glück ist in der kleinsten Hütte« oder auch »Eigener Herd ist Goldes wert«. Doch das Ungemach läßt nicht auf sich warten. Ein neuer Chef kommt, Pichler heißt er, und da ihn Hubert von Meyerinck spielt, ist der Konflikt unschwer zu erraten. Der hält nichts von freundlichen Mahnbriefen, der Staat, so poltert er, bitte nicht, er fordere. Buchsbaum landet im Archiv, die Kollegen, anpasserisch, wie sie nun einmal sind, maulen, er hätte es nicht auf die Spitze treiben sollen – ein Sujet, das den Alltagserfahrungen der Zuschauer gewiß nicht fremd war. Es folgt der Aufstand des gequälten Bürokraten. Der entdeckt nämlich sein Vermögen, durch Wände zu gehen, steckt seinen Kopf durch des cholerischen, zackigen Vorgesetzten Wand. Du bist ein Dreckstück, Pichler, schreit er und auch: Du bist der Auswurf der Menschheit.

Doch nichts liegt Rühmann so fern wie die anarchistische Komik der Marx-Brothers. Er will die Welt nicht auf den Kopf stellen, will sie nicht ins Chaos stürzen, und so landen die Millionen, die er aus einem Banktresor entwendet, am Ende wieder dort, wo sie hergekommen sind. Der Traum vom großen Geld wird in die Welt gesetzt und am Ende der bürgerlichen Idylle geopfert. Der Schuster bleibt bei seinen Leisten. Doch man irrte, wollte man diese Fabel umstandslos dem Kitsch zuschlagen. In ihr werden Sehnsüchte Bild, die frei vom Irrealen des Exotischen sind. Die Sehnsucht nach einer menschlichen Bürokratie, nach Wertschätzung auch scheinbar minderer Arbeit, wohl auch die nach Gerechtigkeit. Fast alle Rühmann-Filme enden versöhnlich, und doch ist in ihnen die Tristesse der Realität aufgehoben. Die kleinbürgerliche, ganz und gar dem Privaten verhaftete Rebellion verliert sich in einer imaginären Glücksverheißung, um den Trost wird der Zuschauer nicht betrogen. Der Heroismus der Rühmannschen Figuren besteht in dem Verzicht, den Rausch der Macht und die Verlockungen der Rache auszukosten. Gleichwohl: Es sind Komödien mit Widerhaken. Hier obsiegte in einem Film aus den späten fünfziger Jahren ein ganz und gar unmilitärischer Typus, ein schlapper Zivilist über einen schnarrenden Kommißkopf, die subtile, fast beiläufige Revision einer überlieferten Werthierarchie. So mittelmäßig Rühmanns Filme zuweilen sein mögen, denn mit begnadeten Regisseuren war er selten gesegnet, sie sind oft eminent zeittypisch, greifen Stimmungen auf, gelegentlich auch Vorurteile, sind jedenfalls optische Urkunden ihrer Zeit. Im »Eisernen Gustav«, einem der späteren Rühmann-Filme und wohl auch einem der letzten, der noch die fernsehsüchtigen Senioren in die Kinos locken sollte, läßt Gustav, den Rühmann mit einem Bart, den er über sein Jungengesicht geklebt hat, mimt, den Alten ausrichten, sie sollten sich nicht die Butter vom Brot nehmen lassen. Wie kein anderer hat sich dieser Schauspieler allgemeiner Bänglichkeiten angenommen, nirgendwo sonst haben über viele Jahre Menschen ihre Ängste und Hoffnungen wiedergefunden wie bei Rühmann.

Seit vielen Jahren hat er keinen Spielfilm mehr gedreht. Dies ist kein Zufall. Die Botschaften, die seine Filme verkündet haben, mögen die Jüngeren nicht mehr hören. »Lächerlich«, so hat er einmal gesagt, sei das Kleingeld des Glücks. Die Epoche des Kleingelds ist vorüber.

Weimarer Republik, Drittes Reich, Bundesrepublik Deutschland und DDR (auch dort werden Rühmanns Filme gezeigt), Zusammenbruch der Wirtschaft, Terror, Pomp und Krieg, Trümmer, Wiederaufbau, Adenauer und Ulbricht: eine nationale Geschichte voller Katastrophen und Brüche. Der Ruhm Rühmanns hat all dies überlebt. Warum? Weil in seiner Person ein schier unverwüstlicher Archetypus des Films, ja jeder Kunst, Ausdruck gefunden hat: jener kleine Mann von der Straße, der jenseits aller Systeme und Ideologien als Opfer der Politik zum Mythos geworden ist. Alte Filme können im Regelfall ihre Historizität nicht verbergen. Ihr Typenarsenal gehört einer Epoche an, die unwiderruflich vergangen ist. Die markigen Helden sind uns nicht weniger fremd als die eleganten Verführer, die zur Legende stilisierte deutsche Mutter ist ebenso Geschichte wie die femme fatale, die blonde Unschuld ist ein Ideal von gestern, der Vamp ist es nicht minder. Selbst Charlie, der Tramp, so sehr er sein soziales Milieu transzendiert, kann seine Vergänglichkeit nicht verleugnen. Nur der »kleine Mann« ist eine Kinofigur, die für die Ewigkeit geschaffen scheint.

Man hat Rühmann in seinen Anfängen gelegentlich mit dem amerikanischen Stummfilmkomiker Harald Lloyd verglichen. Tatsächlich entbehrt er wie Lloyd aller auffällig komischen Attribute. Gelegentlich steht ihm der Schalk im Gesicht, verschmitzt sieht er dann aus, läßt vollkommen offen, ob seine Arglosigkeit gespielt oder echt ist. Doch Lloyd macht seine Arglosigkeit unverwundbar, die Einfalt ist seine Stärke. Rühmann ist nicht der reine Tor, er ist kein Candide, der sich in der besten aller Welten wähnt. Der Schwejk ist eben seine Lieblingsrolle. Der widerborstige Untertan, der die Obstruktion als glühende Bejahung tarnt. Doch die Insubordination darf auch nicht überhand nehmen. An der Vision des ganz anderen mangelt es seinen Filmen, sie haben sich im Hier und Jetzt eingerichtet, hier gilt es, den uralten Kampf Davids gegen Goliath auszufechten, hier werden die Betrüger mit ihren eigenen Mitteln geschlagen, und wenn den Filmen ein utopisches Moment eigen ist, dann wäre dies darin zu finden, daß Mutterwitz, Pfiffigkeit triumphieren, daß der »kleine Mann« zum ganz, ganz Großen werden kann, die Ordnung auf den Kopf stellt, um hernach wieder in die Anonymität zurückzusinken.

Heinz Rühmann ist ein Publikumsliebling, aber vorzugsweise der Deutschen. Warum lieben gerade sie diesen Schauspieler? Weil er uns mit seiner Heiterkeit über die Abgründe hinweghalf? Das wäre die Funktion jeder beliebigen Komik. Nein. Rühmann repräsentiert einen Teil unserer nationalen Identität, den Hang zum Biedermeierlichen, Behaglichen, Skurrilen, Selbstironischen. Er ist eine Figur aus der Bilderwelt eines Spitzweg, wohl auch eines Stifter, jedenfalls hat er seine Wurzeln in einer Zeit, in der die Welt am deutschen Wesen noch nicht genesen sollte, in der es keine Großmachtsträume, wenig Pathos und wenig Pomp gab. Die wilhelmische Ära ist in diesem Land gewiß ersehnt, sie ist ihm andererseits aber auch oktroyiert worden. Die Militarisierung des Alltags, die Standbilder und markigen Reden waren ein Aspekt. Doch es gibt eine zweite Linie der deutschen Geschichte. Eine kleinbürgerliche, gelegentlich philiströse, jedenfalls friedliebende und maßstäbliche. Keine dieser beiden repräsentierte für sich genommen den Nationalcharakter der Deutschen. Anders gesagt: Es gab Otto Gebühr als Friedrich der Große und Heinz Rühmann als Pfeiffer in der »Feuerzangenbowle«. Preußens Glanz und Gloria wird derzeit in den Museen gezeigt. »Die Feuerzangenbowle« läuft, als wäre sie gerade eben gedreht, im Kino. Rühmann war 41 Jahre, als er in die Rolle des Pennälers Pfeiffer schlüpfte. Es ist merkwürdig, daß die Deutschen eine besondere Zuneigung zu jenen Künstlern fassen, denen man als Erwachsenen ohne Not noch kurze Hosen anziehen könnte.

»Humor«, meint Jean Paul, »ist auch eine Erhebung gegen den Himmel; nur geht man wie der Vogel Merops, mit dem Hintern zuerst.« Der Beruf des Schauspielers, sagt Rühmann nachdenklich, sei Last und Lust. Rückschläge, Enttäuschungen sind ihm nicht erspart geblieben. Damals hat er die Menschen kennengelernt. Doch seine heutige Gemütslage, und da scheint es, als sei er ganz zum Schluß doch noch in die Haut seiner Filmhelden geschlüpft, nennt er, ohne davon sonderlich Aufhebens zu machen, heiter-besinnlich. Jedenfalls könne er, wenn es denn sein müsse, mit Gelassenheit abtreten. »Keine Angst vor großen Tieren« hieß eine seiner Filmkomödien. In ihm hat das Vermächtnis des Menschendarstellers Heinz Rühmann seinen vollkommenen Ausdruck gefunden.

Johnny Weissmueller
Der Mann, der Tarzan war

Es war Mitternacht. Da begab sich in einem kalifornischen Hospital eine gespenstische Szene. Ein alter, kranker Mann verließ sein Bett, richtete sich noch einmal auf, formte die Hände zu einem Trichter und schrie: »Aaa ooo eee!« Dem Manager des Hospitals fehlte jeder Sinn für die anrührende Tragik des Augenblicks. Der Kerl, so maulte er, müsse endlich raus, er randaliere und sei verrückt. Der Kerl hieß Johnny Weissmueller. Was da den Nachtschlaf empfindlich gestört hatte, war der letzte Schrei einer Kinolegende. Tarzan im Krankenhaus. Kann sich ein Leben makabrer seinem Ende entgegenneigen? Wieviel verzweifelter Trotz lag in diesem späten »Aaa ooo eee«, wieviel Aufbegehren gegen die Vergänglichkeit des Lebens. Zwölfmal hat Johnny Weissmueller die Rolle des Affenmenschen Tarzan gespielt. Doch was heißt schon gespielt. Die Knirpse begrüßten ihn mit »Hey, Mister Tarzan«, er genoß es, schmiegte sich der Kunstfigur immer mehr an, verschmolz wohl am Ende mit ihr. Er war nicht der erste und nicht der letzte Filmtarzan, doch keiner hatte sich mit der Rolle des Urwaldmenschen so sehr identifiziert und war umgekehrt auch so mit ihr identifiziert worden. Am Ende war wohl auch Weissmueller an dem Verwirrspiel von Schein und Sein irre geworden, das Spiel hatte ihn überwältigt, das Ausgedachte war ihm zur Wirklichkeit geronnen.

Die Geschichte des Johnny Weissmueller ist die von der Macht des Kinos und der Ohnmacht des Menschen. »Aaa ooo eee.« Drei langgezogene Vokale und zugleich die berühmtesten Laute in der Historie des Films. Weit oben in seinem Baumhaus stand er, unter ihm der Dschungel, dann erscholl der Schrei, die Sonne ging auf, die Vogelschwärme zogen über das Wasser, die Elefanten trotteten aus dem Urwald, die Affen hangelten sich von Baum zu Baum. Der Ruf war ein Symbol des Lebens und einer Macht, die sich den Frevel an der Natur versagte. »Mein Gott!« ließ Edgar Rice Borroughs seinen Naturburschen über die Schlechtigkeit des Menschen seufzen. »Sie sind doch alle gleich! Sie betrügen, kämpfen, morden, und all das für Dinge, die die Tiere im Dschungel niemals haben möchten. Und sie glauben, sie wären die Herren der Schöpfung. In Wirklichkeit sind sie die Sklaven ihrer selbst. Es ist eine verrückte Welt, und ich war ein kompletter Narr, dagegen die Freiheit des Dschungels einzutauschen.« Keine Frage, Tarzan war ein Grüner.

Niemanden liebten die Amerikaner, und nicht nur die, so sehr wie den lendengeschürzten Johnny Weissmueller. Es fiel ihnen nicht schwer. Sie mußten nur sich selbst, ihre Träume, Hoffnungen und Visionen lieben. Menschen wie er machten von jeher Mut für den Alltag. Er war der Sohn armer Leute, die zu Beginn dieses Jahrhunderts aus Österreich in das Land der großen Möglichkeiten eingewandert waren. Seine Karriere bestätigte jenen unermeßlichen Glauben, daß am Ende doch ein jeder seines Glückes Schmied sei. Er war zäh, fleißig, talentiert und von dem unbändigen Willen beseelt, in der Resignation des Alltags nicht zu ertrinken. Er war und ist eines der größten Idole in der langen Geschichte des Sports. Zweiundzwanzig Schwimmweltrekorde unterbot er in den zwanziger Jahren, fünfmal gewann er olympisches Gold, und als erster Mensch schwamm er die hundert Meter Freistil unter einer Minute. Doch Rekorde hatten auch andere aufzuweisen. Warum verehrten die Menschen gerade Johnny Weissmueller über alle Maßen? Wohl weil sie spürten, daß hier einer frei von Allüren war, daß er in all seiner Naivität und Gutgläubigkeit des Schutzes bedurfte. Weder als Sportler noch als Filmschauspieler war er jenem Typus des Stars zuzurechnen, der die Menschen zu bewundernder Distanz nötigt. Er war wie ein großes Kind. Die sprichwörtliche Bilanz seines Lebens heißt: Wie gewonnen, so zerronnen. Heute ist er, als sei das Leben ein Kreisverkehr, wieder so arm, wie er einmal war – damals, als er antrat, ein amerikanischer Held zu werden.

Rolle und Dasein fallen auf außerordentlich merkwürdige Weise zusammen. Schließlich handeln alle Tarzan-Romane Edgar Rice Borroughs' vom guten Wilden und den übelwollenden Menschen, von der Großartigkeit der Natur und dem Elend der Zivilisation. In einem der Filme ist von einer Erbschaft, von Geld die Rede. »Geld«, stammelt Tarzan, die Stirn wirft er in Falten, man spürt förmlich, wie er versucht, hinter das Geheimnis des Mammons zu kommen, dann erlöst ihn Jane, jene Dame, die in keuscher Zweisamkeit sein Lager teilt, und sagt, Tarzan habe keinen Sinn für Geld. So kann man es eine gleichermaßen grandiose wie grausame Pointe der Geschichte nennen, daß Tarzan heute von der Wohlfahrt lebt. Als die Herren aus Hollywood zu Beginn der Tonfilmära nach einem neuen Tarzan-Darsteller Ausschau hielten, wußten sie präzise, was sie wollten. Jung sollte der Filmheld sein, stark, gut gebaut, einigermaßen attraktiv, aber nicht unbedingt schön. So sucht man Preisbullen. Tatsächlich verzichteten die Produzenten bei Johnny Weissmueller auf die üblichen Probeaufnahmen, statt dessen mußte er sich bis auf die Unterhose ausziehen, wurde gewogen und für gut befunden. Diese zynische Industrie des Schönen hat Weissmueller nicht mehr aus ihren Klauen gelassen. Als erstes wurde ihm nahegelegt, sich von seiner Frau zu trennen. Der war zuwenig Glamour eigen, sie paßte nicht ins Bild.

So begann die Moritat vom armen Johnny. Man hatte einen Körper gekauft, die Seele nahm man der Einfachheit halber gleich mit in die Obhut. Dann verliebte er sich in eine feurige Mexikanerin, das Studio erwog das Für und Wider und gab schließlich seinen Segen. In einer Welt lizenzierter Gefühle mußte Weissmueller fortan leben. Auch diese Ehe ging in die Brüche, ein paar Jahre später brachte sich diese Frau um, der unglückliche Filmwilde quälte sich mit Vorwürfen, vielleicht ahnte er damals schon, daß er ein armer reicher Mann war, begriffen hat er es nie. Eine wirkliche Chance hat man Johnny Weissmueller nie gelassen. Als Tarzan-Darsteller hatte man ihn eingekauft, eine andere Rolle ließ man ihn nicht spielen. Gelegentlich kamen ihm Zweifel, dann drängte er, bat und wurde mit der Monotonie einer tibetanischen Gebetsmühle abgewiesen. Er durfte den Lendenschurz nicht ablegen. In Weissmuellers ersten Filmen war Maureen O'Sullivan seine Partnerin, doch sie spürte die Gefahr, von dieser Rolle aufgesogen zu werden, sie quittierte den Dienst im Studio-Urwald. Acht verschiedene Schimpansen trieben unter dem Namen Cheetah ihren Schabernack, es war ein Kommen und Gehen. Nur einer harrte aus, als gäbe es kein Morgen: Johnny Weissmueller. Was Wunder, daß heute ein gebrochener Mann mit jener letzten Kraft, die ihm noch verblieben ist, den Schrei des Urwalds über die Gänge eines Krankenhauses schickt.

Man hatte ihn zugerichtet, fast abgerichtet wie die Schimpansen, die da als putzige Komparsen fungierten, doch Weissmuellers Filme wären der Erinnerung nicht wert, spürte man nicht in jeder Szene den Kampf zwischen dem Kinoklischee und einer gutmütigen Menschlichkeit. Er hatte, so sehr man ihn zu einer vollkommenen Kunstfigur machen wollte, jene Glaubwürdigkeit, die beispielsweise eine Szene, in der Tarzan ein Gewehr an einem Baum zerschlägt, weil er das Töten nicht leiden mag, nicht ganz und gar kitschig erscheinen läßt.

Vielleicht hat Weissmueller vor dem tiefsten Leid jene Reinheit bewahrt, die den Toren eigen ist. Als man ihn am Abend seines Lebens fragte, ob ihm das alles Spaß gemacht habe, sagte er: »Aber ja, schau einmal – ich habe viel Erfolg gehabt. Ich bekam dafür bezahlt, daß ich auf den Bäumen herumkletterte. Jeder möchte doch gern auf Bäumen klettern. Und dann mußte ich schwimmen, und das macht doch auch jeder gern. Zu sprechen gab es nicht viel. ›Ich Tarzan‹ oder ›Du böse‹ – das war einfach lustig.«

Sein Körper war sein Kapital. Ihn hat Weissmueller mit einer merkwürdigen Mischung aus kindlichem Stolz und anatomischer Kälte so beschrieben: »Mein Brustkorb ist so umfangreich, so daß er mir einen großen Lungenspielraum gewährt, und doch ist meine Brust ziemlich breit und flach. Ich sage nicht, daß ich eine hohle Brust habe, meine Brust ist voll. Meine Arme sind verhältnismäßig lang. Meine Hände und Füße sind groß, vielleicht ungewöhnlich groß, mit langen Fingern und Zehen.« So sprach einer, der sich der Einfachheit halber selber als Ware deklarierte.

Lange hat er sich bewahrt, was das Wesen des Kinos ausmacht: die Illusion. Spät, sehr spät kam die Stunde der Wahrheit, jener grausame Moment, in dem die Fluchtburgen zusammenstürzen. Vielleicht sei die Unterschrift auf dem Filmvertrag der größte Fehler seines Lebens gewesen, sinnierte er: »Danach war ich in Hollywood zum Muskelmann mit wenig Gehirn abgestempelt. Als Schauspieler war ich erledigt.« Ein paar Jahre beschäftigte ihn ein Spielkasino in Las Vegas als Händeschüttler für jene Gäste, die es nach der verblassenden Aura des Stars gelüstete, für Schwimmflossen und Planschbecken machte einer der ganz Großen in der Geschichte des Films Reklame, gegen freie Kost und Logis gab er mittelmäßig begabten Kindern Schwimmunterricht. Die Wirklichkeit hat der Legende dieses Mannes bitterböse zugesetzt. Anläßlich der Olympischen Spiele in München waren er und seine deutschstämmige Frau Gäste des ZDF-Sportstudios. Taktlosigkeit trieb die Herren des Fernsehens dazu, aus dem Duisburger Zoo einen Schimpansen auszuleihen. Der pinkelte dem »König des Urwalds«, dem »Tarzan of the apes«, wie ihn sein Erfinder genannt hat, auf die Hose und zerrte Weissmuellers Frau die Perücke vom Kopf. Die soll übrigens ihren Gatten »Häschen« nennen, wie eine jener Journalistinnen, die Legenden um keinen Preis tolerieren mögen, spitz anmerkte. Jetzt sitzt Johnny Weissmueller in einem schäbigen Apartment in Acapulco und wartet auf den Tod. Herzkrank, so heißt es, geistig umnachtet und zum Skelett abgemagert.

Doch der Vergänglichkeit des Lebens opponiert die Ewigkeit des Films. Dort sieht man den Helden, ganz als gäbe es keine verlorene Zeit, als Sinnbild ewiger Jugend. Dann träumen wir uns aus der tristen Realität, stellen uns vor, Tarzan sei nicht herzkrank, sondern leide allenfalls am Biß eines Löwen. Nichts war Johnny Weissmueller wichtiger als seine Legende. »Macht keinen Unfug damit«, hat er einmal fast flehentlich gebeten. »Ich bin für die Jugend noch immer Tarzan, das Idol.« So ist es wohl.

Wim Wenders

Die Irrfahrten des Odysseus

Aus der Traum. Die Trugbilder sind zerronnen. Womöglich waren sie zu maßlos, als daß je der graue Alltag ihnen hätte entsprechen können. Am Ende jedenfalls resigniert Jay Gatsby. Und melancholisch heißt es in Francis Scott Fitzgeralds Roman: »Vielleicht kam ihm zum Bewußtsein, daß die ungeheure symbolische Bedeutung jenes grünen Lichts jetzt für immer dahin sei. An der großen Entfernung gemessen, die ihn von Daisy trennte, war dieses Licht ihr nahe gewesen, berührte sie fast. Es schien ihr so nahe wie ein Stern dem Mond. Und jetzt war es ein beliebiges grünes Licht an einem Bootssteg. Sein Leben war um ein verzaubertes Symbol ärmer geworden.«

Hollywood war ein verzaubertes Symbol. Für Fitzgerald. Und nicht nur für ihn. Doch was er für einen Anfang hielt, war das Ende. »Schriftsteller beim Film sind nicht eigentlich Menschen«, sinnierte der Gedemütigte, und bei Gelegenheit hat er sich als Gespenst im verhexten Hollywood gesehen. Hollywood. Die Mogule hatten den begnadeten Erich von Stroheim so gepeinigt, daß der arme Mann, sein zerstörtes Werk vor Augen, weinte, er begrabe das Skelett seines toten Kindes. Die Talente, zumal aus Europa, wurden aufgesogen, ausgespuckt, angeheuert und gefeuert. Doch das magische grüne Licht ist nie erloschen.

In den frühen Tagen des Jahres 1978 ist ein deutscher Filmregisseur ins gelobte Land des Kinos gezogen: Wim Wenders. Manchen galt er als der amerikanischste unter den deutschen Filmemachern. Doch jene, die das glaubten, hätte stutzig machen können, daß Wenders, nach cineastischen Vorbildern gefragt, den japanischen Regisseur Ozu, den Gestalter außerordentlich kontemplativer, ruhiger, an äußerer Spannung armer Filme, besonderer Erwähnung für wert erachtete. So unverkennbar Wenders Faible für die amerikanische Ikonografie war, so wenig hatten seine deutschen Arbeiten mit dem forcierten, Effekte stakkatoartig addierenden Typus des späten Hollywoodfilms gemein. Der Reise nach Amerika war keine Fortüne beschieden. Über vier Jahre hat er einem aussichtslosen Vorhaben gewidmet. Es war ein langsames Sterben. Drehbücher wurden geschrieben – und umgeschrieben, Rollen besetzt – und umbesetzt, Muster angeschaut und verworfen, Dreharbeiten angesetzt, abgebrochen, mal stand das gesamte Projekt in Frage, dann mußte hektisch weitergearbeitet werden. »Der Stand der Dinge«, jener Film, mit dem Wim Wenders seine amerikanischen Lehrjahre hat sublimieren wollen, ist in elegischem Grau gehalten. Die Neonlichter des Sunset Boulevard haben ihre Magie verloren. Aus der Traum.

Zu erzählen wäre ein Märchen, die gruselige Geschichte vom tapferen Regisseur aus einem kleinen Land mitten in Europa, der auszog, das Fürchten zu lernen. Von seinen Fertigkeiten, seinem Begriff von Kino hat Wenders präzise Vorstellungen. »Warum«, sagt er, »muß es in einem Film immer eine schlüssige Geschichte geben, während doch im Leben die Zeit meistens vergeht, ohne dabei zu einer ›Geschichte‹ zu gerinnen.« Geschichte: die widerfährt in den Filmen des Wim Wenders den Menschen, die widerfährt auch jenen, die den Film machen, die Arbeit am Film ist ein Prozeß, in dem der Künstler das Werk und das Werk den Künstler formt. Am Ende bleiben die Menschen die Helden und die Handelnden. Von Ozu, so meint Wim Wenders, »habe ich gelernt, daß die einzige Sensation in Filmen das Leben selbst ist. Dann habe ich gelernt, daß Geschichten niemals Personen widerfahren, sondern im Gegenteil, daß manches Mal – und keineswegs notwendigerweise – sich eine Geschichte aus einem Charakter heraus entwikkelt. Meistens aber findet die Geschichte gar nicht statt.« Im »Stand der Dinge« sagt Gordon, der Produzent, der sich vor seinen mordlüsternen Gläubigern in einen auf gespenstische Weise Los Angeles durchquerenden Caravan geflüchtet hat, einen Film ohne Geschichte zu erzählen, sei wie ein Haus ohne Mauern zu bauen. Und Friedrich, der gescheiterte Regisseur, entgegnet: »Der Raum zwischen den Menschen erzählt.«

Heute mag man sagen, Wim Wenders hätte es besser wissen können. Damals, als er dem Ruf von Francis Ford Coppola folgte, muß die dunkle Sehnsucht grenzenlos gewesen sein. Sie ließ ihn die Kluft zwischen dem eigenen Talent und den Bedürfnissen einer Industrie des Schönen vergessen. Mag sein, daß Fassbinder mit seiner produktiven Verehrung für das amerikanische Melodram in Hollywood reüssiert hätte, vielleicht auch Schlöndorff mit seinem Hang zu einem Kino der Sensationen. Doch Wenders? Der sagt: »In der europäischen Tradition, die ich kenne, ist das Drehbuch etwas, was von dem nach ihm gedrehten Film in Frage gestellt werden kann. Ein Film kann als Abenteuer gesehen werden oder als eine Art Suche nach sich selbst. Ich habe diese Tradition sehr weit geführt bei ›Im Lauf der Zeit‹ und jetzt bei ›Der Stand der Dinge‹, wo es keine Drehbücher gab, nur Anfangssituationen. Die Filme suchten nach ihrer eigenen Geschichte oder das Drehen selbst war der Prozeß des Drehbuchschreibens.« Zu dieser europäischen Tradition hat sich Wenders nicht nur intellektuell bekannt, in ihr sind seine besonderen Fähigkeiten auch vortrefflich aufgehoben. Gleichwohl hat er um jeden Preis »Hammett« drehen wollen. Dahinter mag man den Wunsch vermuten, sich nicht mit der ersten Geige in einem mittleren Orchester zu begnügen. Das mag illustrieren, wie eng unser Land geworden ist, wie sehr es jene behindert, die von der Allmacht des Regisseurs träumen.

Die künstlerische Ausdrucksform des Films hat als Pendant die industrielle Kapazität. Nicht zuletzt die scheinbar unendlichen Ressourcen bürgen für den Mythos Hollywood. Der Aufstand gegen die Enge, wohl auch die Bequemlichkeiten subventionierter Kunstproduktion hatte Würde, aber auch den Hauch der Vergeblichkeit. Es wäre indes leichtfertig, wollte man diese Sehnsüchte dem Irrationalen zuordnen.

So spröde sich viele Wenders-Filme gaben, so hartnäckig sie geläufigen Publikumserwartungen opponieren, die Rubrizierung »Esoterik« hat Wenders nicht geschmeichelt; es muß der Wunsch übermächtig geworden sein, sich mit der Masse sozusagen zu vermählen, die wohlfeilen Etikettierungen ad absurdum zu führen.

Gewiß hat Wenders die Aporien des deutschen Autorenfilms früher als andere erkannt. Die an der Substanz zehrende Ausbeutung der eigenen Biographie, der eigenen Erfahrungen, der eigenen Visionen, jenes Relikt aus der Zeit der Manufaktur, das wie ein Fossil hineinragt in eine Industrie, die in ihrer avanciertesten Form arbeitsteilig, weisungsgebunden und mit der Maßgabe des Kassenerfolgs arbeitet. Die deutschen Filme von Wim Wenders hatten fraglos zuviel mit dem Menschen Wenders zu tun, als daß sie nicht Spuren der Zermürbung hinterlassen hätten. Amerika verhieß Entlastung. Es habe ihn einfach gereizt, einen Film mit dem Titel-Text »directed by Wim Wenders« zu machen, nicht »ein Film von Wim Wenders«. Er hat sich der Dominanz der Apparate gestellt, und er hat verloren. Der Film »Hammett« hat mit dem Menschenbild, der Bilderwelt und dem Erzählduktus von Wim Wenders nur noch wenig gemein. Das Mißverhältnis ist augenfällig. Fast fünf Jahre eines Lebens für einen Film, der nicht von Wim Wenders ist.

Und Gordon, der bettelarme Produzent, trällert: »Hollywood, Hollywood, never been a place where people had it so good.«

Das Gefühl der Niederlage sucht Wenders zu bändigen. Schließlich sei es, so betont er mit einer merkwürdig überkommenen Wendung, eine »Auszeichnung« gewesen, diese »hochspezialisierte Maschinerie laufen zu lassen«. Fast trotzig sagt er das, doch er schaut nicht auf, will am Ende wohl niemand anderen überzeugen als sich selbst. Man überstrapaziert die Psychoanalyse nicht, wenn man den Umstand, daß Wenders in den vier amerikanischen Jahren mal einen Oberlippenbart, mal einen Vollbart trug, dann ganz ohne Bart sich zeigte, als das Brüchigwerden eines Selbstbildes interpretiert. Er heiratete eine amerikanische Sängerin, ließ sich wieder scheiden, da war eine eigentümliche Unruhe, ein Aufgeregtsein im Leben eines Menschen, der doch so ganz und gar nach innen geleitet scheint.

Die Illusionen über Hollywood sind zerstoben. Fast beiläufig gerät im »Stand der Dinge« einer jener grob gezackten Sterne ins Bild, mit dem auf einem Boulevard in Hollywood die Traumfabrik ihre Vergangenheit ins milde Licht der Legende stellt. Der Name von Fritz Lang ist da zu lesen, der Name eines Mannes, der erreicht hat, was Wenders versagt blieb: sich den Ritualen zu fügen und sie mit seiner persönlichen Weltansicht zu bereichern. Die Lettern für die Ankündigung eines John-Ford-Films werden an einem Kino angebracht, Chiffren, in denen der Mythos noch einmal pathetisch beschworen wird. »Good old Hollywood is dying«, heißt es in einem sentimentalen Schlager, der Computerfilm hat obsiegt, der traditionelle Film war human und individuell, die Helden hießen Bogart, Cagney oder Cooper, ihre Gesichter trugen die Spuren gelebten Lebens; die Physiognomien von Kurt Russell, Harrison Ford oder John Travolta bergen kein Geheimnis mehr. Filme entstehen in der Retorte, »deduktiv«, wie Wenders in einem Fernsehinterview sagte. Geschichte, so setzt er hinzu, sei in Hollywood zu einem Begriff der Manipulation verkommen. Der Krieg der Sterne ist ausgebrochen.

Per aspera ad astra. Als die Illusionen noch lebendig waren, hat Wenders die Unwägbarkeiten der künstlerischen Existenz einem Plan unterworfen: »Jemand, der seinen ersten Stuhl mit Kanthölzern baut, der macht vielleicht anschließend gerne einen Tisch und danach auch gerne eine Kommode.«

Stuhl, Tisch, Kommode. Stühle mit Kanthölzern; das waren

Kurzfilme wie »Silver City« oder »Alabama: 2000 Light Years«, Filme, in denen die Form von der Bürde der Bedeutung entlastet werden sollte. Von einem Film, der nur aus einer einzigen Einstellung bestünde, hat Wenders gelegentlich geträumt, jedenfalls sollte die gefilmte Zeit mit der tatsächlichen identisch sein, eine Fahrt von acht Minuten dauerte im Film denn auch acht Minuten. Der Film summiert Höhepunkte, das Beiläufige, die Spuren wirklichen Lebens eliminiert der Schnitt. Künstlichkeit hat Wenders von jeher verdrossen, gegen die Manipulation, die Ausdruck der Allmacht des Regisseurs ist, hat er einen spröden Verismus gesetzt.

»Neue Sensibilität« nannte sich damals – Ende der sechziger Jahre – jene Bilderseligkeit, sie war vielen, vor allem den ideologischen Stromablesern, ein Dorn im Auge. Zuweilen erstickten diese Filme an ihren Aporien, wohl auch ihren Verstiegenheiten, doch lange Einstellungen, behutsame, oft kaum wahrnehmbare Schnitte und Tableaus, die wie eingefroren wirken, hat Wenders immer beibehalten.

Die Tische. Das waren Filme wie »Die Angst des Tormanns beim Elfmeter« (1970) nach einer Vorlage von Peter Handke, »Alice in den Städten« (1973), »Falsche Bewegung« (1975) oder »Im Lauf der Zeit« (1976). Die Filme handeln von einer Reise, die oft genug eine Flucht ist, von Männerfreundschaften, von Irritationen, Verstörungen und einer dunklen Sehnsucht. Kein Regisseur hat beharrlicher den Mythos des Reisens zerstört, mit jener Illusion aufgeräumt, man könne vor sich selbst fliehen, dem Gefängnis der eigenen Ängste entkommen. Felix, der Journalist, fährt durch Amerika, knipst, notiert, sammelt und scheitert, weil er, um eine Geschichte über Amerika zu schreiben, »eine Geschichte über sich selbst hätte schreiben müssen«. Josef Bloch, Felix, Wilhelm, Bruno, Robert: Männer, die irritiert, gelegentlich amüsiert dem Verhängnis entgegensehen. Zu Anfang von »Falsche Bewegung« mahnt die Mutter den Sohn, der, die »Lehrjahre des Gefühls« und Eichendorffs »Taugenichts« im Gepäck, auszieht, das Leben zu lernen: »Verlier dein Unbehaglichkeitsgefühl nicht!« Eine rührend sinnlose Mahnung für die Wendersschen Helden, denn unbehaglich ist ihnen allesamt zumute. Romantiker sind sie, Nachfahren des Jay Gatsby, die ihren Visionen nachhängen und auf die Widrigkeiten des Alltags mit Verstummen reagieren.

Die Figuren der Wenders-Filme haben die Hoffnung auf ein besseres Morgen aufgegeben. Sie kultivieren ihr Ich, ihre Befindlichkeit, jenes Gefühl, das der Sozialpsychologe Hougan den »kollektiven Narzißmus« genannt hat. Wo der Gesellschaft keine Zukunft mehr zugebilligt werde, »sei es sinnvoll, einzig für den Augenblick zu leben, das Augenmerk auf ›persönliches Gelingen‹ zu richten, die eigene Dekadenz liebevoll zu genießen und eine transzendentale Selbstbezogenheit zu kultivieren«. In »Falsche Bewegung« heißt es: »Ich bin nicht verzweifelt. Nur verdrossen und unlustig. Ich will Schriftsteller werden. Aber wie ist das möglich ohne Lust auf Menschen?« Von Glückstadt nach Bonn verschlägt es Wilhelm, von der Elbe nach Hof reisen Bruno, der »King of the Road«, und Robert, Reisen als Flucht, als Spurensuche, als Angstabwehr. Doch am Ende steht immer die Erkenntnis, daß die Heimat verloren ist und die Fremde von »toten Seelen« bevölkert ist. Ob sie nach innen oder nach außen reisen: immer bleiben die Menschen einsam. »Warum muß zwischen mir und der Welt ein solcher Unterschied sein?« sinniert Wilhelm. Männerfilme. Jean-Luc Godard hat angemerkt, ihn faszinierten die Frauen. Sie seien vitaler, unberechenbarer, nicht so sehr an Rollen und Konventionen gebunden. In der Welt des Wim Wenders gehören Frauen zur Statisterie. Nur einmal hat er sich am Bild einer Heldin versucht. »Der scharlachrote Buchstabe« hieß die vergleichsweise teure Produktion. Geschildert wurde die traurige Geschichte der Hester Prynne, die im puritanischen Neu-England mit dem Mal der Schande gezeichnet worden war. Doch dies war nur ein belangloser Kostümfilm, jedenfalls meinte Wenders hernach, hier habe er eine Grenze überschritten, die unfrei mache, Einschränkungen fordere. Auch habe ihm die Erfahrung mit seiner Frauenfigur deutlich gemacht, »daß ich meine eigenen Erfahrungen und Gefühle als Mann beschreiben muß. Nicht aus Mißachtung für Frauen sind alle meine Helden Männer. Ich betrachte dies vielmehr als eine Form von Respekt für Frauen. Ich kann ihre Geschichten nicht erzählen.«

Männer ohne Frauen. Zum Beispiel »Im Lauf der Zeit«. Bruno, der eine, fährt mit einem Kleinlastwagen von Ort zu Ort, repariert in den Provinzkinos Projektoren, Robert, der andere, den seine Frau gerade verlassen hat, will sich umbringen, besinnt sich eines Besseren, steigt zu dem König der Landstraße ins Auto, sie haben sich anfangs wenig zu sagen, Blicke, Gesten. Nur langsam lernen sie sprechen. Dann geht der eine ohne Abschied weg, und an der Tür hängt ein Zettel: »Es muß alles anders werden.«

Das Kino der siebziger Jahre. Die Angst vor der Angst, der Mythos der Männerfreundschaft, die Heimatlosigkeit, das Verlorensein in Tunneln und Betonburgen, die Abwesenheit von Frauen, die in den Sehnsüchten doch stets anwesend sind. In »Der amerikanische Freund« ist Jonathan vom ersten Bild an so gut wie tot. So oder so nimmt das Verhängnis seinen Lauf: wer sich wehrt, verlängert die Qual in einer Welt, die den Menschen zur Einsamkeit verdammt. Der Pessimismus Wenders' ist augenfällig, doch wie sehr seine Helden in der Resignation des Alltags ertrinken, immer auch quält sie das romantische Sehnen nach der blauen Blume. »Auf halbem Weg des Menschenlebens«, heißt es in der »Göttlichen Komödie«, »fand ich mich in einem dunklen Wald und der rechte Weg war verloren.« Franz Kafka sagt: »Filme sind eiserne Fensterläden.« Und Wim Wenders meint: »Wenn überhaupt so etwas wie ein Held existiert, so müßte sein Name Odysseus sein. Und die Personen in meinen Filmen wären seine Freunde, die versuchen, ihn zu finden, um ihm zu sagen, daß es immer noch zu früh ist, nach Hause zu kommen.« Im »Stand der Dinge« heißt es: »Zu Haus, das ist da, wo die Rechnungen ankommen.« Die Irrfahrt des Odysseus ist noch nicht am Ende.

Nachrufe

Marty Feldman
Die Beule als Bombe

Komik beruht nicht zum geringsten auf dem Prinzip der Schadenfreude. Wir lachen, wenn ein Mensch auf einer Bananenschale ausrutscht. Witz nährt das Überlegenheitsgefühl des Zuschauers. Sein das Groteske streifende Aussehen hat Marty Feldman die »richtige Ausstattung« genannt. Dieser Mann brauchte mit seinem Wuschelkopf und den Glupschaugen nur auf der Bühne, dem Fernsehschirm oder der Leinwand zu erscheinen, und er hatte schon die Lacher auf seiner Seite. Doch sehr hellsichtig hat er erkannt, daß seine komische Physiognomie Last und Bürde war. Sein Typus weckte Erwartungen, denen er nur, weil Spaß nun einmal Arbeit ist, mit pfiffigen Einfällen gerecht werden konnte. Wer über seine körperlichen Deformationen lachte, tat dies mit schlechtem Gewissen.

Vorbei sind die Zeiten, als auf Jahrmärkten Mißgeburten, Mißbildungen, Abnormitäten einem auf Sensationen erpichten Publikum zum Schauder oder zum Spott preisgegeben worden sind, den Elefantenmenschen gebührt unser Mitleid, und die »Ausstattung« des Marty Feldman wäre gewiß eher Anlaß zum Mitgefühl, hätte es dieser bedeutende Komiker nicht vermocht, Bedauern in Respekt und Staunen zu verwandeln. Er überpointierte seinen Typus nicht, mimte nicht, wie etwa Charlie Chaplin, den »underdog«, sondern spielte hinterlistige, unartige Männer, nährte eine perfide Lust an der Zerstörung und der Katastrophe. Was Wunder, daß er Jack the Ripper und Lucrezia Borgia als seine Idole bezeichnet hat. Das Kino ist ein Traumgebilde, ein Simulator, und dort, im Schutz der Dunkelheit, kann der Mensch imaginieren, was ihm die Wirklichkeit versagt.

Destruktionslust steckt in uns allen, und die Komik war, mindestens im Film, immer auch eine Materialschlacht, ein Kampf gegen die Tücke des Objekts, die Apotheose der Anarchie, die mit der lustvollen Zerstörung der Dinge ihr vertracktes »Happy-End« fand. Diesen Mechanismus hat Feldman durchschaut; wenn er mit Steinen ein Fenster einwerfe, so meinte er, tue er nur das, was das Publikum allzugern selbst in Angriff nehmen würde. Ganz folgerichtig hat Günter Grass' Gnom Oskar bei Marty einen nachhaltigen Eindruck hinterlassen.

Marty Feldman, der in Mexiko im Alter von 49 Jahren gestorben ist, war kleiner Leute Kind, der Sohn jüdischer Einwanderer aus Kiew. Seine Kindheit verbrachte er im eher ärmlichen Londoner East End, er hatte eine unfriesierte Biographie, arbeitete mal als Küchenjunge, dann wieder als »Assistent« eines Pflastermalers. Von Natur aus nicht eben jener Typus, den man stattlich nennen würde, nötigte man ihn, und da war er schon fast dreißig Jahre alt, zu einer Schilddrüsenoperation. Hernach erwachte er mit »großen unkoordinierten Augen« aus der Narkose.

Erste, freilich bescheidene Erfolge hatte er in dem Komikertrio »Morris, Marty und Mitch«. Ein Leben wie aus einem rührseligen Hollywoodfilm, eine Bestätigung jener Legende, daß ein jeder seines Glückes Schmied ist; und doch hat Marty Feldman die Armut seiner Kindheitstage, die Angst vor einem Leben, dem günstige Aussichten nicht zu prognostizieren sind, nie vergessen.

Er hat von seinen Verstörungen nicht viel hergemacht. »Clowns«, sagte er, »neigen dazu, sich selbst zu romantisieren.« Doch die Frage, ob es dem Spaßmacher zum Weinen zumute sei, sei ohne Belang, das Publikum brauche das nicht zu kümmern. Er war ein Profi, und fremd waren ihm die Minderwertigkeitsgefühle der öffentlichen Spaßmacher. Ihn plage nicht die Sehnsucht, einmal den Hamlet zu geben. Worte eines Mannes, der in einem Land aufgewachsen ist, wo Menschen nicht fürchten, sie könnten sich am Ende unter ihrem Niveau unterhalten haben.

Feldmans Stärke war die Parodie, er war ein Komiker des Zitats. Zuweilen mußte man im Binnenraum der Unterhaltung zu Hause sein, um seinen spezifischen Witz zu verstehen. Früh hat er erkannt, daß die Menschen heutzutage vorzugsweise mediale Erlebnisse teilen. Soziale Typen werden immer weniger parodierfähig; was uns lachen macht, ist die absurde Differenz zwischen den Mythologien der Trivialkunst und der karikierenden Übertreibung eines Marty Feldman. In Mel Brooks Film »Silent Movie«, in »Frankenstein Junior« oder »Der Bruder des Sherlock Holmes« hatte er denn auch seine eindrucksvollsten Auftritte.

»Wissen Sie«, hat er einmal geäußert, »daß man über alles lachen kann? Auch über den Krieg? Es kommt nur darauf an, wie gelacht wird.« Sein Humor hatte dann und wann grausame Züge, aber ihm wohnte die Brutalität inne, die Ausdruck einer infantilen Ahnungslosigkeit war. Wie Harry Langdon verstand er die komplizierten Regeln der Erwachsenen nicht, er war ein Chaotiker aus

Unschuld, sagend: »Ich bin dreieinhalb Jahre alt. Wenn ich sehr alt sein werde, werde ich fünf sein. Glücklicherweise ist meine Frau sieben.« Kinder hatte er keine, wohl aber einen Terrier. Sein lakonischer Kommentar: »Man tut, was man kann.«

Der Komiker Marty Feldman war Jude. Das gilt auch für Buster Keaton, Charlie Chaplin, Jerry Lewis, Jacques Tati und Woody Allen. Witz ist eben auch eine Waffe im Kampf gegen Benachteiligungen, gegen Haß, am Ende wohl auch eine Möglichkeit, das Leiden zu sublimieren und an dieser Welt nicht zugrunde zu gehen. Er wollte mehr als das pure Amüsement. »Die Beule auf meinem Rücken«, so verriet er, »ist nicht harmlos, ist kein Buckel, es ist eine Bombe, und sie wird eines Tages explodieren.«

Camouflage war Teil seines Selbstbildes. Seinen Exegeten trat er lustvoll gegen das Schienbein. Er wolle die Leute zum Lachen bringen, das sei alles. Doch kurz vor seinem Tode bekannte er sich zur Rolle des tieftraurigen Clowns. Er sei immer als Monstrum betrachtet worden, und vielleicht sei er auch eins, sagte er und auch: »Ich fühlte mich immer wie ein Fremder, der nirgends hingehörte – nur ein vorübergehendes Mitglied der menschlichen Rasse.« Marty Feldman war, wie es so schön heißt, zum Brüllen komisch, zuzeiten machte er für einen unansehnlichen Volkswagen mit dem Slogan Werbung »Aussehen ist nicht alles«. Erfolg, so schien es, hatte die Wunden geheilt, doch als er am Abend seines kurzen Lebens über Tod und Häßlichkeit sprach, fielen die schrecklichen Worte, dies seien »Dämonen, die ich zu exorzieren versuche«.

In seinem letzten Interview sinnierte er, er sei zu alt, um jung zu sterben, und zu jung zum Erwachsenwerden. Als Grabinschrift wünschte er sich: Marty Feldman zum Gedenken – wer immer dies gewesen sein mag.

Henry Fonda
Der Unbeugsame

Henry Fonda war der letzte amerikanische Held, ein Überbleibsel aus der großen Zeit des amerikanischen Kinos, als die Guten noch gut und die Bösen noch böse waren und die Geschichte allemal mit dem Triumph der Gerechtigkeit endete. Der Regisseur John Ford hat ihn einmal »den edelsten Westernhelden aller Zeiten« genannt. Die Großmut war frei von Schwäche, die Rache war frei von Grausamkeit. In den Westernhelden, die Fonda spielte, hatte der Ehrenkodex der Pionierzeit seinen sinnfälligsten Ausdruck gefunden. Kino sei Bewegung, Aktion, so lautet die landläufige Meinung, doch das einzigartige Vermögen Fondas bestand darin, die Ruhe, die Stille, die Ausgeglichenheit in Höhepunkte des Kinos zu verwandeln – selbst wenn er Superbösewichte spielte, wie in Sergio Leones »Spiel mir das Lied vom Tod«.

In der vielleicht schönsten Szene aller Henry-Fonda-Filme, in dem klassischen Western »My Darling Clementine«, sitzt er, den Stuhl zurückgekippt, auf einer Veranda, stemmt die Sohle des staubigen Stiefels gegen einen Pfosten, die äußere Balance ist Spiegelbild seiner inneren Verfassung, hier sitzt einer, der über alles erhaben ist, ein Sheriff von geradezu olympischer Ruhe, ein Mann namens Wyatt Earp, dessen Nimbus allein hinreicht, im unruhigen Tombstone für Ordnung zu sorgen.

Henry Fonda hat dem Drama des Western die Lakonie beigefügt, wohl auch die Kunst, mit winzigen Gesten und Blicken den Mythos der Helden zu konturieren. Er spielte gern und oft Theater, doch seine Möglichkeiten haben im Film ihren Höhepunkt erreicht. Jener Spuren von Gefühl, von innerer Bewegung, von Zorn und Enttäuschung, von Hoffnung und Glauben konnte nur die indiskrete Kamera habhaft werden.

Am 16. Mai 1905 wurde Henry Fonda als Sohn begüterter Eltern in Grand Island (Nebraska) geboren. Er versuchte sich als Journalist, arbeitete dann als Telefonarbeiter, Sportlehrer, Eisverkäufer, Automechaniker und Schaufensterdekorateur – und es spricht viel dafür, daß jener bewegte Lebenslauf, jene Erfahrungen mit den Entbehrungen des Alltags dem Menschendarsteller Henry Fonda hernach von außerordentlichem Nutzen gewesen sind. Als Schauspieler reüssierte Fonda in der Broadway-Aufführung »The Farmer takes a Wife«, Mitte der dreißiger Jahre wurde Hollywood auf ihn aufmerksam, in John Fords »Die Früchte des Zorns« hatte er 1940 seinen ersten großen Erfolg.

Eine natürliche Noblesse prädestinierte ihn zum positiven Helden, so spielte er die Idealisten, Männer wie den Priester in der Graham-Greene-Verfilmung »Befehl des Gewissens«, die leiden, kämpfen und am Ende für ihre Ideale sterben. In »My Darling Clementine« heißt es: »Vielleicht können wir helfen, ein Land zu schaffen, in dem Kinder wie du in Sicherheit aufwachsen können«, Henry Fonda war das Symbol eines Amerika, das an seine Werte, seine Geschichte und seine Zukunft glaubte. James Stewart hat ihn »das Fleisch gewordene Sinnbild des amerikanischen Traums« genannt, und so war es nur folgerichtig, daß Henry Fonda in Fords »Der junge Mister Lincoln« die Titelrolle spielte, bei keinem Akteur schienen Recht und Gerechtigkeit, Gewissen und Unbeugsamkeit, die Tugenden des amerikanischen Helden, besser aufgehoben.

Über die Verknüpfungen des Privaten und Öffentlichen hat sich Henry Fonda oft beklagt. Von der Trennung von Mensch und Schauspieler mochte niemand etwas wissen, und so verstörte es viele, daß Henry Fonda am Abend jenes Tages, als sich seine zweite Frau das Leben genommen hatte, dem brutalen Prinzip »Die Schau muß weitergehen« sich beugend, ungerührt Theater spielte. »Ich habe«, sagte er, »nie behauptet, ich sei ein Heiliger. Die Rollen, die ich im Film zu spielen habe, sind Rollen, nicht Ausdruck meines wahren Charakters.« So galt Fonda denn vielen als kalt und unnahbar, die Beziehung zu seinen berühmten Kindern Jane und Peter gestaltete sich eher schwierig.

In seinem letzten Film »Am goldenen See« versöhnt sich angesichts des nahenden Todes ein Vater mit seiner Tochter. Als sich in diesem Lichtspiel Henry und Jane Fonda anblickten, da war nichts mehr Pose, Verstellung, Kunst, da hatte das beschwerliche Sein den schönen Schein überwunden, und zum versöhnlichen Schluß erhielt Henry Fonda, der in Meisterwerken wie »Die zwölf Geschworenen«, »Gehetzt« oder Hitchcocks »Der falsche Mann« gespielt hatte, doch noch den ersten »Oscar« für eine Filmrolle. Hollywood hatte mit dem letzten amerikanischen Helden seinen Frieden gemacht. Im Alter von 77 Jahren ist Henry Fonda an Herzversagen gestorben.

Peter Frankenfeld
Ein Mensch wie du und ich

Der Tod eines Fernsehstars hat eigentümliche Züge. Es stirbt da nicht jemand, den wir aus großer Distanz bewundert hätten, sondern ein Teil unserer Biographie scheint sich zu verabschieden. Im Fall von Peter Frankenfeld, der jetzt im Alter von 65 Jahren gestorben ist, haben sich das wirkliche Leben und jenes, dessen wir auf dem Bildschirm ansichtig geworden sind, unentwirrbar verschränkt. Nicht der Inhalt der Sendungen erscheint in der Rückschau von Belang, sondern die ständige Gegenwart eines Menschen, der uns vertrauter geworden ist als das Leben selbst. 1500 Sendungen mit Peter Frankenfeld bürgten für jene Verläßlichkeit, jene Geborgenheit im Ritual, die der Alltag verweigert. Für Überraschungen war keine der Fernsehsendungen mit Peter Frankenfeld gut. Es war die Wiederkehr des Immergleichen, und wo sich die Auftritte Frankenfelds veränderten, geschah dies so maßvoll, daß wir es kaum bemerkten.

Die Popularität eines Fernsehstars läßt sich mit jener, die andere künstlerische Ausdrucksformen gewähren, nicht vergleichen. Gewiß wird hier wie dort die Beherrschung des Handwerks verlangt. Frankenfeld war Ansager, Vortragskünstler, Komiker, Unterhalter, Showmaster, Conférencier, Schauspieler. Er hatte seine Laufbahn bei Willy Schaeffers »Kabarett der Komiker« begonnen, und jene Auftritte in einem Etablissement, in dem es wie nirgends sonst auf den Kontakt zum Publikum, auf Zwischentöne und Gespür ankommt, mögen ihm erleichtert haben, was im Fernsehen seine Besonderheit ausmachte: die durch den Apparat bewirkte Trennung vom Zuschauer scheinbar zu überwinden.

So konnten sich die Zuschauer der schönen Illusion hingeben, hier komme einer eigens zu ihnen in die gute Stube, spräche mit ihnen und mit niemandem sonst. Es ist die scheinbare Aufhebung einer technisch bedingten Entfremdung, die den Fernsehhelden von der elektronischen Kunstfigur unterscheidet. Dabei wäre ein Nimbus oder das, was man Aura nennt, nur hinderlich. Peter Frankenfeld ließ nie einen Zweifel daran, daß er war wie jene, die ihm zuschauten. Dies gab ihm menschliche Züge, nur so kann man sich der Zuneigung des Publikums versichern.

Anders als Kulenkampff setzte Frankenfeld nicht auf Ironie und überlegenen Witz, er war nicht der Typus des unbekümmerten Jungen, wie ihn Rudi Carrell repräsentiert, er war nicht der biedere Hausvater wie Robert Lembke, er wirkte wie ein Allerweltsmensch, den der Zufall vor die Fernsehkameras gebracht hatte. In der Talenten gewidmeten Sendung »Der erste Applaus« bestand seine wesentliche Fähigkeit darin, mit denen, die da auf ihre Chance hofften, so auffällig mitleiden zu können. Er war bescheiden, wenn nicht aus Veranlagung, dann zumindest aus Kalkül.

Peter Frankenfeld wurde am 31. Mai 1913 als Sohn eines Mechanikermeisters in Berlin geboren. »Von Anfang an«, sagte er einmal, »war ich zum Auftreten verurteilt. Im Kinderchor trat ich hervor, mit elf sang ich die Balladen von Löwe, bis zur Untersekunda besuchte ich eine Realschule und zog dann mit Schaustellern nach Thüringen. Mein Vater holte mich zurück. Es folgte eine Malerlehre, die machte ich nicht zu Ende; ich wurde dann Page im Hotel ›Adlon‹ und im ›Esplanade‹. Da verdiente ich eine Menge Geld und beschloß, Kunstmaler zu werden. Willy Jaeckel war mein Lehrer. Ich mietete ein Atelier in der Kantstraße. Und verkaufte große Schinken.«

Dies war die etwas unordentliche Biographie, die Künstlern so angemessen scheint. 1948 begann Frankenfeld mit seinen Quizsendungen im Rundfunk, vier Jahre später war er zum ersten Mal im Fernsehen. »Der Hörfunk«, sagte er, »ist meine alte Liebe, aber das Fernsehen ist für mich eine Geliebte.«

Die Geliebte zeigte Treue. 1500 Sendungen in fünfundzwanzig Jahren – die Bilanz kann sich sehen lassen. Sie hießen »Toi, toi, toi«, »Peters Bastelstunde« oder »Ihr Steckenpferd«. Es waren Live-Veranstaltungen im Sinne des Wortes. Frankenfelds großkarierte Jacke war nicht sonderlich geschmackvoll, aber sie hatte Erinnerungswert, war so etwas wie eine Erkennungsmelodie. Frankenfeld war einer der Großen in dem wirklichen Theater des Volkes, im Fernsehen.

Jean Gabin
Späte Siege eines Verlierers

Von allem Anfang an ging der Film davon aus, daß die Wirklichkeit zu hart ist, als daß der Mensch sie ertragen könnte. So hat er für den Zuschauer imaginäre Tröstungen bereitgehalten, die mit der Tristesse des Alltags versöhnen sollten. Jean Gabin, der gestern im Alter von 72 Jahren in Paris gestorben ist, hat mit jedem seiner frühen Filme dieser schönen Illusion opponiert. Die Figuren, die er spielte, traf das Schicksal mit unerbittlicher Härte. Zwangsläufig liefen sie in ihr Verderben, die Ergebenheit, mit denen sie ihr Los hinnahmen, gab ihrem Untergang tragische Würde.

Nie scheiterte da einer, der nach den Sternen greifen wollte. Nur einen Hauch von Glück, ein wenig menschliche Wärme, eine Ahnung von Liebe oder letztlich das Überleben beanspruchten die Gabinschen Figuren. Der Glücksanspruch konnte freilich nie eingelöst werden, weil Menschen nicht zu sehen waren, gegen die er hätte durchgesetzt werden können. Stets war es die anonyme Gesellschaft, die Kälte der verwalteten Welt, die ihn verweigerte. So war Gabin in den Vorkriegsthemen eher ein Antiheld, der ewige Verlierer, weil Heldentum im Dickicht der Städte ohne jeden Sinn gewesen wäre. Die Figuren Gabins litten unter der Ahnung des Todes, ein Gefühl, das sich dem Zuschauer intensiv mitteilte. Fatalismus und Resignation machten sich breit. Wohl auch, weil in den Filmen Jean Gabins vom freien Willen, von der Möglichkeit zu wählen, so wenig zu spüren war. Er spielte Menschen, die unfähig waren, sich von ihrer Vergangenheit zu lösen. Nicht, daß sie es nicht versucht hätten. Stets sind sie auf der Flucht, und nicht zufällig war der Deserteur eine bevorzugte Rolle dieses Schauspielers.

Doch immer wieder werden sie eingefangen, bestraft. Den amerikanischen Gangsterfilmen der »schwarzen Serie« thematisch eng verwandt, spielte auch Gabin den scheiternden Außenseiter, der zum tragischen Antihelden verklärt wird. Wenn etwas die Düsternis dieser Filme bestimmte, dann war es die Einsamkeit. Dem Getto ihrer selbst konnten die Figuren nicht entkommen. Wo sie es versuchten, wie in Renoirs »Bestie Mensch«, zerstörten sie am Ende selbst jede Spur einer menschlichen Beziehung. Der Heizer Lantier tötet die geliebte Frau, nicht in freier Wahl, sondern aus einem Zwang heraus. Bei Menschen, die Gefangene ihrer Obsessionen und Triebe sind, kann von Schuld schwerlich geredet werden: die Täter waren denn immer auch zugleich die Opfer.

Gabin sah man in diesen Filmen stets an, daß ihm das Glück nicht gewogen sein würde. Kaum einmal, daß er lächelte. Oft ein gehetzter Ausdruck im Gesicht. Wortkarg, wie er war, mußte er auf sich verwiesen bleiben. »Ich bin, wie ich bin«, hätte jede der Figuren sagen können, und diese Unfähigkeit, sich fremden Normen anzupassen, konnte am Ende nur mit dem Tod bestraft werden. Gabin starb in seinen frühen Filmen mit solcher Regelmäßigkeit, daß ein Gerücht besagte, man habe die Verpflichtung zum Sterben in seine Verträge geschrieben.

In seinen Filmen hat er selten die proletarischen Momente seiner Biographie geleugnet. Aufgewachsen im ärmsten Viertel von Paris, der Vater Varietékünstler, in schäbigen Etablissements, die Mutter früh gestorben. Erst war er Arbeiter in einer Eisengießerei, dann Maurer, Gipser, schließlich Statist an Pariser Operetten- und Revuehäusern.

1930 drehte er seinen ersten Film, vier Jahre später war der Durchbruch mit jenen Rollen, in denen der kleine Mann um das Glück betrogen wird, geschafft. Schuld, Hoffnung, Niederlage hieß der dramaturgische Dreischritt. In der Zusammenarbeit mit Regisseuren wie Julien Duvivier, Marcel Carné oder Jean Renoir, in Filmen wie »Pépé le Moko«, »Bestie Mensch« oder »Hafen im Nebel« entstand der Mythos Jean Gabin.

Ende der dreißiger Jahre war Jean Gabin ein Filmstar von internationalem Ruf. Das mußte die Aufmerksamkeit der Filmproduzenten in Hollywood erregen. Wohl auch, weil die Bedingungen im besetzten Frankreich unerträglich geworden waren, ließ sich Gabin auf das amerikanische Abenteuer ein. In Hollywood drehte er zwei Filme, die weder die Zuschauer noch ihn sonderlich begeisterten. So wartete er die mäßigen Kritiken seines zweiten Films nicht erst ab, schiffte sich nach Nordafrika ein und schloß sich dort den französischen Widerstandskämpfern an. Hochdekoriert marschierte er 1944 durch das befreite Paris. Er war um die Erfahrung reicher, daß sein Typus des authentischen französischen Milieus bedurfte, der französischen Sprache wohl auch, um seine Überzeugungskraft zu behalten. Der Mythos war nicht exportfähig. Die mythische Figur charakterisiert, daß sie maßvoll abgewandelt, nie jedoch verändert werden kann. So ist es der vielleicht erstaunlichste Aspekt im Leben des Jean Gabin, daß er seiner Legende hat entfliehen können. 1949, in »Marie du Port«, ließ Marcel Carné die Rolle Gabins in ein glückliches Ende münden: Die Verwandlung eines Mythos war vollbracht. Fortan gab Gabin die in sich ruhenden Patriarchen. Er spielte die Herrscher mit Herz, die alternden Giganten, die Vaterfiguren, die unbestreitbar dem Establishment zugehörten. Zuweilen fanden sich freilich noch Spuren des frühen Gabin, jenes schwarzen Charakters, wenn er etwa – in den Spiegel blickend – die Resignation mit den Worten wiederbelebte: »Du bist auch nur ein Misthaufen.«

Für den planen Optimismus taugte der Typus Gabin eben nur wenig. Zu der Weisheit, daß Geld allein noch nicht glücklich macht, reichte es noch allemal. Dennoch waren die späten Filme – nimmt man einmal die Rolle des Kommissars Maigret aus –, vorzugsweise mehr oder weniger gelungene Konfektionsware. Sie waren oft uninspiriert, aber selbst in den mäßigsten Filmen konnte man Jean Gabin die gleichsam altmeisterlich saubere handwerkliche Ausführung nicht absprechen. »Wenn ich einen Film drehe«, sagte er, »gehe ich ins Atelier, wie wenn ich Dreher oder Justierer in einer Fabrik wäre. Und ich vergesse nie, daß ich eine Aufgabe erfüllen muß, deren Qualität so hoch ist wie die Gage, die man dafür bezahlt.«

In wie vielen Filmen er auch spielte, Gabin spielte doch immer Gabin. Er drückte den Filmen den Stempel seiner Persönlichkeit auf. Gewiß wird er nie zu den Schauspielern gehören, deren Gesicht im Nebel der Erinnerungen verschwindet.

Curd Jürgens
Ein Ruf wie Donnerhall

Er war ein Star aus anderen Kinotagen. Aus einer Zeit, in der jener Hollywood-Produzent mit dem mächtigen Löwenkopf in anrührender Unbescheidenheit noch seinen mittelmäßigsten Film mit »Stolz und Freude« als ungewöhnliches Ereignis ankündigte. Klappern gehörte zum Handwerk, auch die ungenierte Angabe mit Traumgagen. Dieses »Haste was, biste was« hat Curd Jürgens geprägt. Auf seinen Nimbus, auf jenen Abstand, den Reichtum schafft, war er stets bedacht. Er war ein Volksschauspieler, einer, der die Kinoträume der Menschen belebte, in dem sie ihre Sehnsüchte wiedererkannten; in Salzburg spielte er den »Jedermann«, aber er hat nie einen Zweifel daran gelassen, daß er nicht wie jeder Mann war.

Seine Legende, wohl auch die Zuneigung, die ihm ein auf die schönen Lügen des Kinos eingeschworenes Publikum entgegenbrachte, datiert aus einer Zeit, in der Menschen sich noch in Märchen wiederfanden. In seinen Lebenserinnerungen erzählt er in einer merkwürdigen Art von Freimut, wie er mit seinem weißen Rolls-Royce vorfuhr und seinen Golfsack auslud. Er war, alles in allem, ein Fossil in einer Zeit, die gediegenen Reichtum hinter Buchsbaumhecken zu verstecken sucht. Die öffentliche Anteilnahme hat Curd Jürgens nie eingebüßt, doch den Höhepunkt seiner Karriere erreichte er in den fünfziger Jahren, in jenem Jahrzehnt, in dem ein geschlagenes Volk mit Fleiß und Ausdauer ein Wunder schuf, das die Nachgeborenen heute mit Hochmut belächeln, dessen Kraft, die in überkommenen Prinzipien wurzelte, sie nicht mehr verstehen können. Als sich alle zur Decke streckten, anpackten, war, gleichsam als Entschädigung für die Entbehrungen des Alltags, Raum für die grenzenlose Bewunderung von Erfolg.

All das ist anders geworden. Die saturierte Mittelstandsgesellschaft pflegt mit Ausdauer den Sozialneid, selbst jenen Helden, die im Fernseher den Feierabend verschönern, wird die Höhe der Gage vorgerechnet. Jener Gleichheit, die bei Licht besehen doch nur pure Illusion ist, hat Curd Jürgens immer opponiert. Er hat das Geld geliebt, in naiver Offenheit darüber gesprochen, er war ein liebenswerter Angeber, er war keiner von der verrückten Art. Gelegentlich hat er darüber geklagt, das Publikum habe sich für seine vermeintlichen und tatsächlichen Affären mehr interessiert als für seine künstlerische Arbeit, doch diese Wehleidigkeit ging nicht tief. Am Ende genoß er zu sehr die Aura der Skandale, der unerhörten Begebenheiten, er akzeptierte, weil er ein Profi war, die Verschränkung von öffentlichem und privatem Leben.

»Warum«, so hat er einmal lamentiert, »schimpfen die deutschen Kabaretts immer noch auf das Wirtschaftswunder? Der Mann mit dem 300 SL ist doch nichts Böses, ist doch was Entzückendes im Grunde, ist doch nicht unsympathisch.« Und als man ihm goldene Löffel vorhielt, hat er geantwortet, es sei doch wohl eine Zumutung, auf dreißigtausend geschenkte Mark zu verzichten: »Die Größe habe ich nicht.«

Curd Jürgens war eine ehrliche Haut, gelegentlich streifte seine Selbstliebe die Grenze zur Peinlichkeit; und wie er seine unbestreitbaren Erfolge bei Frauen artig rubrizierte, mag manchen befremdlich gewesen sein. Aber was wäre das Leben, tummelten sich in ihm nur die Mischnicks und Thoelkes, was wäre es ohne die Paradiesvögel, den »alten Gaukler«, wie sich Jürgens gelegentlich genannt hat.

Curd Jürgens war kein Verwandlungskünstler. Er war, sieht man einmal aufs Ganze, ein Typus, der eine einzige Rolle spielte: er spielte sich selbst oder wenigstens das Bild, das ihm angemessen worden war. In Frankreich hat man ihn den »normannischen Kleiderschrank« genannt, und Jürgens, der einige Intelligenz und viel Menschenverstand hatte, ist gegen diese Festlegung auf einen Typus, ein Rollenklischee nicht Sturm gelaufen. »Mir liegt«, sagte er, »nicht am Bonvivant oder am geleckten Liebhaber, der seine eigenen Worte nicht glaubt. Ich will Männer spielen, richtige Kerle.«

Das hat er vorzugsweise getan, und die Lebensferne vieler Filme kam deswegen so wenig in den Geruch eines Trugbildes, weil man das Gefühl hatte, des »Teufels General« habe teil an der Wahrheit eines Lebens. Curd Jürgens war zuerst und vor allem ein Filmschauspieler. In diesem Metier zählte, was er überreichlich hatte, Ausstrahlung und körperliche Präsenz. Doch er war kein künstliches Produkt der Filmindustrie. Er hatte als Reporter begonnen, kannte sich mit den Widrigkeiten des Lebens aus, er ging dann ans Theater, lernte dort, was vielen Filmschauspielern so auffällig fehlt, die Reaktion von leibhaftigen Menschen einzuschätzen; und am Ende spielte er in seinen Filmen, als sähe er imaginäre Zuschauer vor sich.

Er spielte die Helden, aber nicht die monumentalen, die das Publikum in ehrfurchtgebietender Distanz halten. Neben Romy Schneider war Curd Jürgens der einzige deutsche Filmschauspieler, der es zu einer internationalen Karriere gebracht hat. Nicht selten hat er den kantigen, hünenhaften deutschen Offizier gespielt, den Kerl mit der rauhen Schale, die doch nur der Panzer war, der eine unübersehbare Verletzlichkeit schützen sollte. Vielleicht war er selbst so, mindestens sah er sich so, und seine Memoiren wollte er ursprünglich »Ich, normannischer Schrank, Koloß auf tönernen Füßen« nennen.

Da war, wie verborgen auch immer, eine Unruhe, eine Unsicherheit in diesem Manne, der er selten Nahrung gab. Auch von den »Spuren seiner Niederlagen« wollte er in seinen Lebenserinnerungen »...und kein bißchen weise« berichten, dann bestätigte er doch nur das Bekannte, getreu seinem Wahlspruch »Ich hab' ja einen Ruf wie Donnerhall«. Curd Jürgens hatte seine Erfolge im Ausland, solange die Amerikaner, die Engländer, die Franzosen noch gebannt auf das Mysterium eines Landes schauten, das die Welt einmal in Angst und Schrecken versetzt hatte.

Damals war um dieses geteilte, aus den Zentren der Macht verstoßene Volk ein Geheimnis, es hatte einen morbiden Glanz, der aus einer schrecklichen Geschichte herrührte. Ein intelligenter Mann hat einmal gesagt, neben den Verliesen des Vatikans sei der deutsche Generalstab der größte Mythos dieses Jahrhunderts gewesen. In der Figur des Curd Jürgens bekam dieser Mythos Farbe und Kontur. Mehr noch: er verstärkte das Gefühl, Hitler und die Seinen seien eine dämonische Macht gewesen, die sich der Seelen der untadeligen deutschen Offiziere bemächtigt hatten. Wie auch immer: Heute sind wir wieder wer, nämlich, wie es in der Buchhaltersprache der Politik so schön heißt, eine mittlere Macht. Das Geheimnis ist entschlüsselt, die deutschen Stars sind kein Exportartikel mehr, noch weniger ist es die Ikonografie dieses Landes.

»Drama«, hat Jürgens gesagt, »ist mein Beruf.« Er spielte leidenschaftlich gern am Burgtheater, wurde am Ende, welch groteske Pointe in diesem zum Skandal aufgebauschten Leben, auch noch Professor. »Zeige nie deine Grenzen«, hat ihm einmal Werner Krauss geraten, und seinen Memoiren hat er den Shakespeareschen Satz vorangestellt: »So macht Gewissen Feige aus uns allen.« Er wäre kein deutscher Filmliebling geworden, wäre aggressive Männlichkeit sein einziges Attribut gewesen. Wie alle, die den

Deutschen ans Herz gewachsen sind, hatte er jungenhafte, unreife Züge, wollte nicht recht wahrhaben, daß auch das Alter seinen Tribut fordert. Gegen die Vergänglichkeit lehnte er sich auf, einen Rentner hätte man ihn nicht nennen können, dem Jugendkult hat er sich nicht ohne Raffinesse angeschmiegt und verkündet: »Ich wollte, ich könnte die Dummheiten, die ich mit 30 Jahren gemacht habe, noch einmal machen.«

Es besteht kein Grund, seine Filme über Gebühr zu verklären. Für einen guten Schauspieler hat sich Jürgens immer gehalten und in einem einsichtsvollen Augenblick doch gestanden, er hätte viel besser sein können, wenn er nicht so wahllos Rollen angenommen hätte. Mag sein, daß er seinen Aussichten nicht genug getraut hat, daß ihn die Angst quälte, der Ruhm eines auf eine einzige Rolle festgelegten Stars sei am Ende doch von allzu vergänglicher Natur.

Jedenfalls wird man Filme wie »Rummelplatz der Liebe« oder »Du mein stilles Tal« vergessen. Doch »Jakobowsky und der Oberst«, »Des Teufels General« oder »Schachnovelle« werden seinen Tod überdauern. Als Jugendliche haben wir uns auf die billigen Plätze gequetscht und mit heißem Herzen dieses kantige Mannsbild bewundert. Hernach haben wir uns von diesen Bildern, diesen Idealen gelöst, haben Curd Jürgens »Opas Kino« zugeordnet, doch heute begreifen wir, dem Kino unserer Jugend wiederbegegnend, daß dieser Schauspieler Teil unserer Sehnsüchte und Illusionen gewesen ist. Mit ihm ist ein Stück von uns gestorben.

Grace Kelly
Die Hoheit

Vielleicht war er der merkwürdigste Schuß in der Geschichte des Westerns. Er wurde abgefeuert von einer Frau, deren Vater und deren Bruder bei einem Duell getötet worden waren. Seither mochte sie von der Gewalt nichts mehr wissen, nichts von Recht und Unrecht, von Tat und Sühne, doch am Ende beugte auch sie sich, und sei's aus Liebe, dem unerbittlichen Ehrenkodex der Pioniere, jenem kategorischen Imperativ, sie schoß. Der Western ist eine Gattung, die den Mann, den Helden ins milde Licht der Legende stellt, Frauen sind Staffage. Doch jene Quäkerin Amie aus Fred Zinnemanns Edelwestern »Zwölf Uhr mittags« hat sich in der Erinnerung eingegraben, jene resolute Heldin, die, das Häubchen wie einen Helm unter dem Kinn festgezurrt, so stolz, selbstgerecht und den Menschen durch Tugendhaftigkeit entrückt schien und die sich am Ende doch zu einer praktischen Moral bekehrte.

Man erinnert sich einer Rolle, die ungewöhnlich war, aber sie ist lebendig geblieben, weil sie mit Grace Kelly kongenial besetzt war. Schon in »Zwölf Uhr mittags« war ihr Typ umrissen. Damen, die Herzenswärme hinter Formen, Manieren und Stil verbargen, spielte sie immer wieder, ihre Karriere war märchenhaft, doch in keinem ihrer Filme war etwas von diesem Aufstieg sichtbar, von den Hoffnungen, den Illusionen, wohl auch der Arbeit. Sie wirkte auf merkwürdige Weise geschichtslos, sie war einfach da – und dies mit jener Selbstverständlichkeit, die den Nimbus des Stars nährt.

Ihr Vater hatte es vom Maurer zum millionenschweren Bauunternehmer gebracht, und nicht wenige in Hollywood irritierte, daß hier eine Schauspielerin nicht um Rollen bettelte, sondern Angebote wie einen Tribut akzeptierte. Am 12. November 1929 ist jene Frau, die sich in der Traumfabrik Grace Kelly nannte, in Philadelphia geboren worden. Ihre Mutter war deutscher Abstammung. Hollywood lockte mit kleinen Angeboten, doch ein Starlet mochte Grace Kelly nicht werden. Sie verdingte sich im Fernsehen, agierte in Fernsehserien und Werbespots, arbeitete als Modell; jedenfalls verdankte sie ihre Karriere nicht der Protektion, sondern ihrer Begabung und ihrem Behauptungswillen.

»Zwölf Uhr mittags« war erst ihr zweiter Spielfilm, und kleinmütig hat sie einmal gesagt, bei Gary Cooper, ihrem Partner, sei alles so einleuchtend gewesen. Wenn man in sein Gesicht geschaut habe, hätte man sofort erkannt, was er gedacht habe. Und sie setzte traurig hinzu: »Ich schaute in mein eigenes Gesicht und sah nichts. Ich wußte, was ich dachte, aber ich zeigte es nicht.« Aus dem, was sie zu Beginn ihrer Filmlaufbahn noch als Not empfand, hat sie später eine Tugend gemacht. Mimische Verrenkungen, expressives Spiel war ihre Sache nicht, sie gab die perfekte Blondine, die elegante Dame von Welt.

»High Society« war einer ihrer erfolgreichsten Filme, »Die oberen Zehntausend« heißt er in Deutschland. Zu jenen zehntausend gehörte Grace Kelly im Film wie im Leben, da verschränkten sich Schein und Sein, Illusion und Wirklichkeit, und so war es fast folgerichtig, daß aus der Schauspielerin, die Hoheit wie keine andere darstellen konnte, am Ende Gracia Patricia, die Fürstin von Monaco, wurde. Sie hat in einigen der bedeutendsten Filme in der Geschichte der Kinematographie gespielt, in Hitchcocks Thrillern »Bei Anruf Mord«, »Das Fenster zum Hof« und »Über den Dächern von Nizza«.

Sex, hat Hitchcock einmal gesagt, müsse auf der Leinwand spannend und hintergründig sein. Dies könne nur eine »wirkliche Lady« glaubhaft darstellen, hat er hinzugesetzt, und in Grace Kelly hat er eine Schauspielerin gefunden, die seinem Ideal auf einzigartige Weise entsprach. Für »Marnie« wollte Hitchcock die Fürstin Gracia Patricia noch einmal vor die Kameras holen, doch die befand nach einiger Bedenkzeit, dies schicke sich nicht; sie spielte wohl auch längst auf einer anderen Bühne.

Roberto Rossellini
Die Stunde Null

Ein Kind irrt zwischen den Leichen seiner Angehörigen umher und weint, als ob es für den Schmerz keinen Anfang und kein Ende gebe; gefangene Partisanen stehen in der Morgendämmerung am Rande eines Bootes, werden einer nach dem anderen, so als müsse gerade die Barbarei ihre Ordnung haben, in den Fluß geworfen, schlagen auf, versinken, die Lakonie des Sterbens; ein Junge geistert durch die Trümmer von Berlin, wird in einem winzigen Moment seiner vollkommenen Einsamkeit gewahr, resigniert, tötet sich.

Wenig bleibt haften angesichts des Bildermülls, den eine Industrie des Schönen in unser Bewußtsein karrt. Gesichter, Interieurs, Landschaften verschwimmen im Nebel der Erinnerung. Doch viele Bilder aus den Filmen des italienischen Regisseurs Roberto Rossellini sind gegenwärtig, als habe man sie gestern gesehen. Greifbar nahe ist uns jene Szene, in der Ingrid Bergman auf dem Gipfel des Vulkans Zwiesprache hält mit Gott und der Natur, wir erinnern uns, wie in »Rom – offene Stadt« Kinder durch einen Spalt im Zaun ansehen müssen, wie ihr Pfarrer erschossen wird, im Gedächtnis bleiben auch der Ausbruch des Vulkans »Stromboli« und der mörderische Thunfischfang, die Plötzlichkeit, mit der hier Gewalt auf Trägheit folgte.

Mehr als bei anderen Regisseuren hat man bei Rossellini das Gefühl, er habe Filme um winziger Bilder willen gedreht. Etwa den Film »Reise nach Italien«, in dem ein Ehepaar, dessen Beziehung in der Resignation des Alltags ertrunken ist, in Pompeji auf jene Inschrift stößt, in der die Kürze des Lebens angemahnt wird. Eine Szene, in der die Tristesse des Bisherigen und das Hoffen auf das Kommende aufgehoben ist. »Tatsächlich«, sagte Rossellini, »interessiert mich jeder Film, den ich drehe, wegen einer bestimmten Szene, wegen des Finales, das ich möglicherweise bereits klar vor Augen habe. In jedem Film sehe ich das Episodische, die Chronik... und das Ereignis. Alle meine Bemühungen gelten nur diesem Ereignis und dem zu ihm führenden Weg.«

Rossellini hat oft von der Demut des Filmregisseurs gesprochen. Demut: das heißt auf jene Allmacht verzichten, die dem Regisseur gegeben ist, heißt, der Kategorie des Zufalls, dem Fragmentarischen, Spontanen Raum geben. Die Allmacht des Regisseurs liegt in seinem Vermögen, die Wirklichkeit in eine für alle unangreifbare Form zu zwingen, Begebenheiten logisch zu verknüpfen, vorgegebene Thesen zu illustrieren, bedeutet auch, die Kluft zu schließen zwischen der Welt, wie sie ist, und der, wie sie sein sollte. In dem Zwang, zu wählen zwischen der Wahrheit und dem Schein, zwischen der Illusion und der Wirklichkeit, hat sich Rossellini für die Wahrheit und die Wirklichkeit entschieden. Seine Trilogie des Krieges – »Rom – offene Stadt« (1945), »Paisa« (1946) und »Deutschland im Jahre Null« (1948) – war wohl deswegen ein so ungeheurer Erfolg, weil die Wirklichkeit einer moralischen und politischen Trümmerlandschaft so offen zutage lag und die Menschen bereit waren, der Wahrheit ins Auge zu sehen. Hernach haben sich die Beziehungen getrübt. Die Zuschauer verlangte es nach dem Trost der Illusion und nicht mehr nach dem häßlichen Gesicht der Aufklärung, und der Realität war mit moralischen Positionen zunehmend schwerer beizukommen.

Roberto Rossellini ist gelegentlich der »Vater des Neorealismus« genannt worden. Nähme man dieses Etikett chronologisch, es könnte nicht gelten. Visconti hat schon 1942 mit »Ossesione« einen Film gedreht, der wesentliche Momente dieses Stils aufweist. Und doch wird Rossellini die Patenschaft für den Neorealismus zu Recht zugesprochen. Er hat die Wirklichkeit neu erobert. Er hat in einer Trümmerlandschaft zertrümmerte Filme gedreht. Wenn die Filme »Rom – offene Stadt« oder »Paisa« in weiten Passagen den Stilprinzipien der Wochenschau verpflichtet sind, dann nicht zuletzt, um dem Zuschauer wieder das Vertrauen in die Abbildbarkeit des Wirklichen zurückzugeben.

Die episodische Struktur, das Fragmentarische seiner Filme, wohl auch das Alltägliche waren offenbar Protest gegen eine ästhetische Tradition des Faschismus, die sich auf Pathos und Pomp gründete. Das Beiläufige, Unscheinbare, Dokumentarische widerstanden einer Kunstpraxis, die Wirklichkeit nur als inszenierte kannte. Die offene Form Roberto Rossellinis, die dem Zuschauer die Freiheit läßt, das Gesehene in seinem Kopf zu vollenden, war in jener Stunde Null auch demokratischer Protest gegen einen Filmtypus, der, dem Bedürfnis der Herrschenden Rechnung tragend, den Zuschauer terroristisch in Besitz nimmt, ihn umstellt, seine Gefühle dirigiert, der mittels der geschlossenen Fiktion jene Brüche vergessen macht, die in der Wirklichkeit offen zutage lagen. Es ist nicht die geringste Qualität der frühen Filme Rossellinis, daß Inhalt und Form auf so vollkommene Weise zur Deckung kamen.

Rossellini hatte den denkbar klarsten Begriff von Realismus. »Für mich«, sagte er, »ist Realismus nichts anderes als die künstlerische Form der Wahrheit«, und auch der Neorealismus sei eine moralische Position, von der aus er die Welt betrachte. Nie hat er die Wirklichkeit mit den Augen eines Parteigängers gesehen, nie hat er zwischen Wahrheiten höherer und niederer Art unterschieden, zwischen solchen, die politisch opportun, und solchen, die tunlichst zu unterdrücken waren.

Gerade seine Nachkriegsfilme beteiligen den Zuschauer an dem ehrlichsten Gefühl, das ein Regisseur vermitteln kann: der Ratlosigkeit. Seine Figuren sind mutig, aber nicht heroisch. Ihr Vermögen zum Leiden ist größer als das zum Handeln. Die Niederlage ist in diesen Filmen das zentrale Motiv. Der Priester, der deutsche Deserteur, der Drucker, die Verlobte – sie alle scheitern in »Rom – offene Stadt«. Ob dies ein Sieg in der Niederlage ist, muß der Zuschauer entscheiden. Dann »Paisa« – sechs Episoden voller Tristesse. Ein amerikanischer Spähtrupp landet in Sizilien. Ein junges sizilianisches Mädchen bietet sich als Führerin an. Zwischen einem amerikanischen Unteroffizier und dem Mädchen bahnt sich – sprachlos – eine Idylle an. Der Amerikaner wird von einer deutschen Patrouille erschossen, das Mädchen werfen sie auf die Klippen. Der Spähtrupp kehrt zurück, sieht den toten Landsmann und sagt: »Schmutziges italienisches Mädchen.« Oder jene Episode, in der eine Prostituierte einen betrunkenen amerikanischen Panzerfahrer trifft. Er erzählt ihr von einem Mädchen, das er in den Tagen der Befreiung kennengelernt hat. Das Mädchen war sie. Sie hinterläßt ihm eine Adresse, wo er am nächsten Morgen das Mädchen von damals treffen soll, zieht sich das Kleid an, das sie damals trug, aber der Amerikaner hat den Abend vergessen, erinnert sich nicht mehr und fährt zurück an die Front.

Rossellini stellt die Menschen nicht in den milden Glanz der Hoffnung, er zeigt Träume, die scheitern. Der Tod – etwa des Jungen in »Deutschland im Jahre Null« – verweist auf nichts mehr als auf die Erbärmlichkeit des Lebens. Auf eine einzigartige Weise hat er hier die geistige Landschaft seiner Zeit ausgemessen, hat die Zuschauer gezwungen, der Unmenschlichkeit menschlichen Daseins ins Auge zu sehen, hat ihnen nicht mit läppischen Tröstungen über eine moralische Trümmerlandschaft hinweggeholfen.

»Man kann«, hat er später gesagt, »nicht ewig in zerstörten Städten drehen.« Der Mensch, der um jeden Preis mit sich selbst in Übereinstimmung sein will, stehe dem Wahnsinn nahe. Das Fehlen des Glaubens, in den Nachkriegsfilmen wesentliches Moment bei Rossellini, schien ihm in den frühen fünfziger Jahren das Defizit einer Nation. Sosehr er die Trümmermentalität als erste und notwendige Form der Erkenntnis bestärkt hatte, so sehr kämpfte er fortan gegen ein Menschenbild, dem die eschatologischen Züge fehlen. Er vermittelt in Filmen wie »Stromboli – Erde Gottes« oder »Europa 51« kein Dogma, sondern eine tiefe Religiosität, zeigt, daß in einer Welt, in der Religion formelhaft erstarrt ist, der Mensch, der sich zu seiner Schuld bekennt und sie mit der Liebe zum Nächsten tilgen will, des Irrsinns bezichtigt wird.

Rossellini war ein Regisseur der produktiven Widersprüche. Er versuchte, die Menschen zu belehren, und zugleich waren seine Filme eine nie endende Suche nach eigener Erkenntnis. Er arbeitete schnell, ohne fixiertes Drehbuch, vertrauend auf die Spontaneität der Schauspieler, so daß selbst von Ingrid Bergman das Wort überliefert ist, sie sei, wieder in Hollywood, froh, mal wieder mit Professionals drehen zu können. Doch zugleich war er einer der vorzüglichsten Stilisten in der Geschichte des Kinos, er vereinigte Leidenschaft und klare Analyse, den Dokumentarfilm mit dem kraftvollen Melodram, die Objektivität der Fotografie mit der Subjektivität des Bewußtseins. Er war trotz allem ein erstklassiger Handwerker. Er trieb den Schauspielern ihre Flausen und Manieriertheiten aus. Anna Magnani, Aldo Fabrizzi und in gewisser Weise auch Ingrid Bergman waren seine Geschöpfe und damit vor allem Schöpfungen ihrer selbst.

Die Geschichte des Filmregisseurs Roberto Rossellini ist die Geschichte des Mythos von Sisyphos. Er verweigerte dem Kino, was, nach allgemeinem Verständnis, des Kinos ist: die Bewegung, die filmischen Effekte, die glatte, polierte Oberfläche, all das, was als unterhaltend gilt. Am Ende hat er resigniert, das Kino für tot erklärt und nur noch für das Fernsehen gearbeitet.

De Sica ist gestorben, dann Visconti und jetzt Roberto Rossellini. Eine Epoche ist unwiderruflich zu Ende gegangen, eine, die zu den großen in der Geschichte des Films gehört.

Romy Schneider
Die unglückliche Kaiserin

Die Angst hat diese Frau immer gequält. »Man kann«, hat sie einmal gesagt, »ja plötzlich aufwachen und total leer sein – kein Gespräch mehr, kein Zusammensein, kein Mut, keine Möglichkeit mehr, etwas geben zu können, weil man schon alles gegeben hat, was möglich war.« Romy Schneider gehörte zu jenem Typ eines tief unglücklichen Menschen, der das Übel beschwört, noch ehe es eingetroffen ist. »Einmal bist du oben«, sinnierte sie, »und morgen bist du unten und wirst wie eine heiße Kartoffel zertreten.«

Die Laufbahn der Romy Schneider hatte Höhen und Tiefen, doch so tief war sie nie gefallen, als daß es für diesen selbstzerstörerischen Pessimismus einen vernünftigen Grund hätte geben können. In einem ihrer letzten Interviews hat sie gestöhnt, sie sei zu kaputt, um sich richtig zu wehren; sie hat von ihrer Furcht, ihrer Einsamkeit, ihrer Heimatlosigkeit gesprochen und am Ende, als sei der Tristesse des Alltags mit einem einzigen, trotzigen Aufbegehren noch beizukommen, hinzugefügt: »Ich werde weiterleben – und richtig gut.« Auch das war, wie so vieles in diesem Leben einer todtraurigen Märchenprinzessin, eine Illusion. In Paris ist Romy Schneider im Alter von nicht einmal 43 Jahren gestorben.

Talent, hat sie gesagt, sei Arbeit, und niemand wird behaupten können, sie habe sich willenlos einem schier übermächtigen Schicksal gebeugt. Doch dies Leben, das die Träume der Ladenmädchen hätte nähren können, stand unter einem schlechten Stern. Gescheiterte Ehen, der Selbstmord ihres ersten Mannes, lebensbedrohende Krankheiten, der tödliche Unfall des Sohnes, es schien, als hätte eine teuflische Macht das, was dieser Frau an frühen Glücksverheißungen so überreich zuteil geworden war, mit seltener Infamie widerrufen wollen.

Romy Schneider war gerade achtzehn Jahre alt, da beteuerte sie, mit jenem ihr eigenen Hang zur Melancholie: »Es ist ein großer Irrtum, wenn die Leute glauben, ich hätte etwas vom Leben geschenkt erhalten.« Ein verstörender Satz von einer Schauspielerin, der als »Sissi« die Zuneigung von Millionen gehörte. Franz Marischka, der Regisseur dieser Filme, hatte ihr damals gesagt: »Du wirst alle jungen Mädchen Europas zum Träumen bringen.« Vielleicht ist »Sissi« der einzige Filmmythos, den das deutschsprachige

Kino nach dem großen Krieg geschaffen hat. Jedenfalls war diese Figur der Ausdruck einer unermeßlichen Hoffnung, den Widrigkeiten der Politik, dem Neid und dem Haß möge die Macht der Unschuld und der Schönheit erfolgreich opponieren. Die rebellischen Ungarn beugten vor der Menschlichkeit dieser jungen Kaiserin das Knie, die aufsässigen Italiener jubelten auf dem Markusplatz; dies war Gefühlskino in Vollendung, war Nahrung für den versteckten Royalismus der Menschen und tröstete die, denen die glanzlosen Winkelzüge der Demokratie fremd und unheimlich waren. Mit der jungen Romy Schneider war die Rolle der Elisabeth von Österreich geradezu kongenial besetzt. Das Surrogat war so vollkommen, daß die Menschen von dem Unterschied zwischen Schein und Sein nichts mehr wissen wollten.

»Sissi«, hat Romy Schneider später erklärt, »hing mir wie ein Klotz am Bein. Sissi lächelte selig, wenn ich Lust hatte zu weinen und zu leiden. In Wien, Paris, Rom, wenn ich ein großes Kaufhaus betrat, ja sogar im Hotel, zeigte man mit dem Finger auf mich: ›Schau, Sissi!‹ Ich kam mir wie ein österreichischer Schmarrn vor, den man verschlingen wollte.« In den Lebenserinnerungen von Rosa Albach-Retty ist eine im nachhinein besonders schreckliche Episode zu lesen. Rosa Albach-Retty erzählt von einem Besuch in der Kapuzinergruft. Der Fremdenführer habe erklärt, in diesem Sarkophag habe Österreichs unglückliche Kaiserin Elisabeth, genannt Sissi, die letzte Ruhe gefunden. Darauf habe eine Besucherin geschrien: »Jessas, die Sissi, die Romy ist g'storben.«

Romy Schneider war eine Traumfigur, und den Traum wollten die Menschen sich nicht zerstören lassen. Sie wollten vom »Als-ob« des Films nichts wissen, suchten wohl auch die Geborgenheit im Ritual. Das ist lange her, und es mag heute schwerfallen, sich vorzustellen, welchen Mut, welche Kraft es ein junges Mädchen gekostet hatte, sich diesem Verlangen, das ja auch Ausdruck von Liebe war, zu entziehen. Drei Sissi-Filme hat sie gedreht, dann zerstörte sie die Symbiose von Mensch und Kinolegende, suchte ihr künstlerisches, vielleicht auch ihr biographisches Ich um den Preis des drohenden Debakels. Nach »Sissi – Schicksalsjahre einer Kaiserin« drehte sie »Scampolo«, »Mädchen in Uniform«, dem Klischee der »Sissi« wollte sie auch mit »Monpti« oder »Die Halbzarte« enteilen, doch an den Kinokassen erwiesen sich diese Ausbruchsversuche als finanzielles Debakel. Die Deutschen zeigten sich als enttäuschte Liebhaber.

Die Tragik im Leben Romy Schneiders lag nicht zuletzt in dem verzweifelten Versuch, sich von der Übermacht dieses Kinoklischees zu befreien. So war dieses Leben über Gebühr Kampf. Noch Jahre später ließ sie sich unbekleidet ablichten, um die Erinnerung an die Naivität und die Unschuld jener Figur, die zu ihrem Schicksal zu werden drohte, auszulöschen. Stars haben mit der Entsetzlichkeit zu leben, daß sie nicht sich selbst, sondern sozusagen allen gehören. Ihnen wird eine öffentliche Biographie angemessen. Dieser Zumutung hat sich Romy Schneider, und deswegen war sie als Persönlichkeit so auffällig, so beeindruckend, nie ganz gefügt. Ihre Privatsphäre hat sie heroisch verteidigt, dies hat ihr in einem voyeuristischen Gewerbe, das nur die Zutraulichkeit belohnt, viel Feindschaft eingetragen. Noch im letzten Jahr hat sie Zeitungen verklagt, die Fotos von der Leiche ihres Sohnes veröffentlicht hatten. In einem Baum am Ende ihres Grundstücks war eine automatische Kamera versteckt. Mit einem Fernrohr bewaffnet, saß ein Fotograf auf einem Hügel, der jedesmal, wenn er der Verfolgten ansichtig wurde, per Fernsteuerung die Kamera auslöste. Der Tod Romy Schneiders ist gewiß auch Anlaß, nach dem Ehrenkodex eines Berufsstands zu fragen, der die Würde des Menschen so wenig achtet. Sie sei, so hieß es dann immer wieder, schwierig, zickig, neurotisch. Welch groteske Verkennung von Ursache und Wirkung.

Romy Schneider wurde am 23. September 1938 in Wien geboren, ihre Eltern, Wolf Albach-Retty und Magda Schneider, waren Schauspieler von einiger Reputation. Zu den großen Leistungen ihres Lebens gehört, daß sie nicht, wie so viele Kinder berühmter Akteure, vom Ruhm der Eltern erdrückt worden ist. Gerade vierzehn Jahre alt war sie, als sie zusammen mit ihrer Mutter in dem betulichen Heimatfilm »Wenn der weiße Flieder wieder blüht« zum ersten Mal vor der Kamera stand. Alles in diesem Leben war auf frühen Ruhm und frühes Vergessen angelegt, wäre Romy Schneider nicht jener rebellische Gestus eigen gewesen, der sie sagen ließ, sie habe es satt gehabt, »eine in Watte gepackte junge Dame zu sein, die höflich zu sein hatte«. So floh sie nach Paris, was ihr, wie borniert waren doch viele, als »Landesverrat« ausgelegt wurde.

In ihren letzten Äußerungen hat sie sich der Ahnung nicht verschlossen, am Ende zu viel und zu wahllos gefilmt zu haben. Tatsächlich werden unter filmkünstlerischen Gesichtspunkten nur wenige Werke ihren Tod überdauern. Gewiß Viscontis »Ludwig II.«, Loseys »Das Mädchen und der Mörder« und Orson Welles' »Der Prozeß«. Zu Visconti und Welles hatte sie, die doch so sehr um ihre Freiheit kämpfte, ein fast höriges Verhältnis: »Wenn Orson Welles mich bitten würde, eine unbedeutende kleine Rolle zu spielen oder die Hauptrolle ohne Gage – ich würde sofort alles stehen und liegen lassen und akzeptieren.« Sie spürte wohl, daß ihr Talent, sollte es sich zur darstellerischen Meisterschaft entfalten, der schonungslosen Besessenheit eines Genies bedurfte. Zu oft hat sie mit soliden Handwerkern wie Claude Sautet gearbeitet, mit Männern, die wohl ihr Bild konturierten, ihr das Allerletzte aber nicht abverlangen konnten. Im Rückblick wird freilich deutlich, daß ihr Nimbus von Moden auffällig unbeschädigt geblieben ist. Sie hat in den letzten Jahren einen außerordentlich modernen Frauentypus gespielt, Frauen, die sich selbst, aber auch einem Mann gehören wollten, Menschen, die Neues suchten, aber dem Alten noch verhaftet waren.

Romy Schneider ist tot, doch gerade läuft im Kino ihr Film »Die Frau mit den zwei Gesichtern«. Da sagt einer zu ihr: »Solange ich lebe, bist du noch nicht tot.« Vielleicht ist dies das Tröstliche an diesem tragischen Ende, daß die Unsterblichkeit des Kinos, jene auf Zelluloid verewigte Erinnerung, der Endlichkeit des Lebens Paroli bietet.

Jacques Tati
Don Quijote des Kinos

Jede große Komik ist anarchistisch. Auch die des unvergleichlichen Jacques Tati. Die Ordnung der Dinge und die Geometrie des Lebens waren seine natürlichen Feinde. Im Chaos hat die Figur des Monsieur Hulot ihren vollkommensten Ausdruck gefunden.

Tati war kein Anarchist aus Kalkül, seinen Verwüstungen fehlte jedes Zweckhafte. In ihm triumphierte die Unschuld, jene Arglosigkeit des Kindes, das um die Bewandtnis der Objekte nicht weiß. Tückisch sind die Gegenstände. Ein Fahrrad, dessen Lenker sich verdreht hat, erweist sich unversehens als Folterwerkzeug. Die verhaltene Tragik seiner Filme nährt sich aus dem Umstand einer unglücklichen Liebe. Denn mächtig imponiert ihm die Moderne, fasziniert bestaunt er die Technik von morgen. In »Tatis Schützenfest« (1948) lugt er durch die Spalte des Kinozeltes, wird eines euphorischen Werbefilms über die ganz wunderbare Schnelligkeit amerikanischer Briefzustellung ansichtig, und es fällt den Schaustellern nicht schwer, den radelnden Landbriefträger François, der da mit ausgebeulten Pumphosen und einer abgewetzten Posttasche nicht eben idealer Ausdruck der Fortschrittsidee ist, zu einer Temposteigerung anzuspornen. Mit einem Eifer, welcher der Beschaulichkeit, ja Trägheit des Dörfchens Sainte-Sévère auffällig widerspricht, tritt er in die Pedale seines ältlichen Fahrrads, überholt die Heroen der »Tour de France« und gibt seine Briefe so schnell ab, daß die eilige Zustellung sogar den Empfängern entgeht.

Doch die französische Provinz ist den Rekordleistungen aus der Neuen Welt nicht eben günstig. Ein Telegramm wird von einer Ziege verspeist, bösartige Bienen behindern aufs ärgste die propere Ausübung der Beamtenpflicht, das Fahrrad, ganz, als sei es der neuen Manie seines Besitzers überdrüssig, macht sich auf abschüssiger Strecke selbständig, am Ende lehnt es dann, als sei es des Schabernacks müde, lethargisch an der Hauswand. Doch weil in den Filmen des Jacques Tati niemand so recht bösartig ist, sind es auch die Objekte nicht. Ihre Warnungen vor der Hypertrophie des wissenschaftlichen Zeitalters sind eher freundlich zu nennen.

Die Antihelden des Tati sind Sonderlinge, Außenseiter; ihnen eignet jenes Maß an Skurrilität, das für die Typenkomik taugt. Man muß Monsieur Hulot nur einmal laufen sehen, um des Witzes von Tati teilhaftig zu werden. Mag sein, daß niemand humanere Komödien gedreht hat. Der Zuschauer wird nicht überfallen, nicht überwältigt, nicht um den Verstand gebracht. Gelegentlich werden die Gags, als sei Zeit nicht Geld, anrührend umständlich in Szene gesetzt. Requisiten braucht Tati nicht viel. Da langen denn ein Fahrrad und ein Zaun.

»Tatis Schützenfest«, diese erste, wunderbare Filmkomödie, ist kein Thesenfilm. Tati hat keine Theorie der Gesellschaft mit Gags illustriert, er gehört zu den ganz Großen in der Geschichte der Kinematografie, weil er einfach ein glänzender Beobachter war. So wird denn auch, in »Tatis Schützenfest« so gut wie in »Die Ferien des Monsieur Hulot« oder »Mein Onkel«, keine jeweils modische Meinung illustriert, es werden liebevoll Beobachtungen addiert. Tati hatte einen unbestechlichen Blick für das Komische des Alltags, sein melancholisches Temperament hat dies in tragisch-komischen Bildwitzen gebündelt.

Ein Kritiker hat einmal verdrießlich geäußert, Tati habe das »Frankreich des Plumpsklos« verklärt. Doch was wäre daran von Übel? Tati hat sich einmal mit Cervantes' Antiheld Don Quijote verglichen. Und in der Tat resultiert auch die Komik seiner Figuren aus dem Mißverhältnis zwischen der Antiquiertheit des Menschen und einer Geschichte, die nicht stehengeblieben ist. Chaplin hat dies in »Moderne Zeiten« aufs Bild gebracht.

Womöglich war »Tatis Schützenfest« sein bester Film. Ihm nahe kamen gewiß »Die Ferien des Monsieur Hulot«. Zu den brillantesten Szenen in der Geschichte der Filmkomik zählt jene Begebenheit, in der sich ein Reifenschlauch selbständig macht, als Kranz bei einer durchaus würdigen Beerdigung verfremdende Verwendung findet. Die Exegeten haben die Komik Tatis durchweg freundlich genannt. Doch was ist an dieser Szene freundlich? Herr Hulot sucht seinen Tischtennisball, dreht einen Kartenspieler, der auf einem Drehsessel sitzt, der spielt seine Karte auf dem nächsten, dem falschen Tisch aus, schwenkt zurück zum eigenen. Ungerührt spielen die Menschen hüben wie drüben weiter.

Bei Gelegenheit hat Jacques Tati gesagt: »Dank einer ausgeprägten Beobachtungsgabe, die vielleicht stärker ist als mein Sinn für Humor, möchte ich das Überleben des Individuums in einer Umwelt hervorheben, die mehr und mehr entmenschlicht wird.« Tati war kein Reaktionär, dazu war er zu klug, aber er war ein Konservativer, ein Mann, der sich ohnmächtig gegen den Niedergang des Alten stemmte und der wie ein trauriger Clown der Tristesse des Lebens die komischen Pointen abzwang.

Es ist gewiß kein Zufall, daß Kinder nie Gegenstand seines milden Spotts waren. Ihnen, denen Besitz, Status und Macht nichts gilt, fühlte er sich nahe. In dem komischen Panoptikum des Jacques Tati sind die Kinder die einzigen Helden.

Vielleicht ist die aberwitzige Prestige- und Renommiersucht der Menschen nie sinnfälliger karikiert worden als in »Mein Onkel«. Da besitzt der Röhrenfabrikant Arpel in seinem Vorgarten einen wasserspeienden Fisch, der ausschließlich dem Renommieren dienstbar gemacht werden soll. Er wird nur angestellt, wenn ein Gast eintrifft, dem solcherart imponiert werden soll. Kehrt der Besitzer höchstselbst heim, ruft er: »Ich bin's nur«, und der Fisch muß nicht speien. Nein, Tati hat die Menschen schon gut gekannt, ihre Eitelkeiten, ihre Gefallsucht, ihre großen und kleinen Torheiten.

Tati war ein Avantgardist des Leidens. Ihn schmerzte die Zerstörung des alten Frankreich, ihr galt die Melancholie in »Tatis Schützenfest«. Ihn verdroß jene Art des Tourismus, die Reisen zur Tortur macht; das ist in den »Ferien des Monsieur Hulot« zu sehen. Die Angst vor einer technisierten, sterilen Welt, in der Kinder nicht mehr schmutzig, aber damit auch nicht mehr glücklich sein können, hat er in dem Streifen »Mein Onkel« beschworen. In »Playtime« (1968) stößt er gegen Glaswände, verläuft sich in endlosen Gängen, ist wehrlos gegenüber modernen Türöffnern, zeigt ein futuristisches Paris, in dem sich die Symbole des Alten nur noch in den riesigen Glasscheiben der Wolkenkratzer spiegeln. Spätestens hier hat den tapferen Monsieur Hulot die Übermacht des Faktischen verschlungen. Wie versponnen, halb abwesend wandert er mit seinen Hochwasserhosen durch die Korridore. Man könnte dies Altersweisheit nennen, Gleichmut oder auch Resignation.

Doch dann hat er sich noch einmal aufgerafft und in »Trafic« (1970) die heillose Neigung der Menschen zu ihren Vehikeln aufs Korn genommen. Dann und wann scheint satanische Zerstörungslust auf, an einer Kreuzung dreht sich ein Polizist um die eigene Achse, alle Fahrzeuge fahren gleichzeitig los, eine Massenkarambolage, jene Destruktionsorgie, die seit dem Anfang des Films dafür steht, daß die Menschen ihr Auto mindestens ebensosehr hassen wie lieben müssen, ist die Folge. Doch »Trafic« ist ein Film ohne Furor. Ein Flaneur hat ihn gemacht, ein Mensch, der scheinbar ziellos herumwandert, hier und dort etwas entdeckt, Gags fast beiläufig entwickelt. Das ist keine geschlossene Komödie mehr, kein Kino der Effekte, so ungefähr wie dieser Film ist nur noch das Leben. »Trafic« reüssierte an den Kassen denn auch nicht. »Ich habe«, sagte er, »oft das Gefühl, wenn ich die mürrischen, aggressiven Blicke der Autofahrer sehe, daß man sie zwingt, ein Auto zu besitzen.«

Tati war ein Visionär. Heute mögen viele seiner Beobachtungen geläufig erscheinen. Vom Fortschrittspathos ist allenthalben nichts mehr zu finden. Um die einzigartige Lebensleistung des großen Tati zu erkennen, muß man seine historische Phantasie bemühen, muß sich zurückdenken in die Jahre, als das Reisen noch ein Mythos und die Küchenmaschine ein magisches Gerät war.

Mehr noch: die Filme Tatis sind Ausdruck ihrer Zeit, aber in allen ist ein unzerstörbarer Rest, der niemals patiniert werden wird. 1951 wurden die »Ferien des Monsieur Hulot« gedreht, doch solange Filme gezeigt werden, wird der Mensch mit den Hochwasserhosen, der Pfeife, dem Hütchen die Menschen entzücken. »Hulot« ist das einzige Wort, das in diesem Film gesprochen wird, doch er sagt mehr als die geschwätzige Produktion vieler Jahre.

»Ich bin«, sagte Tati, »ein wenig Don Quijote, der mit Humor gegen die Windmühlen anrennt. Die Windmühlen, das sind die Rotlichter, Grünlichter, Pfeile, Spuren, Über- und Unterführungen, Umfahrungen und Ausfahrten. Mit all diesen Vorschriften und Regeln, Verboten und Hinweisen kommt man ja überhaupt nicht mehr zurecht. Es herrscht totale Konfusion.« Von der Konfusion dieser Welt hat sich Tati verabschiedet. Er ist 75 Jahre alt geworden.

Zirkus Hagenbeck
Manege zu

Aus. Vorbei. Das Zelt wird nicht mehr aufgeschlagen. Die Tiere werden verkauft, die Clowns albern in einer anderen Manege. Ein Zirkus gibt auf. Ein Zirkus? Hagenbeck war mehr, er war eine Institution. Bald achtzig Jahre ist der Zirkus Hagenbeck durch die Lande gezogen. Jede Generation hat heute ihre sentimentalen Erinnerungen, jede hat andere, doch die Trauer über das Sterben dieses Zirkus ist allen gemein. In diesem Zelt haben die Ältesten als Kinder gesessen, dann deren Sprößlinge, die Enkel, die Urenkel, in einer Welt, die ihr Gesicht so brutal verändert hat, war dieser Zirkus ein Stück kostbarer, Illusionen nährender Kontinuität. Manchem mag eine Meldung wie diese ein schlechtes Gewissen bereiten. Schließlich hätten wir denen, die uns in den Kindertagen entzückten, nachhaltiger die Treue halten können. Reichlich tatenlos haben wir dem Zirkussterben zugesehen. 42 circensische Unternehmen gab es nach dem Kriege, ein paar Jahre später waren es nur noch sechs, und auch die konnten sich der Konkurrenz des Fernsehens nur recht und schlecht erwehren. Die Kinder, allein die Kinder, haben jene, die nicht in Konkurs gingen, gerettet. Ihnen wurde das Abbild bald zu fad, sie wollten wieder den Geruch der Sägespäne, den Kontakt zu den Dompteuren, den Artisten, den Clowns. Solange es Kinder gibt, so hat einer das Ende von Hagenbeck begütigend kommentiert, wird es auch den Zirkus geben. In der Tat ist die Aufgabe bei Hagenbeck auch kein Symptom für die allgemeine Lage der Zunft. Die Kosten drücken, die Einnahmen stagnieren, aber irgendwie wird es schon weitergehen. Weitergegangen wäre es wohl auch bei Hagenbeck. Doch die Prinzipalin, Ingrid Hoppe-Hagenbeck, liegt schwerkrank darnieder, jetzt ist der Zirkus wie ein Auto ohne Motor, schon haben die Pferdemetzger, wenn auch erfolglos, angeklopft und die Tristesse des Augenblicks geradezu grotesk mißverstanden. Im letzten Programm von Zirkus Hagenbeck ritt ein Tiger auf einem Elefanten, die Erbfeinde in einer Nummer. Dieser Zirkus war der vollkommene Ausdruck einer unermeßlichen Hoffnung.

Joachim Fest
Zu früher Tod

Er hatte immer eine auffällige Vorliebe für die jung Verstorbenen, die unvollendeten, plötzlich abgerissenen Biographien. So hat er über James Dean, Jim Morrison oder Elvis Presley geschrieben. Und nicht nur im nachhinein scheint es, als seien dies durchweg mehr als Nachrufe gewesen. Immer kamen in diesen Porträts eigene Züge zum Vorschein, eine besondere Identifikation mit denen, die nicht alt werden konnten.

Michael Schwarze gehörte, als er in jungen Jahren, unmittelbar von der Universität, zur »Frankfurter Allgemeinen Zeitung« kam, zu jenen frühen und fertigen Begabungen, wie sie in diesem Beruf selten sind. Er besaß alles, was den geborenen Journalisten ausmacht: Einfühlungsgabe, weitgespannte Neugier, Urteilsfähigkeit – und das alles verbunden und in geistige Ordnung gebracht durch einen glänzenden, wenn auch niemals prunkenden, vielmehr leicht wirkenden, die colloquialen Wendungen nicht scheuenden Stil. Er war ganz er selbst. Die schrecklichen Moden, die großen Versuchungen dieses Berufs, hat er nie mitgemacht. Er schrieb pointiert, mit lebhafter, assoziierender Phantasie, und doch ohne je den leitenden Gedanken zu verlieren. Das machte, daß man sich seiner Argumentation gern überließ. Unter den zahlreichen Briefen, die in den vergangenen Tagen eingingen, befand sich einer, in dem ein Leser schrieb, er habe nie etwas ausgelassen, was mit Michael Schwarze gezeichnet war. Das kennzeichnet den bedeutenden Journalisten. Von George Bernard Shaw stammt das Wort, man sei erst dann ein Zeitungsmann von Rang, wenn das Publikum beginne, einen Beitrag nicht des Themas, sondern des Verfassernamens wegen zu lesen.

Dieser Rang, den alle ihm ohne Zögern zubilligten, stand durchweg in seltsamem Gegensatz zu seinem unprätentiösen Wesen. Er stilisierte sich nicht, auch als der Erfolg ihn erreichte, und blieb im Grunde, in den mehr als zehn Jahren, seit er als Redakteur zur Zeitung kam, unverändert; nur die Interessen, die Kenntnisse und der Überblick weiteten sich. Nicht einmal die Eitelkeit erreichte ihn, von der es rechtfertigend und wohl auch nicht ganz ohne Grund heißt, sie gehöre zu den Voraussetzungen journalistischer Existenz. Lob machte ihn nur verlegen. Ich erinnere mich, wie er bei solchen Anlässen mühsam von seinem Stuhl hochkam und mit den Augen, irgendwo zur Seite, einen Punkt im Raum suchte, der ihm über die Peinlichkeit des Augenblicks hinweghelfen konnte. Manchmal fragte ich mich, ob es eher Bescheidenheit war, was ihn so in Verlegenheit setzte, oder die Scheu, in dem Beitrag, um den es ging, zu viel Persönliches, Intimes preisgegeben zu haben.

Denn er hat immer wieder von sich selbst geschrieben. Ich habe in den vergangenen Tagen noch einmal seine Arbeiten durchgesehen. Manche Wendungen wie die von den Schrecken des Alltags und dessen Widrigkeiten, von der Tristesse des Lebens, das zu schwer für den einzelnen sei, oder von den Tröstungen, deren jeder bedürfe, wiederholen sich unablässig, auf fast beschwörende Weise, als suche er sich ins Formelhafte zu flüchten, das so sehr verbergen wie stützen kann. »Man flieht nach innen«, heißt es einmal, mit fast appellhafter Kürze, »nach außen hält man stand.« Dann geht es weiter: »Die Last des Alltags verschüttet eine Sehnsucht, die unwiderruflich verloren ist. Was bleibt, ist die Sympathie mit den Mutigen, die wir selbst gern gewesen wären.«

Der melancholische Ton ist hier, wie in so vielem anderen, unüberhörbar, und es ist wohl eine Überlegung wert, woher das kam. Viel davon ist gewiß in jener Mischung aus Veranlagung und den Eindrücken der Formationsjahre begründet, über die wir nichts Verläßliches sagen können. Sicherlich hat es aber auch mit dem Weg seiner Generation zu tun, für die er mir immer in besonderer Weise repräsentativ schien; jedenfalls für deren ernsthafteren Teil, der nicht den bequemen Weg in die Ideologien einschlug, sondern aus der Entzauberungserfahrung, mit der die Protestjahre endeten, die Einsicht gewann, daß es vom Baum der Erkenntnis keine Früchte gibt. Am Anfang der Aufbruch, der gesinnungsethische Überschwang mit all den aufblitzenden Gewißheiten, es richtiger, besser, menschenwürdiger zu machen, als es je war. Dann die leichten Triumphe in Hörsälen und Seminaren, die Sit-ins, Go-ins und Teach-ins, der Weg auf die Straße, und einmal hat Michael Schwarze erzählt, wie er an der Spitze einer Demonstration vor der »Frankfurter Allgemeinen Zeitung« agitiert hat. Er berichtete das mit einer Art Verschämtheit über den kategorischen Radikalismus, in den er sich da hatte hineinziehen lassen. Aber er distanzierte sich nicht davon. Es war ein Teil seines Lebens, und ein wichtiger dazu. Viel eher warf er sich vor, zu lange den eigensüchtigen Kleinmachiavellisten im Hintergrund und ihren ebenso verführerischen wie platten Rationalisierungen gefolgt zu sein. Denn das sagte er auch: schon damals, mitten im Aufruhr, besonders im Aufruhr, habe er das Empfinden nicht loswerden können, daß dies alles viel mehr Flucht als Aufbruch sei, eine Flucht in Gewißheiten, die der Denkende sich versagen müsse. Er äußerte das nicht so ergriffen, wie es in der Verkürzung zwangsläufig klingt. Aber er sagte es sehr unzweideutig.

In der Tat haben ihn die Jahre des Protests und die Folgerungen, die er daraus zog, zu sich selbst gebracht. Das heißt, zum Zweifel. Zu der Einsicht, daß man mit ungelösten Fragen zu leben habe. Alle Erscheinungen, alles was den Menschen zum Denken bringt, schrieb er einmal, trage einen Januskopf. Nur sähen die wenigsten ihn. Von denen, die zur Generation von 1968 gehörten, hätten die einen hurtig die Rollen gewechselt, den anderen aber sei eine Irritation fürs Leben geblieben.

Es ist keine Frage, welcher Gruppe er sich selber zurechnete. Und ohne große Mühe lassen sich Übereinstimmungen entdecken zwischen den Achtundsechzigern und den sogenannten Fünfundvierzigern, also den Jahrgängen, die auf Hitlerzeit und Befreiung als auf ihr politisches Bildungserlebnis zurückblicken. Es gibt da, bei allen Unterschieden im einzelnen, manche verwandte Züge: Auch damals die Abfolge von Verneinung, Aufbruch und Enttäuschung, von zivilem Engagement und dem Rückzug ins Persönliche. Man hat für die einen, nicht ohne einige Vergröberung, den Sammelbegriff der »skeptischen Generation« geprägt, aber für die anderen, die jedenfalls mit der »Irritation fürs Leben«, gilt er auch; wiewohl man einräumen muß, daß die Älteren es leichter hatten mit diesem moralisch unsäglichen Abstoßungspunkt der Hitlerjahre im Hintergrund. In einem Menschen wie Michael Schwarze war der Zusammenhang zwischen den beiden Generationen, der den zeitweiligen Konflikt zwischen ihnen freilich nicht hinderte, unübersehbar. Es waren Verwandtschaftsverhältnisse. Ich weiß, wovon ich spreche, wenn ich sage, daß er mir viel bedeutete.

Michael Schwarze hat nach der Ernüchterung, die den Jahren an der Universität folgten, sein Interesse dem Fernsehen und dem Film zugewandt, nicht ganz zufällig, gewiß, auch wenn es sich aus redaktionellen Umständen so ergab. Manche Freunde von einst haben ihm das als Akt der Resignation vorgehalten, und mitunter schien er sich selber nicht ganz sicher zu sein, ob es sich so verhalte. Aber im ganzen sah er es anders, einfacher, man könnte auch sagen: »erwachsener«. »Die Träume der Kindheit müssen einmal ausgeträumt sein«, heißt es in einer der zahlreichen Reflexionen auf die Jahre von einst, mit denen er seinen Artikeln die persönliche, der eigenen Biographie abgewonnene Farbe gab. Und er fuhr fort: Niemand dürfe übersehen, daß der Studentenbewegung, jenem zunehmend in Verklärung begriffenen Modell sozialer Selbstentäußerung, immer eine gehörige Portion Narzißmus, Eigennutz und höchst subjektiver Schwierigkeiten untermischt war. Auch hier wieder verleugnete er nicht, was gewesen war und woran er teilgehabt hatte. Aber das Prisma des Zweifels brach alles.

So auch in den Rezensionen, Berichten und Betrachtungen, die er über Fernsehen und Film geschrieben hat. Er machte sich die Tröstungen, deren er bedurfte und die er daraus sicherlich auch zog, niemals leicht. Immer wieder beschäftigte ihn, was der schöne Schein, über sich selbst hinaus, noch alles hervorbringt: die Vertauschung von Traum und Leben; die Frage der arrangierten Wirklichkeit und der Lüge, die die Realität produziert; die Verwandlung der Kriterien politischer Meinungsbildung oder die Einbußen der Urteilskraft, kurz: Fernsehen und Film als die großen, noch kaum zureichend erfaßten Veränderungsimpulse in der gegenwärtigen Welt. Das waren Themen, für die er vor allem in Amerika, wohin er für die »Frankfurter Allgemeine Zeitung« gehen sollte, Anschauung und Erkenntnismaterial zu finden hoffte.

Er war ungeduldig, dahin zu kommen, aber er fürchtete sich auch davor. Er hatte nicht jenes robuste Selbstvertrauen, das ein Vorrecht der Unsensiblen ist. Der Zweifel machte nicht halt vor der Frage, ob er der Verpflanzung auf den anderen Kontinent, der sehr dauerhaften Trennung von Frankfurt, würde gewachsen sein. Zugleich aber waren solche Unsicherheiten Bedingungen seiner Produktivität. Aus Zwiespalten kam alles her. Es war nicht anders mit seinem Verhältnis zur Redaktion. Er litt unter ihr, unter der Routine, den als notwendig erkannten Alltagspflichten, und machte doch, die schwere Operation kaum hinter sich und gezeichnet von der Krankheit, seine ersten Schritte dahin.

Ich sprach von Frankfurt, von den Ängsten vor der Trennung. Diese Bemerkungen ließen, so kurz und andeutungsweise sie sein mögen, etwas Wesentliches aus, wenn ich nicht von seiner Passion für diese Stadt spräche. Für ein Traumbild vielleicht von menschlicher und nachbarlicher Nähe, das er sich zurechtgemacht hatte, von dem er aber noch Reste fand: Sachsenhausen zählte dazu, die kleinen Kneipen, in denen er viele Abende verbrachte; wo man ihn wirklich gelöst erleben konnte, aufgeräumt und wo sein kaustischer Witz, mit dem er sich nicht nur Freunde machte, oft die ganze Runde beherrschte. Vor allem nach großen Abenden im Waldstadion, bei der Frankfurter Eintracht, zu deren Spielen er, als er einmal einige Monate lang für die Zeitung in Paris war, wiederholt herüberkam und deren Erfolge oder Niederlagen oft über Glück und Unglück eines Wochenendes entschieden. Es hatte mit alledem zu tun, daß er sich so leidenschaftlich für den Wiederaufbau des Römerbergs einsetzte. Das Bedürfnis nach Geborgenheit, das ihn beherrschte, das Verlangen, irgendwo hinzugehören und wirklich zu Hause zu sein, war hier gleichsam ins Städtische erweitert. Über Jean Gabin hat er einmal einige Sätze geschrieben, die in jeder einzelnen Wendung etwas Eigenes widerspiegeln. Schrecken und Sehnsucht. Sie zeichnen ein Porträt, das genaueste, das wir von Michael Schwarze selbst besitzen: »Die Menschen, die er spielte, traf das Schicksal mit unerbittlicher Härte, aber die Ergebenheit, mit der sie ihr Los hinnahmen, gab ihrem Untergang tragische Würde. Nie scheiterte da einer, der nach den Sternen greifen wollte. Nur einen Hauch von Glück, ein wenig menschliche Wärme, eine Ahnung von Liebe oder das Überleben beanspruchten sie. Sie litten unter der Ahnung des Todes...«

Der Zufall wollte es, daß unlängst noch einmal Marcel Carnés »Quai des brumes« im Fernsehen gezeigt wurde, einer der legendären frühen Filme mit Jean Gabin, dessen melancholische Männlichkeit Michael Schwarze so sehr bewunderte. Jean Gabin sagt da an einer Stelle: »Das Leben ist eine große Gemeinheit. Man versucht, frei zu sein. Aber alle sind wie eine Meute. Man ist allein. Ich glaube, es ist schwer zu leben.« Und dann folgt noch ein Satz, der den pathetischen Pessimismus dieses Dialogs geringfügig aufhellt: »Aber manchmal trifft man Leute, die man kaum kennt, und trotzdem helfen sie einem, das Leben durchzustehen.« Wäre er je veranlaßt gewesen, diese Passage zu zitieren: ich wünschte, Michael Schwarze hätte den Zusatz nicht fortgelassen. Wir trauern sehr um ihn.

Drucknachweise

Die hier gesammelten Arbeiten Michael Schwarzes sind zuerst in der »Frankfurter Allgemeinen Zeitung« erschienen. Für diesen Band sind sie vom Herausgeber geringfügig überarbeitet worden (Korrektur von Setzfehlern, Kürzung bei Überschneidungen). Die ersten drei Kapitel sind in sich chronologisch geordnet (mit zwei Ausnahmen), die letzten beiden alphabetisch (bei den Porträts und Nachrufen wurde von den Originaltiteln abgegangen, die Zeitungsüberschriften erscheinen als Untertitel).

Fernsehen
Warten auf den verlorenen Sohn 25. 2. 1976
Höhlenmalerei 20. 10. 1977
Weihnachten ohne Fernsehen 23. 12. 1977
Ein Volk begegnet seiner Schuld 1. 2. 1979
Lagerstraße Auschwitz 24. 4. 1979
Voll verkabelt in die Einsamkeit 25. 8. 1979
Der Fernsehstreik 19. 12. 1979
Das Alltägliche kann nicht alltäglich werden 29. 5. 1982

Film
Tod im Fernsehstudio (»Network«) 11. 3. 1977
Ein surrealer Geheimagent (»Moonraker«) 7. 9. 1979
Ein Krieg macht einen Film (»Apocalypse now«) 8. 10. 1979
Die Trauer über den verlorenen Westen (»Ich, Tom Horn«) 22. 8. 1980
Das Opfer als Kinoheld (»Der Elefantenmensch«) 14. 2. 1981
Zwei Schwestern (»Die bleierne Zeit«) 14. 9. 1981
Ein genialer Anpasser (»Mephisto«) 26. 9. 1981
Liebesgrüße aus Moskau (»Reds«) 26. 4. 1982
Liebe, kälter als der Tod (»Querelle«) 17. 9. 1982
Kino als Weltflucht und Zeitflucht (»E.T.«) 10. 12. 1982
Ein absurder Totentanz (»Danton«) 29. 4. 1983

Reportagen und Essays
1. Mai, Ost 3. 5. 1977
Schöne Tabus 15. 1. 1979
Eine ernste Sache 27. 7. 1979
Die imaginäre Kunst 31. 12. 1979
Beerdigung einer öffentlichen Existenz 21. 4. 1980
Die Letzten 6. 5. 1980
Le Grand Vladimir 7. 6. 1980

Der Gedenktag 10. 5. 1980
Morrison darf nicht sterben 28. 6. 1980
Ratten 29. 5. 1980
Nichts vergessen, nichts gelernt 12. 7. 1980
Gemütsteilung 13. 1. 1981
Alcatraz (FAZ-Magazin) 8. 5. 1981
Der amerikanische Mythos verblaßt 25. 7. 1981
Die Frankfurter Oper 22. 8. 1981
So schön wie heut, so müßt es bleiben 27. 3. 1982

Porträts
Günther Anders 12. 7. 1982
Luis Buñuel 23. 2. 1980
James Dean 4. 10. 1975
Alfred Eisenstaedt 4. 6. 1983
Eberhard Fechner 28. 5. 1977
Hildegard Knef 19. 1. 1981
Désirée Nosbusch (FAZ-Magazin) 13. 8. 1982
Leni Riefenstahl 21. 8. 1982
Heinz Rühmann 6. 3. 1982
Johnny Weissmueller (FAZ-Magazin) 23. 4. 1982
Wim Wenders 13. 11. 1982

Nachrufe
Marty Feldman 6. 12. 1982
Henry Fonda 14. 8. 1982
Peter Frankenfeld 5. 1. 1979
Jean Gabin 16. 11. 1976
Curd Jürgens 19. 6. 1982
Grace Kelly 16. 9. 1982
Roberto Rossellini 6. 6. 1977
Romy Schneider 1. 6. 1982
Jacques Tati 6. 11. 1982
Zirkus Hagenbeck 9. 2. 1982

Alphabetisches Gesamtverzeichnis der suhrkamp taschenbücher